普通高等教育“十二五”高职高专规划教材

保险实务

中国高等教育学会　组织编写
主　编　沈文华
参　编　王彦飞　李京京　闫　寒

中国人民大学出版社
·北京·

图书在版编目（CIP）数据

保险实务/沈文华主编．—北京：中国人民大学出版社，2015.1
普通高等教育"十二五"高职高专规划教材
ISBN 978-7-300-20754-4

Ⅰ.①保… Ⅱ.①沈… Ⅲ.①保险业务-高等职业教育-教材-教材 Ⅳ.①F840.4

中国版本图书馆 CIP 数据核字（2015）第 028347 号

普通高等教育"十二五"高职高专规划教材
保险实务
中国高等教育学会 组织编写
主 编 沈文华
参 编 王彦飞 李京京 闫 寒
Baoxian Shiwu

出版发行	中国人民大学出版社		
社 址	北京中关村大街 31 号	邮政编码	100080
电 话	010－62511242（总编室）		010－62511770（质管部）
	010－82501766（邮购部）		010－62514148（门市部）
	010－62515195（发行公司）		010－62515275（盗版举报）
网 址	http://www.crup.com.cn		
	http://www.ttrnet.com（人大教研网）		
经 销	新华书店		
印 刷	北京市鑫霸印务有限公司		
规 格	185 mm×260 mm 16 开本	版 次	2015 年 2 月第 1 版
印 张	16.5	印 次	2018 年 1 月第 2 次印刷
字 数	386 000	定 价	34.90 元

前言

改革开放至今，我国经济发展运行到了结构转型升级的关键期，各行各业需要大批既有专业知识，又有实际技能的操作型、实用型人才。保险业作为社会经济和人民生活稳定经营和可持续发展的保障制度，在经济转型时期的作用重大，不可低估。因而保险业需要大批有专业知识和实务知识、热爱保险业的青年人去经营、去开拓。本书的知识、原理力求简明易懂，实务案例完全来自最新的保险实践，典型而有代表意义。这样可以激发青年学生对保险业的兴趣和热情，为以后投身保险事业的发展壮大做好铺垫、打好基础。

本书就是基于这个目的，本着与现行保险法和保险实务同步的原则，在现有相关教材和书籍的基础上，既清晰、简洁地叙述原理和知识，又融入了丰富的实践案例，进一步突出了与实务的对接性、指导性和技能性的特点，使理论与实务相吻合，使学生对保险险种能有具体、生动的认知，大大拉近学生对保险实践的距离感和遥远感，增加亲近感，也为日后就业增加一条选择的路径。

本书由河北工业职业技术学院沈文华老师担任主编，王彦飞老师、李京京老师、闫寒老师参编。四位老师均为副高职称，在一线教学岗位多年，都是教学经验非常丰富的老师。在编写本书过程中，各位老师齐心协力，付出极大的辛苦，在此一并致谢！

本书具体编写分工为：第一、二、三、六、九、十二、十三章由沈文华编写；第四、七、八章由王彦飞编写；第十、十一、十六章由李京京编写；第五、十四、十五章由闫寒编写。在编写过程中，各位老师参考了大量的书籍文献，采纳了许多专家学者的研究成果，在此表示诚挚的感谢！

由于作者水平有限，编写时间也比较仓促，书中难免存在疏漏和错误，恳请广大专家和读者提出批评指正，以使教材进一步完善。

编者

2014 年 12 月

目录

上篇　财产保险实务

第一章　财产保险概述 …… 3

第一节　财产保险的概念及类别 …… 3

第二节　财产保险的职能作用 …… 7

第三节　财产保险的经营原则 …… 8

第二章　财产保险合同 …… 16

第一节　财产保险合同概述 …… 16

第二节　财产保险合同的订立、变更与终止 …… 19

第三章　企业财产保险 …… 27

第一节　企财险概述 …… 27

第二节　企财险基本险 …… 29

第三节　企财险综合险 …… 36

第四节　企财险一切险 …… 37

第四章　家庭财产保险 …… 42

第一节　家财险概述 …… 42

第二节　家财险的保险责任 …… 43

第五章　机动车辆保险 …… 50

第一节　机动车辆保险概述 …… 50

第二节　机动车交通事故责任强制保险 …… 54

第三节　机动车辆损失保险 …… 60

第四节　机动车辆第三者责任保险 …… 66

第五节　机动车辆保险的附加险 …… 72

第六章　货物运输保险 …… 81

第一节　货物运输保险概述 …… 81

第二节　国内货物运输保险 …… 83

第三节　涉外货运险的主要险别 …… 87

第七章　工程保险 …… 95
第一节　工程保险概述 …… 95
第二节　建筑工程一切险 …… 96
第三节　安装工程一切险 …… 102
第四节　机器损坏险 …… 106
第八章　农业保险 …… 110
第一节　农业保险概述 …… 110
第二节　种植业保险 …… 113
第三节　养殖业保险 …… 114
第九章　责任保险 …… 120
第一节　责任保险概述 …… 120
第二节　产品责任保险 …… 123
第三节　公众责任保险 …… 125
第四节　职业责任保险 …… 129
第五节　雇主责任保险 …… 130
第十章　其他财产保险 …… 135
第一节　航天保险 …… 135
第二节　航空保险 …… 137
第三节　信用保证保险 …… 141

下篇　人身保险实务

第十一章　人身保险概述 …… 149
第一节　人身风险及管理 …… 149
第二节　人身保险概述 …… 150
第十二章　人身保险合同 …… 158
第一节　人身保险合同概述 …… 158
第二节　人身保险合同的要素 …… 166
第三节　人身保险合同的常用条款 …… 171
第四节　人身保险合同的订立、变更与终止 …… 175
第十三章　人寿保险 …… 184
第一节　人寿保险概述 …… 184
第二节　人寿保险产品 …… 186
第十四章　健康保险 …… 206
第一节　健康保险概述 …… 206
第二节　健康保险产品 …… 209

第十五章　人身意外伤害保险 …… 223
第一节　人身意外伤害保险概述 …… 223
第二节　人身意外伤害保险责任 …… 229
第十六章　团体人身保险 …… 241
第一节　团体人身保险概述 …… 246
第二节　企业年金 …… 248
参考文献 …… 254

上篇

财产保险实务

第一章 财产保险概述

案例

泥石流保险市场

2007 年 10 月 28 日至 11 月 6 日，墨西哥洪水引发的泥石流造成直接经济损失高达 25 亿美元；2008 年 2、3 月份发生在秘鲁、玻利维亚和厄瓜多尔的泥石流造成经济损失 1.75 亿美元；2008 年 10 月发生在巴西的泥石流造成经济损失 7.5 亿美元；2010 年 8 月 7 日，发生在我国甘肃省甘南藏族自治州舟曲罗家峪、三眼峪的特大泥石流造成 90 亿元人民币的损失；2010 年 9 月 5 日，危地马拉发生泥石流，4 万人失去家园，经济损失达 5 亿美元……

纵观每年全球的巨灾风险，泥石流风险所造成的经济损失巨大、不可估量。

尽管如此，世界上多数国家都没有专设针对泥石流的保险产品，我国也是如此。尽管我国保险业界在舟曲泥石流发生后反应迅速，并积极参与到保险理赔和灾后重建的工作中，但是由于保险赔付的前提受到保险标的、承保范围、投保价值和除外条款等多项因素影响，保险业在舟曲泥石流灾害中所发挥的作用杯水车薪。

如何预防、设计并推出相关保险，成为世界各国保险业界的当务之急。

第一节 财产保险的概念及类别

一、财产保险的含义

财产保险是指以各种财产和有关利益为保险标的，以补偿投保人或被保险人的经济损失为基本目的的一种社会化经济补偿制度。

根据业务经营范围的不同，财产保险有广义和狭义之分。

（一）广义的财产保险

是人身（寿）保险之外的一切保险业务的统称。包括各种财产损失险、责任保险、信用保险、保证保险等业务在内的一切非人身保险业务。

（二）狭义的财产保险

也称财产损失保险，保险标的是各种具体的财产物资。如企财险、货运险、运输工具保险、工程保险等。

我国《保险法》中所称财产保险，是指广义的财产保险：

《中华人民共和国保险法》（简称《保险法》）第95条规定，保险公司的业务范围包括：（1）人身保险业务，包括人寿保险、健康保险、意外伤害保险等保险业务；（2）财产保险业务，包括财产损失保险、责任保险、信用保险、保证保险等保险业务；（3）国务院保险监督管理机构批准的与保险有关的其他业务。

可见，我国《保险法》中所说的财产保险是广义的财产保险。

（三）财产保险概念的理解

从以下几个方面理解财产保险概念的内涵：

1. 关于保险标的

是指各种财产物资和有关利益。

2. 保险标的的价值可以量化

财产保险的保险标的的价值，必须能以货币来加以量化。不能用货币衡量其价值的财产或者利益，不能成为财产保险的保险标的。如：土地、矿藏、江河、人的寿命和身体。

3. 财产保险的核心内容

财产保险作为一种社会化的经济补偿制度，其核心内容是对保险标的提供风险保障。一旦合同约定的事故发生造成经济损失，保险人就要对符合赔偿条件的受损标的进行理赔补偿。这也是财产保险的基本功能。

4. 财产保险是一种商业活动

财产保险属于商业活动范围，遵循市场经济中商品经营的一般原则，是一种有偿获取保障的商业行为。

二、财产保险的分类

（一）按实施方式划分

1. 自愿保险

是指保险人和投保人在自愿原则的基础上签订保险合同、建立起保险关系的一种保险。比如，家财险、企财险、机动车辆损失险等险种。

2. 强制保险

也称法定保险。是以国家有关法律为依据建立保险关系的一种保险，是通过法律规定强制实行的险种类别。比如，机动车交通事故责任强制保险，简称交强险。

（二）按保障范围划分

1. 财产损失保险

即以物质财产和有关利益为保险标的的保险，具体分为以下几种：

（1）火灾保险。简称火险。是指以存放在固定场所并处于相对静止状态的财产物资为保险标的，当保险事故发生、造成保险财产的经济损失时，由保险人承担经济赔偿责任的一种财产保险。

目前我国的火灾保险主要有企业财产保险、家庭财产保险及利润损失保险。

（2）运输保险。包括货物运输保险、运输工具保险。

①货物运输保险——保险人对货物在运输过程中因灾害事故的发生而遭受的损失提供

经济补偿的保险。目前我国的货物运输保险主要有海洋货物运输保险和国内货物运输保险。

②运输工具保险——是保险人对因灾害事故发生造成的运输工具本身的损失以及对第三者的赔偿责任提供经济补偿的保险。我国的运输工具保险主要包括机动车辆保险、船舶保险、飞机保险。

（3）工程保险。是保险人对建筑工程、安装工程、科技工程中，因意外事故造成的物质财产损失及第三者责任提供经济补偿的保险。

（4）农业保险。是保险人对农业生产者在从事种植业、养殖业生产过程中，因遭受自然灾害或意外事故所造成的财产损失提供经济补偿的保险。也被称为“两业保险”。其中，种植业保险包括农作物保险、收获期农作物保险、森林保险、园林苗圃保险等；养殖业保险包括牲畜保险、畜禽保险、水产养殖保险、特种养殖保险等。

2. 信用保证保险

是以经济合同中规定的交易货物或预期应得的经济利益为保险标的的保险。属于担保性质的保险。按担保对象的不同分为信用保险和保证保险。

信用保险是权利人要求保险人担保对方（即义务人）信用的保险。投保人为权利人，投保义务人的信用。如，卖方（权利人）担心买方（义务人）不付款或者不能如期付款而去保险公司投保此险，一旦所担忧情况发生，由保险人赔偿货款。比如出口信用保险。

保证保险是义务人根据权利人的要求，请求保险人担保自己的信用，如果义务人不履行合同义务或者有犯罪行为致使权利人利益受损，由保险公司负责赔偿。

（三）按承保时是否确定保险价值划分

1. 定值保险

是保险合同当事人双方在承保时约定保险标的的价值，并以此作为保险金额，当保险事故发生造成损失时，以此金额作为赔偿的依据。这种保险适用于价值变化较大或者不易确定价值的特定的财产物资。如古玩、字画，或海上货物运输中的货物。

2. 不定值保险

是指在保险合同中载明保险标的的保险金额而不载明保险价值，在保险事故发生时，以损失当时的保险价值和保险金额相对比进行赔偿的保险。在这种保险中，合同中明确载明保险金额为赔偿的最高限额，而保险标的的保险价值不确定。

财产保险中，多采用不定值保险。在不定值保险中，保险金额等于保险价值的为足额保险；保险金额小于保险价值的为不足额保险；保险金额大于保险价值的为超额保险。我国保险法规定，超过的部分无效。

三、财产保险的特征

（一）业务性质的补偿性

各种自然灾害和意外事故的存在，使得各行各业、家庭、个人面临着所属财产和相关利益遭受损失的担忧，为了能够在遭遇损失事故后使生产或者生活恢复如初、持续进行，财产和利益的所有者、经营者、管理者投保各种相应的财产保险以转嫁和化解风险及事故造成的损失。这就意味着作为提供保险保障的保险人承担起了保户们保险利益的赔偿责任。保险人的经营正是建立在补偿保户保险利益损失基础之上的。因此，各种财产保险费率的厘定，正是依据各种投保财产和有关利益的损失率计算得出。保险人财产保险基金的筹集、积累与保险客户保险利益的损失相匹配。这凸显了财产保险业务性质的补偿性。

（二）承保范围的广泛性

财产保险业务的承保范围极其广泛，覆盖了除人身保险之外的一切风险。既包括了林林总总、大小不一、差异巨大的各种财产物资的损失风险，又包括了各种责任（民事法律责任、各种合同责任）风险和商业信用风险。保险标的大到航天飞机、宇宙飞船、核电工程、海洋石油开发、大型水利工程、农业种植、养殖，小到家庭和个人财产，都是财产保险保障的对象。

（三）业务经营的复杂性

财产保险承保范围的广泛性，注定了其业务经营的复杂性。集中体现在下列方面：

1. 投保人构成复杂

投保人既有法人团体，又有家庭和个人；即便是同一标的，投保人可能涉及多人多户。如货物运输保险、建筑工程保险、产品责任保险等险种。

2. 保险标的复杂

财产保险的可保标的林林总总，从普通财产物资到高科技产品和工程，从实体物资到责任信用，乃至政治、军事风险。

3. 保险过程复杂

财产保险实务中，承保环节强调保前风险调查、保时严格核保；承保后和整个保险期间，十分重视和强调标的物的防灾防损工作；事故发生后，强调及时准确履约，积极组织开展救助、查勘和理赔。

4. 风险管理复杂

按照《保险法》的规定和要求，对每一笔财产保险业务都要进行风险评估、风险选择、或者风险限制，并需要运用再保险手段来分散风险。

5. 经营技术复杂

由于保险标的门类繁多，复杂多样，差异巨大，客观上必然要求保险人要熟悉各类保险标的的性质、结构构成、性能、运行原理等相关技术知识；由于涉及责任、信用保险，还要求保险人熟知相关法律和合同内容条款。

（四）单个保险关系的不等性

等价交换、自愿交易是市场经济的运行法则。财产保险是一种商业性业务运营机制，实行企业化管理经营模式，自然也要讲求等价交换，在乎成本投入和利润回报。而实务中财产保险商品的价格，即保险费率，是依据大数法则和概率论原理计算厘定的，因而保险人所收取的保险费积聚建立的保险基金与其承担的损失赔偿责任相匹配对称。因此，从保险人和被保险人整体的保险关系来看，是符合等价交换原则的。

但是，从单个保险关系来看，单个保户与保险人之间的价值交换关系并不平等。就单个保户而言，买保险是以小搏大，相对于事故发生后的赔偿额度而言，单个保户交付的保险费远远小于所得到的损失赔偿金。

例如，普通家财险中，若保险费率为3‰，投保10万元的财产保额，需交保费300

元，若保险有效期间发生保险责任范围内的全损事故，则被保险人得到10万元的赔偿金额。显然，保险双方在实际经济价值的支付上很不平等。但是，如前所述，就保险和被保险双方全局来看，双方的保险关系是对等的。

第二节 财产保险的职能作用

一、财产保险职能

（一）财产保险的基本职能

从财产保险的产生和发展实践来看，分摊风险，补偿损失是财产保险的基本职能。任何事物的产生都有其客观必然性，社会的需求是事物产生的动力和源泉。自然灾害和意外事故的客观存在，使得各行各业不可避免地面临遭受事故侵害的可能性，随着科学技术的发展，高科技巨灾事故的可能性也困扰着人类的进步，客观上要求有专门的行业来承担灾害事故发生后的损失补偿，使各行各业不至于停止运转和进步，维持行业乃至整个社会经济的正常运转。财产保险因此应运而生，显然，这也是社会分工的需要。

（二）财产保险的派生职能

1. 融资职能

财产保险的融资职能是指保险人参与社会资金融通的职能。一方面，保险人通过收取保险费积聚起保险基金，体现出筹资职能。另一方面，是保险基金运用过程中体现出其投资职能。例如，利用保险基金购买有价证券或者不动产等投资项目。

2. 防灾防损职能

保险业是经营风险的行业，保险人通过有条件的承保把成千上万面临同样风险的客户聚集起来，成为分摊风险的一分子，保险事故一旦发生，即可获得补偿恢复生产或生活，解除了各行各业家家户户的忧虑，这本身就是防灾防损，是社会风险管理的重要内容。另一方面，其防灾防损职能更突出地体现在保险业积极主动地参与、配合被保险方开展和加强防灾防损工作的进行，甚至将防灾防损工作作为增加或减免保费的优惠条件，或者赔与不赔、降低赔偿额度的惩戒措施，促进被保险一方加强风险防范意识，这不仅有利于减少社会财产的损失稳定社会经济的健康持续发展，也增加了保险业的经营收益，有利于保险业的稳定经营和发展壮大。

二、财产保险的作用

（一）保障各行各业被保险人的经济利益，维护社会经济的持续发展

各行业企事业单位、社会团体，通过参加财产保险，将面临的风险转嫁给保险公司，保险事故发生后，保险人对于责任范围内的事故损失予以赔偿，及时恢复生产或运营，最大限度地保障了被保险人的经济利益，维护社会经济的持续运转和发展。

（二）维护城乡居民的财产利益，有利于社会安定

城乡居民家庭通过参加家庭财产保险，保障了家庭财产的安全稳定，解除了工作、生活中的后顾之忧，有利于整个社会的安定祥和。

（三）加强全社会防灾防损，降低灾难事故的发生率减少社会财产的损失

保险业通过其积极有效地开展防灾防损工作，加强了投保人或被保险人的防灾防损意识和责任意识，并积极付诸行动，防灾患于未然，最大限度地减少灾害事故的发生，从而减少社会财产的损失。

（四）有利于科学技术的研发与进步

科学技术是第一生产力。科技的进步与飞跃总是给人类生产和生活带来生产效率的提升和日常生活的便捷、生活品质的提高，所以，科技的研发与进步对人类社会的影响巨大，甚至影响到自然环境。人类在享受科技进步带来的红利同时，也面临着风险，科学实验及科学成果的失败甚至伴随着巨大的经济投入的损失。如现代卫星技术的研究与应用，宇宙飞船、地外星球探测器的研发，核电站的研究应用等领域潜在风险都是存在的，一旦发生损失事故，远非发明者能够承受。财产保险保障，为科技领域提供了经济保证。

（五）有利于国际交易的顺利进行，增进世界各国的合作，推动国际经济的繁荣

保险是国际经济贸易交往中不可或缺的环节，有了保险的保障，不仅维护了交易国家的经济利益，也提升了各国的信誉。这无疑为国际经贸的往来与合作注入了一支有效、有利的稳定剂，增加了交易国的外汇收入，平衡和稳定其国际收支水平，拓展国际市场，带动本国经济的发展，增强经济实力，推动世界经济一体化和经济的繁荣。

第三节 财产保险的经营原则

一、最大诚信原则

（一）最大诚信的含义

所谓诚信，是指诚实可靠、信守诺言。它是一切合同关系都必须信守的原则和成立的基础，诚信原则具有“帝王原则”之美称。《中华人民共和国民法通则》第 4 条规定，“民事活动应当遵循自愿、公平、等价有偿、诚实信用的原则”。《保险法》第 5 条规定，“保险活动当事人行使权利、履行义务应当遵循诚实信用原则。”也就是要求保险合同各方主体在合同订立、履行过程中诚实不欺，信守承诺。所谓最大诚信，是由于保险的特征更要求各方主体恪守诚信原则，强调各方应本着最大程度的善意和诚意对待参保和承保事宜。

（二）最大诚信原则的内容

最大诚信原则是签订和履行保险合同所必须遵守的基本原则。主要内容包括：告知、保证、违反保证义务的法律后果、弃权与禁止反言。

1. 告知

保险合同当事人双方在订立合同时，投保方应将有关保险标的的重要事实向保险方作出如实陈述，不能有欺瞒行为；同样，保险方也要将保险条款的重要内容如实向投保方作出解释，双方都必须履行如实告知的义务。

所谓“有关保险标的的重要事实”，是指足以影响到保险人作出是否接受、或者以什么样的条件接受投保人的投保请求的事实。比如，财产保险中，关于标的物的详细情况：现状如何、坐落地点、面临的危险、仓储及消防条件、以往是否发生过损失事故、是否有过被拒保的经历等关于保险标的的重要事实；人身保险中关于投保人或者被保险人的详细情况：年龄情况、职业、身体健康现状、以往病史，家族病史、是否曾经被拒保等重要事实。

英国《1906 年海上保险法》对重要事实的表述是，“影响谨慎的保险人在确定收取保费的数额和决定是否接受承保的每一项资料就认为是重要事实”。

保险人也要履行如实告知义务，保险合同中重要的条款内容必须向投保人作出如实的解释。如保险责任条款，除外责任条款等足以影响到投保人作出决定是否要投保该险种的重要条款内容。

告知包括口头陈述和书面陈述形式。

违反了如实告知义务的后果，我国《保险法》作出了明确规定。根据第 16 条规定，投保人故意不履行如实告知义务的，保险人有权解除合同，对于合同解除前发生的保险事故，不承担赔偿或者给付保险金的责任，并不退还保险费。投保人因重大过失未履行如实告知义务，对保险事故的发生有严重影响的，保险人对于合同解除前发生的保险事故，不承担赔偿或者给付保险金的责任，但应当退还保险费。

重大过失是指：行为人不但没有遵守法律规范对其较高的要求，甚至连人们都应当注意并能注意的一般标准也未达到。

一般过失是指：行为人仅仅没有遵守法律规范对其较高的要求。

保险人在合同订立时已经知道投保人未如实告知的情况的，保险人不得解除合同；发生保险事故的，保险人应当承担赔偿或者给付保险金的责任。

2. 保证

保证是最大诚信原则的另一项重要内容。是指保险人在签发保单或承担保险责任之前要求投保人或被保险人对某一特定事项的作为与不作为、或者对某一特定事实是否存在的确认或承诺。保证主要是对投保方的要求，是保险合同的重要条款，也是保险人签发保单和履行赔偿或者给付义务的条件。

保证的类型：根据保证事项是否存在分为确认保证与承诺保证。

确认保证是投保人或被保险人对过去或现在某一特定事实的存在或不存在的保证，而不是对该事实以后的发展情况作保证。例如，投保疾病保险时，投保人保证被保险人在过去和投保当时健康状况良好，但无需保证今后也如此。

承诺保证是投保人或被保险人对将来某一事项的作为或者不作为的保证。例如，棉纺厂投保企财险时，投保人或者被保险人保证仓库有喷淋设备；投保家财险附加盗窃责任时，保证不会超过七天家中无人。

根据保证存在的形式分为明示保证和默示保证。

明示保证是指以书面形式载明于保险合同中，成为保险合同的条款。例如，我国机动车辆保险条款“被保险人必须对保险车辆妥善保管、使用、保养，使之处于正常技术状态。”即为明示保证。

默示保证一般是国际惯例所通行的准则，习惯上应由被保险人遵守履行，并不在保险合同中载明。主要在海上保险中运用。例如，在海上保险的船舶保险中，会有三项默示保证的内容：（1）船舶具有适航能力。（2）不变更航线。（3）运输业务要合法。

默示保证和明示保证具有同等的法律效力，被保险人必须严格遵守。

3. 违反保证义务的法律后果

由于保险合同中约定保证的内容均为重要事项，各国保险法律对投保人或被保险人遵守保证事项的要求都十分严格，对于保证事项的违反，无论出于有意还是过失所致，保险人均有权解除保险合同，不承担赔偿责任。

4. 弃权与禁止反言

这是保险实践中一项主要用来约束保险人的条款。

弃权是指保险人以明示或者默示的形式放弃其在保险合同中本应主张的某项权利，禁止反言则指保险人既然放弃了某项权利，日后就不得再向投保人或被保险人主张这项权利。

（三）实务案例与分析

案例 1：运用违反弃权与禁止反言条款案例

保险公司员工在不定期巡查时，发现客户把居住用房屋改作生产烟花爆竹的小作坊，但是没有提出任何异议。二十多天后发生烟花爆炸事故，房屋起火受损严重，客户提出索赔请求，保险公司以房屋改作他用而未通知保险人为由拒赔，被保险人遂告上法庭。法院经过审理判被保险人胜诉，理由就是保险人违反了弃权与禁止反言条款。

分析：首先，保险客户将参加保险的房屋由居住用途改作他用，未通知保险公司错误在先，客户应将此事及时告知保险人并作出处理。

其次，保险公司员工巡查时发现客户变更参保房屋的用途而未提出异议，相当于放弃了保险人本来可以据此解除保险合同的权利。

最后，保险人在放弃了本应主张的权利后，当事故发生时又以此为由提出拒赔违反了弃权与禁止反言条款，所以是不受法律保护的。

案例 2：保险公司履行明确说明义务的重要性

2009 年底，某铝塑管厂与保险公司订立产品责任保险合同。保险条款载明：“生产出售的同一批产品或商品，由于同样原因造成多人的人身伤害、疾病或死亡或多人的财产损失，应视为一次事故造成的损失。”保险单所附明细表对每次事故的定义是：“不论一次事故或一个事件引起的一系列事故”。保险单对责任限额作了约定，每次事故赔偿限额为 50 万元，累计赔偿限额为 150 万元。2013 年上半年，铝塑管厂生产的同一批产品在某工地 5 次开裂跑水，造成某工程公司损失 160 万元。某工程公司向法院提起诉讼，将铝塑管厂列为被告，将保险公司列为第三人，要求赔偿损失 160 万元。

争议焦点：

在诉讼中，工程公司和铝塑管厂主张的主要观点有二：一是铝塑管 5 次开裂跑水，就是发生了5次事故，保险公司应该在150万元的累计赔偿限额内承担责任。二是保险公司在承保时，未对保险事故的定义和赔偿限额进行明确说明，根据《保险法》第17条关于保险人未对责任免除条款进行明确说明的，该条款无效的规定，每次事故赔偿限额50万元的条款应认定无效。保险公司则相应提出抗辩：一是保险条款与保险单对“事故”和“每次事故”均作了明确定义，“同一批产品或商品”导致的产品责任事故只能视为“一次事故”。二是每次事故赔偿限额为50万元实际是保险合同双方协商的结果，承保当时已经对铝塑管厂经办人员进行了口头的明确说明，铝塑管厂人员当场表示对保险条款和保险单内容完全理解并愿意接受，保险公司已经履行明确说明义务。

法院判决：

一审法院认为，保险公司关于“每次事故”的解释确系格式条款，并非当事人约定而成。显然，“每次事故”的解释是有悖于铝塑管厂在订立保险合同时的真实意思表示。对此，保险公司未提供证据证明其对铝塑管厂做出明确说明的解释。故该条款对铝塑管厂没有约束力。一审法院遂判决保险公司在150万元限额内承担赔偿责任。二审法院维持原判。

分析：

在保险纠纷案件中，保险人主张投保人未如实告知，投保人主张保险人未明确说明，目的均是否认保险合同条款的效力。保险人因无法证明其已经履行明确说明义务而被判决败诉的事例，屡见不鲜。在实践中，保险人如何能够事先对自己已经进行明确说明的事实保全证据呢？通常认为，以下方法是可行的：①在投保单中印制投保人确认条款，内容是要求投保人对保险人是否就保险合同的内容进行说明，以及对保险人责任免除条款、被保险人义务条款进行明确说明的情况表达意见。②在投保人认可保险人已经履行上述明确说明义务的情况下，要求投保人盖章签字确认。③投保人在上述投保人确认条款下盖章、签字确认，即形成了书面证据，在诉讼中将成为保险人已经进行明确说明的有力证据。

二、保险利益原则

（一）保险利益的含义

所谓保险利益，是投保人或被保险人对保险标的所具有的合法的经济利益。投保人或被保险人对保险标的必须具有保险利益，否则不具有投保资格。在财产保险中，要求投保人或者被保险人对保险标的从投保到理赔始终都具有保险利益。货物运输保险和另有约定的保险除外。

（二）构成保险利益的三个条件

1. 必须是合法的利益

作为投保人或被保险人享有的利益，必须是合法所得，受到法律的保护。违法所得的利益不能成为保险利益。如以盗窃、抢劫、诈骗、贪污、受贿、走私等非法手段所得的利益不能构成保险利益。

2. 必须是经济利益

财产保险的基本职能是其经济补偿职能，补偿被保险人的经济损失使其恢复生产或者生活是投保的目的和核心内容。因此，投保人对保险标的具有的保险利益，其价值必须能够以货币加以量化，这也是保险人进行赔偿的基础和限度。非经济上的损失，如难以用货币量化的精神创伤就不能成为保险利益。

3. 必须是现实的能够确定价值的利益，或者是可以确定价值的预期利益

保险标的的价值必须能够用货币来衡量，否则不能成为保险标的。有些经济利益标的物是难以用货币来量化其价值的，如古董、出土文物、技术研发资料等一般不能成为保险标的。还有，虽然不是现实的物件，但是从客观上来讲是可以实现、并且可以量化的预期收益。如农作物的收成，企业的利润等。

三、损失补偿原则

（一）损失补偿原则的含义

经济补偿是保险的基本职能，通过理赔环节得以实现。理赔是签单后保险服务活动的核心内容，关系到被保险人的切身利益和保险业的信誉和形象，因此，损失补偿原则也是财产保险的重要原则。

损失补偿原则的含义，是指保险合同生效后，对于发生在保险责任范围内的事故造成的损失，保险人应当按照保险合同的规定履约，及时、充分地对被保险人进行赔偿，使之恢复生产或者生活。但是，被保险人不能因为保险赔偿获得额外的经济利益。

（二）损失补偿的前提条件

一是损失事故发生时，被保险人对保险标的必须具有保险利益；二是损失事故发生在保险有效期限内；三是导致事故发生的近因属于保险责任范围。

（三）损失补偿的限度

1. 以保险标的的实际损失为限

根据损失补偿原则的含义，保险人在保险事故的理赔中，赔偿额度不得超过保险标的的实际损失。实际损失是根据损失当时标的财产的实际市场价值而确定的（定值保险和重置价值保险除外）。

2. 以保险金额为限

在保险事故的理赔中，保险金额是保险人承担赔偿责任的最高限额，不得突破。

3. 以保险利益为限

保险利益是保险保障的最高限度，在理赔中，保险赔偿额度不得超过被保险人对受损财产所具有的保险利益。

（四）实务案例与分析

案例 1：魏先生将其居住用房屋以实际价值 170 万元投保，9 个月后因火灾全损，灾难发生时因房价已下跌，投保房屋的价值跌落至 140 万，保险人则按照事故发生时的房屋市价 140 万，也就是实际损失赔偿了魏先生。

分析：保险人遵循了损失补偿原则，损失赔偿不得超过实际损失。

案例 2：2007 年某家具厂按实际价值 360 万将一车间厂房投保，保险有效期内因火灾导致全损，损失当时房价上涨至 400 万。保险人最后赔偿 360 万。

分析：虽然损失当时房价已经上涨，家具厂的实际损失是 400 万，但由于保险金额是 360 万，这是保险人赔付的最高限额，不能突破。

案例 3：一橡胶厂为取得银行贷款 100 万，将价值 150 万的房屋抵押给银行，银行为保证贷款的安全，将抵押物房屋投保，后因雷电引起火灾房屋全损，受损当时房屋的价值已经上涨至 180 万，最终，保险公司赔偿银行 100 万。

分析：虽然损失当时投保房屋已经涨价，实际损失是 180 万，但由于银行对该房屋只有 100 万元的保险利益，所以，保险人的赔款额应以被保险人对保险财产所具有的保险利益为限。

四、近因原则

（一）近因的含义

1. 近因

导致损失事件发生的最直接、最有效、起决定作用的原因即为近因。因此，这里所说的近因，并不是时间概念，而是指与损害结果的发生有直接因果关系的原因。

2. 近因原则

若造成保险标的损失的近因属于保险责任范围，则保险人承担赔偿责任，相反，若造成标的损失的近因属于除外责任，保险人不承担赔偿责任。

近因原则是保险理赔中的重要原则，必须遵守。这一重要原则几乎为世界各国保险业界所遵循采用。1906 年，《英国海上保险法》中规定：依照本法的规定，除保单另有约定外，保险人对于所承保的危险近因所致的损失负赔偿责任，但是，对于非由所承保的危险近因所致的损失，概不负责。

（二）近因原则的运用

从近因认定和保险责任认定来看，有以下几种情形：

1. 单一原因造成的损失

如果造成损失的原因只有一个，显然，这个原因即为近因。若这一原因属于保险责任范围以内，则保险人履行赔偿责任；反之，则不负赔偿责任。例题见下述案例 1。

2. 多种原因造成的损失

（1）多种原因同时发生导致保险标的损失。若致损的多种原因同时发生，且都是导致损害结果发生的实质性原因，则这些原因都属于损失发生的近因。若这些原因均属于保险责任范围以内，则保险人负赔偿责任，否则，不负赔偿责任。

若致损的多种原因中既有保险责任又有除外责任，若能分清，显然，对属于责任范围的损失予以赔偿，除外责任的不赔；若致损的多种原因不能分清是否属于责任范围，处理方式有两种：一是损失由保险人和被保险人平均分摊，二是保险人不负赔偿责任。

（2）多种原因连续发生导致保险标的损失。若多种原因依次连续发生，而且前后因之间是因果关系，即前因导致后因，由这一连串的原因致使保险标的受损，则判定最先的原因为近因，若此近因属于责任范围则予以赔偿，否则不予赔偿。例题见下述案例 2。

（3）多种原因间断发生导致保险标的损失。多种原因先后、间断发生，前后因之间不存在因果关系，但都对损失结果有一定程度的影响，这种情况对于近因的判定与是否负责，处理方法与上述（1）款基本相同，需具体分析。例题见下述案例 3。

（三）实务案例与分析

案例 1：单一原因造成的损失：因被盗所致家庭财产的损失，保险公司赔偿与否，要看该保户是否在投保的家财险中附加了盗窃险，若有附加，则保险人要负赔偿责任，否则不负赔偿责任。

案例2：多种原因连续发生导致保险标的损失：在保险有效期限内，家庭居住用房屋被敌方炮火击中，水管破裂，房屋起火，之后房屋倒塌，室内财产因火烧、水浸、倒塌受损严重，但是投保了家庭财产一切险的房主并未得到保险人的赔偿。

分析：家庭财产虽然由于火灾、水淹、房屋倒塌致损，但是，这一系列灾害的发生均由敌方炮火击中而引起，前后原因之间有清晰的因果关系，因此敌方炮火击中是本案损失事故发生的近因。而敌方炮火打击，属于战争行为，战争导致的损失是本险别的免除责任，因此保险客户得不到保险人的赔偿。

案例3：多种原因间断发生导致保险标的损失：投保意外伤害保险的被保险人遭遇车祸后经救治痊愈，但是靓丽的容颜不再，不久后因生活信心丧失而自杀。这种死亡是不能因参保意外伤害保险而获得保险金给付的。

分析：本案中的死亡并非因车祸这场意外而直接导致，而是由于间断发生的后因自杀直接导致，自杀才是死亡事件发生的直接原因即近因，因此保险人不能给付保险金。

本章小结

1. 财产保险是指以各种财产和有关利益为保险标的、以补偿投保人或者被保险人的经济损失为基本目的的一种社会化经济补偿制度。

2. 财产保险的基本职能是分摊风险，补偿损失。其派生职能是融资与防灾防损。

3. 财产损失保险包括：(1) 火灾保险。目前我国的火灾保险主要有企业财产保险、家庭财产保险及利润损失保险。(2) 运输保险。包括货物运输保险、运输工具保险。(3) 工程保险。是保险人对建筑工程、安装工程、科技工程中，因意外事故造成的物质财产损失及第三者责任提供经济补偿的保险。(4) 农业保险。是保险人对农业生产者在从事种植业、养殖业生产过程中，因遭受自然灾害或意外事故所造成的财产损失提供经济补偿的保险。也被称为“两业保险”。

4. 财产保险的作用体现在五个方面：(1) 保障各行各业被保险人的经济利益，维护社会经济的持续发展。(2) 维护城乡居民的财产利益，有利于社会安定。(3) 加强全社会防灾防损，降低灾难事故的发生率减少社会财产的损失。(4) 有利于科学技术的研发与进步。(5) 有利于国际交易的顺利进行，增进世界各国的合作，推动国际经济的繁荣。

5. 财产保险的经营原则包括：(1) 最大诚信原则。包括告知、保证、弃权与禁止反言；(2) 保险利益原则。保险利益是指投保人或被保险人对保险标的所具有的合法的经济利益。投保人或被保险人对保险标的必须具有保险利益，否则不具有投保资格。在财产保险中，要求投保人或者被保险人对保险标的从投保到理赔始终都具有保险利益。货物运输保险和另有约定的保险除外。(3) 损失补偿原则。损失补偿是指保险合同生效后，对于发生在保险责任范围内的事故造成的损失，保险人应当按照保险合同的规定履约，及时、充分地对被保险人进行赔偿，使之恢复生产或者生活。但是，被保险人不能因为保险赔偿获得额外的经济利益。(4) 近因原则。近因的含义是导致损失事件发生的最直接、最有效、起决定作用的原因。因此，这里所说的近因，并不是时间概念，而是指与损害结果的发生有直接因果关系的原因。近因原则是：若造成保险标的损失的近因属于保险责任范围，则保险人承担赔偿责任，相反，若造成标的损失的近因属于除外责任，保险人不承担赔偿责任。

本章复习思考题及案例分析题

1. 名词解释

财产保险　　财产保险（广义）　　财产保险（狭义）　　强制保险　　自愿保险
定值保险　　融资职能　　防灾防损职能　　最大诚信原则
保险利益　　保险利益原则　　损失补偿原则　　近因原则

2. 简述题

（1）财产损失保险包括哪些类别？

（2）财产保险的职能有哪些？

（3）财产保险有哪些特征？

（4）财产保险的作用有哪些？

3. 论述题

财产保险的经营原则有哪些？

4. 案例分析题

投保人未如实告知的法律后果

案情 1： 2009 年 5 月 13 日，江苏一家礼品公司向某财产保险股份有限公司句容支公司（下简称保险公司）投保了一份财产综合险。5 月 21 日，保险公司向礼品公司发放财产保险风险情况问询表，该表言明：本风险情况问询表为投保单的组成部分。投保人应如实、详细填写。该问询表由礼品公司相关负责人填写，落款处加盖了礼品公司公章。在该问询表的第 7 条第（5）项“有无取得由消防部门颁发的消防合格证书”处，赫然填写“有”字。同日，礼品公司交纳了 49 100 元的保费。保险公司向礼品有限公司出具财产保险综合险保险单，该保单载明了保险金额、保险责任期限等内容。保险公司在保单中特别声明“本公司在保险人履行交付保险费义务后开始承担保险责任”。

2010 年 1 月 28 日 12 时，礼品公司仓库发生了火灾。2010 年 2 月 2 日，句容市公安局消防大队下发火灾损失核定书，核定火灾损失为 26.8 万元。2010 年 2 月 3 日礼品公司向保险公司索赔，保险公司经过正常理赔程序发现，礼品公司并未取得由消防部门颁发的消防合格证书，因而向礼品公司发出拒赔通知书。

请根据所学保险学原理及相关条款加以分析。

案情 2： 2004 年 9 月 16 日，北京市西城区赵某与当地某保险公司订立终身寿险合同，附加重大疾病、意外伤害、意外医疗，被保险人是其妻郑某。2011 年 10 月 20 日至 11 月 12 日，被保险人郑某因冠心病入院治疗。郑某出院后于 2011 年 11 月 17 日向保险公司提出索赔申请。保险公司经调查发现，被保险人郑某在投保前已经确认患有冠心病、高血脂症，但在投保时未如实告知，因此于 2011 年 12 月 7 日向郑某发出“不予赔付、解除合同、退还部分保费”的通知。郑某不服，诉至法院。

请根据所学保险原理及相关条款加以分析。

第二章 财产保险合同

案例

保险合同交费生效条款的法律效力

某包装公司向某保险公司投保财产一切险，双方签订保险合同。保险合同约定一次性交付保险费、或者对保险费交付方式和时间没有约定的，投保人应在保险责任期间的起始日前支付保险费；约定以分期方式支付保险费的，投保人应按期交付第一期保险费，否则保险合同不生效。保险期间内，投保人因投保财产受损向保险人索赔。保险人以投保人未交付保险费、保险合同未生效为由拒绝承担保险责任。投保人遂诉至法院。法院经调查取证、审理后判决原告某包装公司败诉，原告依然不服，上诉至山东省高级人民法院，山东省高法二审驳回上诉请求结案。

第一节 财产保险合同概述

一、财产保险合同的含义

（一）保险合同

《保险法》第 10 条对保险合同概念的叙述是：保险合同是投保人与保险人约定保险权利与义务关系的协议。包含两层含义：第一，当事人是投保人和保险人；第二，保险合同的内容是关于保险的权利义务关系。保险合同一经成立，便受到法律的约束和保护。

（二）财产保险合同

根据保险标的性质的不同，保险合同分为人身保险合同和财产保险合同。以人的寿命或身体为保险标的的保险合同为人身保险合同；以财产及有关利益为保险标的的保险合同即为财产保险合同，投保人向保险人交纳保险费，在保险事故发生、造成所保财产及有关利益损失时，保险人在保险责任范围内承担赔偿责任的协议。

二、财产保险合同的特征

（一）财产保险合同是双务合同

财产保险合同是双务合同，所谓的双务性是指当事人双方都享有各自的权利，也都承担各自的义务，即一方的权利为另一方的义务，这样的合同即为双务合同。财产保险合同中，投保人负有按约定缴付保险费的义务，这恰恰是保险人的权利；当保险事故发生时保险人负有赔偿或给付保险金的义务，这恰恰是投保人或者被保险人的权利。若一方当事人只享有权利、另一方只承担义务，这样的合同为单务合同，如赠与合同、无偿保管合同、无偿借贷合同等。

（二）财产保险合同是射幸合同

所谓射幸，其原意是碰运气、赶机会。射幸合同是指当事人一方是否履行义务基于偶然事件是否发生的合同。在财产保险合同中，保险人是否履行赔偿保险金的义务，有赖于保险责任范围内的损害事件是否发生，也就是说，在保险关系中，投保人或者被保险人付出支付保费的代价，实际上只是买到了一个遭遇损害事件时能够得到经济补偿的机会，只有当约定的损害事件发生后，这种补偿的机会才变成现实，而且，这个赔偿金额可能要远远高于所支付的保费数额，即“一本万利”，若约定事故不发生，则被保险人得不到赔偿，只付出了保费而“一无所获”。

与射幸合同对应的是交换合同，这种合同中当事人双方在承担义务的同时，已经明确确定各方所期盼的结果。如买卖双方在签订商品交易合同时，就已经明确买方付出货款的代价将得到其所中意的商品。

财产保险合同的射幸性只体现于单个保险合同关系中，从保险人承保的总体来看，这种射幸性或者说偶然性并不存在，因为从全局来看，基于科学测算的损失概率，注定了赔偿事故发生的必然性，而且保险人赔付出去的保险金与其所收纳的总保费二者大体相当。

（三）财产保险合同是格式合同

格式合同也称标准合同、定式合同、定型化合同、附和合同等。这种合同从形式到内容由当事人一方预先拟订，当事人另一方没有协商讨论的空间，只能选择接受或者不接受。财产保险合同即为格式合同，合同从形式到条款文本均由保险公司提供，投保人不参与制定。

（四）财产保险合同是补偿性合同

保险人对投保人或被保险人所承担的义务，仅限于损失部分的补偿，赔偿的最高额度不会超过实际损失，被保险人不能因为参加保险获得超过实际损失的额外的经济利益。参加保险的目的不是发财致富，而是有偿获得遭遇损失事故时现有生活或者生产状态的经济保障，目的是使现有生活状态或者生产状态不至于因为遭遇损失事故而中断。

（五）财产保险合同是诺成合同

所谓诺成合同，是指只要当事人双方意思表示一致就能成立并产生约束力的合同。2014 年修订版《保险法》第 13 条规定，投保人提出保险要求，经保险人同意承保，保险合同成立。依法成立的保险合同，自成立时生效，除非双方之间有特别约定。投保人与保险人可以对合同的生效时间进行特别约定，比如，双方约定：只有投保人交付了保险费，并拿到了保险单后保险合同才开始生效，在此之前若发生保险事故，保险人不负赔偿责任。如有这样的约定，则以约定为准。

三、财产保险合同的形式

（一）投保单

财产保险合同的投保单是投保人向保险人书面表达参加保险意愿、订立保险合同的单证，即要约的书面形式。也称“要保单”、“保险申请书”，具有统一格式，由保险人预先拟定并印制，投保人必须遵守最大诚信原则，由本人按所列项目如实逐一填写，保险人据此审核、决定是否接受投保人的投保请求。投保单经保险人签章后，视为保险人同意承保的表达，此时保险合同成立。投保单原件一般由保险人保存。

（二）暂保单

也称临时保单。是正式保单签发之前的临时保险凭证。暂保单与正式保单具有相同的法律效力，持有暂保单期间发生保险事故，保险人负赔偿责任。但是暂保单有效期限较短，大多由保险人具体规定。正式保单签发后，暂保单失效。另外，暂保单不是签发正式保单之前的必经程序。实践中使用暂保单的情形一般有以下三种：

(1) 保险代理人在争取到业务尚未向保险人办妥正式保险单之前，给投保人开出的保险证明，既是对投保人的负责，也有助于留住这单业务。

(2) 保险公司分支机构在接受了保险业务后，但需上级公司审核批准之前，为投保人开具暂保单。

(3) 当事人双方就某些条件尚未完全谈妥之前，临时为投保人开具暂保单。

（三）保险单

简称保单。它是投保人与保险人双方确立保险关系的正式书面凭证。当事人双方权利义务的文本内容在保险单中完整、明确载明，双方必须遵守履行。当保险事故发生后，保险单就是投保人或被保险人向保险人提出索赔的依据。

（四）保险凭证

保险凭证也称小保单。是保险人签发给投保人、用来证明保险合同已经生效的凭证。保险凭证是保险单的简化形式，文本内容较为简单，一般不印载详尽的保险条款，只记载投保人和保险人约定的主要保险内容，如保险金额、保险费、保险有效期等。凡是保险凭证未记载的事项，都以同险种保单内容为准，二者相抵触时，以保险凭证内容为准，且与保险单具有相同的法律效力。

与暂保单不同的是，保险人出具和交付了保险单后，保险凭证依然有效。

（五）批单

也称“背书”。是保险人应投保人或被保险人的要求出立的修订、更改、补充、删减保单内容的证明文件。《保险法》第 20 条第 2 款规定：“变更保险合同的，应当由保险人在保险单或者其他保险凭证上批注或者附贴批单，或者由投保人和保险人订立变更的书面协议”。批单的法律效力优于原保单的同类条款。当批单的内容与保险单不一致时，保险人应以批单所规定的内容为准，如多次批改，应以最后批改为准。

（六）其他形式

《保险法》第 13 条规定，当事人也可以约定采用上述以外的其他书面形式载明合同内容。如可以保险协议、电报、电传等辅助形式来订立保险合同。

第二节 财产保险合同的订立、变更与终止

一、订立

保险合同的订立是投保人和保险人双方在意思表示一致基础上达成具有法律约束力的保险协议的行为。保险合同的订立程序是：投保人提出投保要求和保险人同意两个阶段，体现为保险实践中的要约和承诺。

（一）要约

也称为“投保”或“要保”。《合同法》第 14 条载明：要约是希望和他人订立合同的意思表示。在保险实践中，投保人的要约体现为投保单的填写，投保单多为保险公司印制的标准格式。填写投保单时必须遵守最大诚信原则，按照所列事项逐一、如实填写。若填写不实，保险合同无效，保险人可单方面解除合同，或拒绝承担赔偿责任。一个有效的要约应具备以下要件：

（1）要约必须向相对人提出。

（2）要约应明确合同的主要内容。

（3）要约应明确表示缔约愿望。

（4）要约在有效期内对要约人具有约束力。

要约具有一定的法律意义，要约生效后，要约人不得撤回或变更其要约。因为在要约有效期内，受约人可能因接到要约而拒绝他人的要约，或已为履行合同做了某些准备，如果要约人随意撤回或变更其要约，受约人可能会因此而蒙受损失。要约生效后，受约人即获得承诺的权利，但是受约人没有必须承诺的义务。要约发出后，在下列情形下可以不再受要约的约束：要约被受约人拒绝；承诺期限已过；要约在其发生效力之前可由要约人撤回。

（二）承诺

《合同法》第 21 条规定：“承诺是受要约人同意要约的意思表示。”在保险合同中，承诺表现为承保，是保险人接受投保人提出的保险要约的意思表示，即保险人接受投保人在投保请求书（投保单）中提出的全部条件，并将于保险事故发生后履行赔偿或给付义务。

承诺一般要具备下列条件：

（1）承诺必须由受约人本人或有订立合同代理权的人向要约人作出。

（2）承诺的内容应当与要约的内容完全一致。

（3）承诺必须在要约规定的期限内作出。

（4）承诺必须以要约要求的形式予以答复。

承诺的法律效力表现为要约人收到受约人的承诺时合同即告成立。承诺和要约一样，准许在送到之前或者同时撤回，但是迟到的撤回承诺的通知不发生撤回承诺的法律效力。

二、内容

（一）主要的基本条款

1. 当事人的名称及住所

在财产保险合同中必须载明保险人、投保人和被保险人的名称及住所，用以明确保险合同权利与义务的主体。

2. 保险标的

在保险合同中，必须明确载明保险保障的对象。体现在财产保险合同中，就是要明确载明所保障的财产及有关利益。

3. 保险金额

简称保额，是保险标的的保障金额，由保险合同当事人双方约定，也是保险人履行赔偿或给付义务的最高额度。在财产保险中，保险金额的确定依据是保险价值，保险金额不能超过保险价值，超过部分无效。

4. 保险费

简称保费，是投保人获取保险保障付出的代价。如期交纳保费，是投保人的义务，也是保险人的权利。在保险实践中，及时交纳保费往往也是保险合同签订、生效以及合同效力存续的必备条件。保费的多少，取决于保险金额的大小、保险费率的高低以及保险期限的长短等项目，往往高保额对应着高保费。

5. 保险期限

指保险合同的有效期限，即保险合同从开始生效到效力终止的期间。有两种计算方法：（1）以年、月、日计算。财产保险的有效期限一般为一年，到期可以续保。财产保险实践中，通常采用“零时起保制”，即以约定起保日的零时为保险责任开始的时间，以合同期满对应日的24时终止。（2）以某一事件的始末为保险期限。如，货物运输保险中，以一个航程为保险期限；建筑工程、安装工程保险中以施工开始日到竣工验收日为保险有效期限。

6. 保险责任和责任免除

保险责任是保险人承担赔偿或者给付义务的责任范围；责任免除是保险人排除或者限制的责任范围。这是保险条款中极为重要的内容，在签订保险合同时，保险业务员应该向投保人解释清楚。

7. 理赔办法

保险理赔是保险人的主要义务，是保险基本职能的具体体现。当保险事故发生、被保险人提出索赔请求后，保险人应当及时启动理赔程序，及时查勘、验损、认定责任、确定损失，并按照约定的方式、标准或数额向被保险人或者受益人支付保险金或受损财产恢复原状的费用。

8. 违约责任和争议处理

违约责任是指保险合同当事人违反合同约定的义务所应承担的法律后果。作为最大诚信合同的保险合同，违约责任条款的作用重大，必须在合同条款中载明。

争议处理是指保险合同当事人对合同事项及保险责任的不同意见的处理。争议处理一般采取协商、调解、仲裁、诉讼等方式。

（二）特约条款

特约条款是指当事人双方在基本条款的基础上，为满足各方的特殊需要而约定的合同内容。《保险法》第 18 条第 2 款规定："投保人与保险人可以约定与保险有关的其他事项。"约定一经达成，便成为保险合同的重要条款，具有法律约束力。特约条款若与基本条款不符，以特约条款为准。

三、财产保险合同的成立与生效

（一）成立

财产保险合同的成立意指合同当事人双方就保险合同条款达成了协议。《保险法》第 13 条规定，投保人提出保险请求，经保险人同意承保，保险合同即告成立。依法成立的保险合同，自成立时生效，当事人双方另有约定的除外。

在保险实践中，投保的首要环节是投保人填写投保单，经保险人审核无异议并在投保单上签章后，按照《保险法》中保险合同是诺成合同的规定，此刻保险合同即已成立并生效。若双方另有约定，则以特约为准。

（二）生效

财产保险合同的生效是指依法成立的保险合同对当事人产生法律约束力。在我国保险实践中，以往普遍实行"零时起保制"，即签单的次日零时起生效，目前依然如此。虽然当前即时起保制呼声很高，但是尚未实施。

四、财产保险合同的变更、解除与终止

保险合同的变更，是指在保险合同有效期内，合同的主体、内容以及合同效力的改变。保险合同具有法律效力，一旦成立双方当事人都应当严格履行合同义务，不得擅自变更合同内容或者解除合同。但是，由于保险合同不是即时清洁的合同，随着主客观情况的变化，会产生变更合同的需要，因此包括我国在内的各国法律一般都允许合同的主体和内容有所改变。

（一）财产保险合同主体的变更

财产保险合同主体的变更是指当事人的变更，主要是投保人或被保险人的变更，往往由于保险标的的所有权发生转移而引起。有两种通行的做法：

1. 通知变更

保险标的所有权发生转移后，若使保险关系有效续存，被保险人或者物权的受让人必须书面通知保险人，经保险人同意并对保单批注后方才有效，保险关系续存并有效转移，否则原保险合同效力终止。

2. 自动转移变更

无需征得保险人的同意，也无需通知保险人，保险合同随物权的转移而自动有效转让。如货物运输保险。各国的保险立法一般都规定，除非特别约定外，货物运输保险的保单可随货权的转移而背书转让。意在不影响商品流转，促进贸易发展。

（二）财产保险合同内容的变更

保险合同内容的变更是指主体不变的情况下，变更合同中约定的事项。一般表现为保

险标的存放地点的变化，保险标的数量的变化，价值、品种、用途、危险程度的变化，保险期限、保险金额的变化，保险责任范围的变化，货运险中航程的变更、船期的变化等。

上述变更，都将影响到保险人所承担风险责任的变化，保险实务中这些变化常有发生。若有上述变化发生，投保人或者被保险人应向保险人提出变更申请，经保险人同意后，办理相关手续，需增交保费时及时交付，保险合同继续有效。

（三）变更的形式

根据《保险法》第 20 条的规定，保险合同变更必须采用书面形式。具体做法是：由保险人在保险单或者其他保险凭证上手写、或印刷批注，或者附贴批单，并在批单和保险单粘接处加盖骑缝章。也可采用其他书面变更协议方式变更保险合同，协议中除注明修改事项外，还要注明该协议为保险合同的补充协议。

（四）财产保险合同效力的变更

1. 合同的解除

财产保险合同的解除，是指合同当事人依法或者依据合同约定，当致使合同无效的事由发生时，行使解除权，使有效的合同归于无效的行为。保险合同解除后，双方的权利义务关系消灭。

（1）投保人行使合同解除权。在保险实务中，投保人行使合同解除权就是通常所说的“退保”，退保一般是各国法律广泛赋予投保人的权利。保险合同成立后，投保人基于自身需求的考虑，随时可以提出退保，这是法律为保护投保人利益而设定的。

我国《保险法》第 15 条规定：“除本法另有规定或者保险合同另有约定外，保险合同成立后，投保人可以解除合同，保险人不得解除合同。”

《保险法》第 50 条规定：“货物运输保险合同和运输工具航程保险合同，保险责任开始后，合同当事人不得解除合同。”

（2）保险人行使合同解除权。保险合同是附和性合同，合同条款由保险人制定，保险人处于立约人地位，投保人在选择险种时，只有同意或者不同意，合同重要条款内容是不能商议变动的。基于此，各国立法都规定保险人不能随意解除合同，除非投保方有违法或者违约行为。对此，我国《保险法》第 15 条有明确规定。

根据《保险法》的规定，保险人解除合同的情形有以下几种：

①投保人违反如实告知义务。投保人故意或者因重大过失未履行《保险法》第 16 条第 1 款规定的如实告知义务，足以影响保险人决定是否同意承保或者提高保险费率的，保险人有权解除合同。②谎称发生保险事故。未发生保险事故，被保险人或者受益人谎称发生了保险事故而向保险人进行索赔，保险人有权解除合同，也不退还保险费。③故意制造保险事故。投保人、被保险人故意制造保险事故的，保险人有权解除合同，不承担赔偿或者给付保险金的责任。除《保险法》第 43 条规定外，不退还保险费。④保险标的危险程度增加。在保险合同有效期内，保险标的的危险程度显著增加的，被保险人应按照合同的约定及时通知保险人，保险人则可按照合同约定增加保险费或者解除合同。若保险人解除合同，应当从已收的保险费中，扣除自保险责任开始之日起至合同解除日止应当收取的保费，其余退还投保人。⑤未履行标的物防灾防损义务的。参加保险后，被保险人应遵守国家有关消防、安全生产操作、劳动保护等规定，对保险标的进行防灾防损工作，维护保险

标的的安全。保险人有权按照合同约定对保险标的安全状况进行检查，及时向投保人、被保险人提出消除不安全因素和隐患的书面建议。若投保人、被保险人未尽安全防范义务，保险人有权要求增加保险费或者解除保险合同。⑥保险标的发生部分损失。保险标的发生部分损失并赔偿后，自赔偿之日起 30 日内，投保人可以解除合同；若无特别约定，保险人也可解除保险合同，但应提前 15 日通知投保人。合同解除后，对于保险标的未受损部分的保费，应扣除自保险责任开始之日起至解除合同日止的保费，其余部分退还投保人。

2. 合同的终止

保险合同的终止，是指合同规定的、当事人双方的权利义务关系，因为法律规定的事由出现而不复存在的事实。财产保险合同终止的原因有多种，主要情形如下：

（1）因期限届满而终止。保险合同有效期限届满时，保险人的保险责任自然终止，其他合同也是一样。这是保险合同终止的最普遍、最基本的原因。

（2）因合同解除而终止。保险合同解除后，双方当事人的权利义务关系消灭，合同自然宣告终结。解除合同的情形见上述内容。

（3）因完全履约而终止。在合同有效期间，因保险事故发生，保险人履行了全额赔偿保险金的义务，保险合同的效力即告终止。

五、财产保险合同的争议处理

常见方式有以下几种：

1. 协商

在争议发生后，双方当事人在自愿、平等、互谅的基础上，对争议事项进行协商取得共识，从而使纷争得以解决。

2. 调解

在法律规范、政策规定及平等自愿的基础上，合同当事人双方，在人民法院、人民调解委员会及相关组织的主持下，就争议事项进行协商，达成协议解决纠纷。若调解并未奏效，或者调解后又反悔，可以申请仲裁，或者直接诉至法院。

3. 仲裁

争议双方依照仲裁协议，自愿将彼此的争议交由双方共同信任、法律认可的仲裁机构的仲裁员居中调解，作出裁决，解决纠纷的办法。仲裁结果具有法律效力，当事人必须予以执行。

4. 诉讼

诉讼是指争议双方，通过国家审判机关、即人民法院进行争议裁决的一种方式。争议双方有权以自己的名义直接向人民法院提起诉讼，通过法院审判寻求法律保护。

六、实务案例与分析

案例 1：被保险人未履行危险增加通知义务的法律后果

案情： 2009 年 2 月，上海静安区邵某为其所有的沪 H 小客车向某保险公司投保了车损险，限额为人民币 471 000 元。保险期间为 2009 年 2 月 11 日 2010 年 2 月 10 日。2009 年 11 月 14 日 14 时 50 分左右，邵某驾驶保险车辆在上海市松江区花辰公路广富林遗址工地水沟处内翻，发生单车事故。上海市松江区公安交警支队接警后出警，并向邵某出具道路交通事故认定书，责任认定为："因甲方（邵某）操作不当侧翻入工地水沟，甲方承担全部责任。"邵某随后向保险公司提出索赔，要求保险公司赔偿车辆损失保险金 161 501 元人民币。保险公司以邵某参加越野车竞技活动、危险因素增加而未通知保险公司为由，拒绝赔偿。邵某向上海市松江区人民法院提起诉讼。法院经调查，搞清了邵某车辆侧翻的原因。出事当天他驾车去了路面泥泞、不平坦、有障碍的建筑工地，目的是参与车辆竞技和娱乐，就是"玩车族"故意选择特殊路段飙车、赛车，以此为乐。结果出现翻车事故。因此法院作出保险公司胜诉的判决，邵某不服上诉至上海市第二中级人民法院，结果终审判决为驳回邵某上诉，维持原判。

分析：保险中所谓危险程度增加，是指保险合同当事人在订立合同时未曾预见到，但在保险期间内有关保险标的的危险因素或危险程度增加。在保险业经营中，保险事故发生的偶然性大小，即承保风险的大小，对于保险人来说意义重大，是保险人决定是否承保，以及核定保费的基础。由于保险标的往往由投保人所控制，因此关于保险标的，投保人、被保险人和保险人所掌握的信息是不对称的。因此，《保险法》规定投保人在缔结保险合同时，负有如实告知义务，在保险合同履行过程中，负有危险增加通知义务，以求在保险合同中实现公平交易。被保险人将保险标的危险明显增加的情况通知保险人后，保险人可以按照合同约定选择增加保费或者解除合同。若被保险人未履行保险标的危险增加通知义务，且保险事故发生恰恰是由于标的危险程度明显增加所致，保险人不承担保险金赔偿责任。

本案中，被保险人驾车参加非法赛车活动，导致保险标的危险程度增加的情形较为明显，因此，保险公司的抗辩理由得到了一审和二审的法院支持。

案例 2：交费生效条款的法律效力

案情：（篇头引导案例）原告某包装公司向某保险公司投保财产一切险，双方签订保险合同。保险合同约定一次性交付保险费、或者对保险费交付方式和时间没有约定的，投保人应在保险责任期间的起始日前支付保险费；约定以分期方式支付保险费的，投保人应按期交付第一期保险费，否则保险合同不生效。保险期间内，原告因投保财产受损向保险人索赔。保险人以投保人未交付保险费、保险合同未生效为由拒绝承担保险责任。原告遂诉至法院。法院经调查取证、审理后判决原告某包装公司败诉，原告依然不服，上诉至山东省高级人民法院，山东省高法驳回上诉请求结案。

分析：本案中争议的焦点落在保险合同中约定的"交费生效"条款上。

原告认为合同约定的交费生效条件与投保单、保险单记载的保险期限矛盾，法院应当按对投保人有利的原则解释，保险事故发生在保险期限内，附条件约定无效。被告抗辩称对保险合同的生效条件进行约定符合法律规定，被保险人未交付保险费，保险合同不发生法律效力。

关于保险合同的成立与生效，我国《合同法》第 44 条规定，依法成立的合同，自成立时生效。该法第 45 条规定，当事人对合同的效力可以约定附条件，附生效条件的合同，自条件成就时生效。同一般的合同一样，法律同样允许当事人对保险合同附加生效条件。《保险法》第 13 条规定，依法成立的保险合同，自成立时生效。投保人和保险人可以对合同的效力约定附条件或者附期限。保险实务中，保险人在投保单或保险单中设有专门条款规定，保险合同自保险费交付起生效。

本案保险合同约定的交费生效条款，应理解为将保险费的按约交付作为合同生效的条件。在订立合同时，投保人在投保单上签名确认“已阅读、知悉保险合同内容，并充分理解了保险人就义务条款所作的说明”，表明双方对该合同生效条件达成一致。由于投保人未按约交付保费，故保险合同虽然已成立，但并未发生法律效力。

此外，合同约定的交费生效条款，与保险合同约定的保险期间的起始并不矛盾。保险期间是保险人承担保险责任的起讫期间，保险期间的开始应以保险合同的生效为条件。本案由于投保人未按约定履行支付保费的义务，导致保险合同所附生效条件未成就，保险合同虽已成立，但并未生效，所附条件与合同约定的保险期间也并不存在矛盾之处。因此，法院的判决结果是正确的。

本章小结

1. 财产保险合同是投保人与保险人约定保险权利与义务关系的协议。具体讲，以财产及有关利益为保险标的的保险合同即为财产保险合同，投保人向保险人交纳保险费，在保险事故发生、造成所保财产及有关利益损失时，保险人在保险责任范围内承担赔偿责任的协议。

2. 财产保险合同是一种特殊的民事合同，其特征：财产保险合同是双务合同；财产保险合同是射幸合同；财产保险合同是格式合同；财产保险合同是补偿性合同；财产保险合同是诺成合同。

3. 财产保险合同的书面形式主要有：投保单、暂保单、保险单、保险凭证、批单等。

4. 保险合同的订立：是投保人和保险人双方在意思表示一致基础上达成具有法律约束力的保险协议的行为。保险合同的订立程序是：投保人提出投保要求和保险人同意两个阶段，体现为保险实践中的要约和承诺。

5. 财产保险合同的成立意指合同当事人双方就保险合同条款达成了协议。《保险法》第13条规定，投保人提出保险请求，经保险人同意承保，保险合同即告成立。依法成立的保险合同，自成立时生效，当事人双方另有约定的除外。

财产保险合同的生效是指依法成立的保险合同对当事人产生法律约束力。在我国保险实践中，以往普遍实行“零时起保制”，即签单的次日零时起生效，目前依然如此。虽然当前即时起保制呼声很高，但是尚未实施。

6. 保险合同的变更，是指在保险合同有效期内，合同的主体、内容以及合同效力的改变。保险合同具有法律效力，一旦成立双方当事人都应当严格履行合同义务，不得擅自变更合同内容或者解除合同。但是，由于保险合同不是即时清洁的合同，随着主客观情况的变化，会产生变更合同的需要，因此包括我国在内的各国法律一般都允许合同的主体和内容有所改变。根据《保险法》第20条的规定，保险合同变更必须采用书面形式。

7. 根据《保险法》的规定，保险人解除合同的情形有以下五种：

①投保人违反如实告知义务。②谎称发生保险事故。③故意制造保险事故。④保险标的危险程度增加。⑤未履行标的物防灾防损义务的。

8. 合同的终止。保险合同的终止，是指合同规定的、当事人双方的权利义务关系，因为法律规定的事由出现而不复存在的事实。财产保险合同终止的原因有多种，主要情形如下：(1) 因期限届满而终止。(2) 因合同解除而终止。(3) 因完全履约而终止。

9. 关于财产保险合同的争议处理，常见方式有以下几种：协商；调解；仲裁；诉讼。

本章复习思考题及案例分析题

1. 名词解释

保险合同	财产保险合同	双务合同	射幸合同	格式合同	诺成合同
要约	承诺	保险金额	保险期限	投保单	保险单
暂保单	保险凭证	批单	仲裁	诉讼	

2. 简述题

(1) 财产保险合同有哪些特征?

(2) 财产保险合同的形式有哪些?

(3) 保险人解除合同有几种情况?

(4) 保险合同的争议处理方式有哪些?

3. 案例分析题

保险人未履行明确说明义务的法律后果

案情：被保险人王某，于 2009 年 11 月将其所有的浙 JXB 车向某保险公司投保了车损险（16 万元）、商业第三者责任险（50 万元）、车上人员责任险（5 万元）以及不计免赔附加险等。2010 年 1 月，被保险人将标的车辆交由某汽车销售服务公司保养，保养完成后由该公司员工许某驾车交付王某。在许某交车途中标的车在高速公路发生单方事故，导致车辆焚毁、驾驶员死亡的严重后果。经交警认定，本次车祸驾驶员许某负全部责任。事故导致车辆损失 11 万元，公路路产等第三者损失 7 000 余元以及施救费用 2 000 余元。事故发生后，被保险人向某保险公司申请理赔，保险公司以发生事故时保险标的处于“在养护场所修理、养护期间”属保险合同约定的责任免除情形予以拒赔。被保险人王某遂诉至法院，要求保险公司赔偿事故损失。

请根据所学保险原理及相关条款加以分析。

第三章 企业财产保险

案例

企业财产保险保险责任的认定

案情：沈阳一酿造厂于 2006 年在 A 保险公司投保了一份《企业财产综合险》，到了 2008 年时，由于该厂此业务负责人王某的亲戚在 B 保险公司工作，王某遂将该酿造厂的保险转到了 B 保险公司投保。2009 年 3 月沈阳突降暴雪，导致部分厂房倒塌，造成了 50 多万元的损失，该厂随即向 B 保险公司报了案。经调查核实，该企业投保了一份《财产保险基本险》和一份《附加机器设备损坏险》。2009 年 4 月 B 保险公司向酿造厂发出拒赔通知书，酿造厂遂将 B 保险公司告上法庭。

分析：企业财产保险中，基本险、综合险是主要险种，二者在承保标的范围、保险价值的确定、保险人、投保人、被保险人的义务、以及保险金额和免赔额（率）的确定、赔偿方式、赔款计算等方面没有区别，但是在保险责任范围上是有区别的，这在险种条款中有明确规定。综合险的保险责任在基本险的基础上扩展了 12 种自然灾害和“三停”（“三停”详细内容见本章第二节及第三节所述）责任，在 12 种自然灾害责任中包括雪灾责任。因此，本案中投保了企财基本险的酿造厂因暴雪导致的 50 多万元的损失是不属于其投保的基本险责任范围的，这也正是本案的焦点问题，即保险责任的认定。本案中还有一个容易引发的纷争点是：酿造厂投保了基本险的基础上附加投保了机器损坏险，而机器损坏险保险责任条款中明确规定由于雪灾等自然灾害导致的机器设备的损失属于除外责任，因此，保险公司提出拒赔是有依据的。至于酿造厂选择更换不同的保险公司去投保对本案并无实际影响，企业负责人与保险公司有无亲缘关系都不能影响投保、承保程序及案件处理的公平公正性和合法性。因此，法院根据保险合同的相关条款规定判决酿造厂败诉。

第一节 企财险概述

一、企财险含义

（一）火灾保险

简称火险，是指以存放在固定场所、并处于相对静止状态的财产物资为保险标的，由保险人承担保险财产遭受保险事故损失的经济赔偿责任的财产保险。

火灾保险历史悠久，近代火灾保险由海上保险的原则引申而来。1666 年的伦敦大火，促进了火灾保险的诞生。1701 年英国商人查理士·波文创设“太阳保险公司”，开始接受动产的保险，成为现代公司型火险组织的第一家。19 世纪后期，随着帝国主义的对外扩张，火灾保险传到发展中国家和地区。

（二）企业财产保险

也称团体火灾保险，是在火灾保险的基础上演变发展而来的、主要承保企业、事业单位、机关、团体的固定资产、流动资产等财产，对由于火灾或者其他自然灾害、意外事故的发生引起的保险标的的直接损失以及与之相关联的费用损失提供经济补偿的财产保险。

我国的企业财产保险由主险和附加险构成。主要险种有企业财产保险基本险、企业财产保险综合险和企业财产保险一切险。三个险别在承保标的范围、保险价值、保险人义务、投保人及被保险人义务、保险金额和免赔额（或者免赔率）的确定、赔偿方式、赔偿计算等方面完全相同。

企业财产保险附加险种主要有利润损失险、机器损坏险等险种。

二、企业财产保险的特征

（一）保险标的是处于相对静止状态的财产物资

企财险的保险标的主要是各种固定资产，如生产厂商的厂房、机器设备，和流动资产，如原材料、半成品、在产品、产成品；各企事业、单位、团体所有或者经营使用的建筑物及其附属装修设备等。通常情况下，这些财产物资相对固定的坐落、存放在陆地上某个地域的某个场所，处于相对静止状态。

（二）保险标的是处于固定场所的财产物资

企财险中强调保险财产存放场所的固定性。承保财产的存放地不能随意变动，若因主客观原因必须变动的，须经保险人同意并在原保单上批注或者附贴批单以示更改，否则，保险人不负赔偿责任。这主要是因为保险财产所处地点的不同，风险大小是有区别的。

（三）以团体为投保单位

企财险的投保人是各种企业、事业单位，机关和团体，而非家庭和个人。前后者相比，保险标的构成、标的风险性质与大小、费率厘定、风险管理方式都是不同的，前者较后者更为复杂。

（四）承保的风险不断扩展

随着科学技术的日新月异，人类的生产力水平日益提高，甚或是突飞猛进，物质财富和高科技产品日益丰盈、捷报频传。然而，与之同步扩展的是风险范围的扩大和集中。但同时，人类的风险管理技术、经验与能力也随之发展、丰富与提高。因此企财险发展至今，已经远远不像最初的火灾保险只承保火灾责任造成的直接损失那么单纯。今天，不仅雷击、爆炸等风险已经纳入火灾保险的责任范围，而且多种自然灾害、意外事故造成的直接损失以及由此造成的利润损失等间接损失也已经成为保障的范围。

第二节 企财险基本险

一、保险标的

（一）可保财产

（1）属于被保险人所有或与他人共有而由被保险人负责的财产物资。

（2）由被保险人经营管理或替他人保管的财产。

（3）其他法律上承认的与被保险人有经济利害关系的财产，如被保险人具有承租权的承租财产。

（二）特约可保财产

也称特保财产，须经当事人双方特别约定方可投保的财产。有以下几类：

（1）金银、珠宝、钻石、玉器、首饰、古玩、古币、古书、古画、邮票、字画、艺术品、稀有金属等贵重财物。

（2）堤坝、水闸、铁路、道路、涵洞、隧道、桥梁和码头。

（3）矿井（矿坑）内的设备和物资。

（4）便携式通讯装置、便携式计算机设备、便携式照相、摄像器材以及其他便携式装置和设备。

（5）尚未交付使用或验收的工程。

（三）不可保财产

（1）土地、矿藏、水资源及其他自然资源。

（2）矿井、矿坑。

（3）票证、有价证券以及有现金价值的磁卡、集成电路（IC）卡等卡类。

（4）文件、账册、技术资料、图表、计算机软件、计算机数据资料等无法鉴定价值的财产。

（5）枪支弹药。

（6）违章建筑、危险建筑、非法占用的财产。

（7）领取公共行驶执照的机动车辆。

（8）动物、植物、农作物。

二、保险责任与免除责任

（一）保险责任

1. 火灾

火灾是指在时间或空间上失去控制的燃烧所造成的灾害。构成火灾责任必须具备三个条件：

（1）有燃烧现象，即有热、有光、有火焰。

（2）偶然、意外发生的燃烧。

（3）燃烧失去控制，并有蔓延扩大的趋势。

2. 雷击

雷击是指由雷电引发的火灾。雷击的破坏形式有两种：

（1）直接雷击。雷电直接击中保险标的造成损失，属直接雷击责任。

（2）感应雷击。由于雷击产生的静电感应或电磁感应使得屋内对地绝缘金属物体产生高电位放出火花引起的火灾，导致电器本身的损毁，或者因雷电的高电压感应，致使电器部件的损毁，属感应雷击责任。

3. 爆炸

爆炸分为两种形式：

（1）物理性爆炸。液体变为蒸汽或气体膨胀，压力急剧增加并远远超过容器所能承受的极限压力，因而发生爆炸。如锅炉、空气压缩机、压缩气体钢瓶、液化气罐爆炸等。这类爆炸事故的鉴别，须由劳动部门出具鉴定确认。

（2）化学性爆炸。物体在瞬息分解或者燃烧放出大量的热和气体，并以很大的压力向四周扩散的现象。如火药爆炸、可燃气体爆炸、可燃性粉尘纤维爆炸以及各种化学品的爆炸。

物体因本身的瑕疵、使用损耗、产品质量低劣以及由于容器内部承受“负压”（内压比外压小）造成的损失，不属于爆炸责任。

4. 飞行物体及其他空中运行物体坠落

（1）空中飞行器、人造卫星、陨石坠落，吊车、行车在运行时发生的坠落。

（2）在施工过程中，因人工开凿或者爆破致使石方、石块、土方崩塌飞射造成保险标的的损失，此类情况可以先予赔偿，然后向第三者责任方追偿。

（3）建筑物倒塌、倒落、倾倒造成保险标的的损失，视同空中运行物体坠落责任。如果涉及第三者责任，可以先赔偿后追偿。但是，对于建筑物本身的损失，不管是否属于保险标的都不负责赔偿。

5. 可保损失

（1）施救引起的保险标的的损失。保险事故发生后，为抢救保险标的或为了防止灾害蔓延扩大，采取必要的、合理的措施而造成的保险标的的损失为可保损失，而对于非保险标的的损失不负责。

（2）与之相关联的费用损失。

①施救、保护、整理费用。②追偿费用。③仲裁、诉讼费用。④其他有关费用。

（二）免除责任

企财险基本险的免除责任分为两个部分：

1. 下列原因造成的保险标的损失保险人不负赔偿责任

（1）投保人、被保险人及其代表的故意行为或者重大过失造成的保险标的损失。

一般工作人员的故意行为，只要不是被保险人或其代表所指使或者授意，不在此限；被保险人及其代表一般是指一个单位或者公司的法人代表、董事长、副董事长、董事、经理、副经理、总会计师、总工程师或上级单位派驻公司或单位的代表。

故意行为是指明明知道自己的行为会导致灾难性的后果却仍然希望或者放纵这种结果

发生的行为。这是一种可以预见的道德危险，而不是意外事故。

重大过失行为是指行为人不仅没有遵守和做到法律规范的要求标准，甚至连公众日常都应遵守、做到并且能够做到的一般标准都没有达到的行为。

（2）行政行为或者司法行为。指各级政府部门、执法部门或者依法履行公共管理、社会管理职能的机构下令破坏、征用、罚没保险标的的行为。

（3）战争、类似战争的行为、敌对行动、军事行动、武装冲突、罢工、骚乱、暴动、政变、谋反、恐怖活动。

（4）地震、海啸及其次生灾害。

（5）核辐射、核裂变、核聚变、核污染及其他放射性污染。

（6）大气污染、土地污染、水污染及其他非放射性污染。因保险事故造成的非放射性污染除外。

（7）保险标的的内在或者潜在缺陷、自然磨损、自然耗损、大气（气候或气温）变化、正常水位变化或其他渐变原因，物体本身的变化、霉烂、受潮、鼠咬、虫蛀、鸟啄、氧化、锈蚀、渗漏、自燃、烘培。

（8）暴雨、洪水、暴风、龙卷风、冰雹、台风、飓风、暴雪、冰凌、沙尘暴、突发性滑坡、崩塌、泥石流、地面突然下沉下陷。

（9）水箱、水管爆裂。包括冻裂和意外爆裂两种情况。

（10）盗窃、抢劫。

2. 下列损失、费用保险人不负赔偿责任

（1）保险标的遭受保险事故引起的各种间接损失。

（2）广告牌、天线、霓虹灯、太阳能装置等建筑物外部附属设施，存放于露天或者简易建筑物内部的保险标的以及简易建筑物本身，由于雷击造成的损失。

（3）锅炉及压力容器爆炸造成其本身的损失。

（4）任何原因导致供电、供水、供气及其他能源供应中断造成的损失和费用。

（5）保险合同中载明的免赔额或者按保险合同中载明的免赔率计算的免赔额。

（6）其他不属于保险合同责任范围内的损失和费用，保险公司承担的保险责任为列举式，即列明的风险责任，因此，只要不属于保险责任列举之列的，即便在除外责任中没有列示的损失和费用都属于免除责任。

三、赔偿处理与计算

企财险实务中，保险标的发生保险责任范围内的损失时，保险人应主动、迅速、准确、合理进行理赔工作，提高保险服务水平，树立良好的行业和公司形象，争取更多的客户。

（一）理赔的原则

1. 恪守信用

重合同、守信用是理赔工作的首要原则。保险合同明确规定了当事人双方的权利与义务，各方应该恪守规定，这是保险和被保险双方保持良好关系和保险业良性发展的基础。当索赔案件发生后，保险人应该严格遵守合同条款的规定积极受理案件，赔与拒赔都应当有充足的证据。

2. 实事求是

财产保险承保范围极其广泛，这就注定了索赔案件的多样性和复杂性，在处理复杂案件时，保险人除了要遵守合同条款的规定外，还要尊重事实，实事求是。因此，会出现通融赔付的案件。

通融赔付是指按照保险合同条款的规定，保险人可赔可不赔的经济损失，由于其他一些原因的影响，保险人给予全部或者部分赔偿或给付。通融赔偿的原则有三个：一是本着有利于保险事业稳定与发展的原则；二是维护保险企业信誉和增强竞争力的原则；三是有利于社会安定团结的原则。

3. 公平合理

保险人收到索赔报案后，应该本着“主动、迅速、准确、合理”的原则积极启动理赔程序，提高保险业的服务水平，赢得广大客户的信任。

根据《保险法》第 23 条、24 条、25 条的规定，保险人收到被保险人的赔偿请求后，应当及时作出核定，情形复杂的，应当在 30 日内作出核定，合同另有约定的除外。保险人应当及时将核定的结果通知被保险人，对属于保险责任范围的，应当与被保险人达成赔款金额协议后 10 日内，履行保险金赔偿义务。对于不属于保险责任范围的，应当自作出核定起 3 日内向被保险人发出拒赔通知书，并说明理由。

若保险人自收到被保险人索赔申请和相关证明、资料起 60 日内，对赔偿金额不能确定的，应当根据已有证明和材料确定的数额先予支付，保险人最终确定赔偿数额后，支付相应的差额。

（二）理赔的程序

1. 出险受理

（1）受理报案。损失事故发生后，被保险人一般是以口头或者电话、电报形式向保险人报案，然后再补充书面出险通知。理赔人员接到报案时，应及时作报案记录，详细询问被保险人的名称（姓名）、投保险别、出险标的、保单号码、出险时间、出险地点、出险原因以及损失状况，及时将报案记录登记在“出险案件登记簿上”。同时要求被保险人尽快填写“保险出险通知书”，以便及时编号立案。

（2）审核保单。保险人应将做好的报案记录、出险通知书和保单内容进行及时核对。①投保险别是否相符、受损财产是否属于保险财产范围、出险地点是否与保险单载明的保险财产坐落地吻合。②出险原因是否属于保险责任。③出险日期是否在保险有效期限内。经过上述审查核实，理赔人员应将情况及时向相关业务负责人报告。

（3）登记立案。经查抄单底并复核后，凡可受理的案件内勤人员要及时在“出险案件登记簿”上编号立案。出险案件无论是否赔付均应编号立案，内勤人员应将赔案编号填写在出险通知书上，送交业务部门负责人提出处理意见。然后将抄件一并分交分管理赔人员签收处理并建立卷宗，有关该案件的各项记录、单证、报告等文件均应归于案卷内，并对案卷注明案号以便查调。

2. 现场查勘

现场查勘是掌握出险情况的重要步骤。目的在于掌握案情第一手资料，查明保险责任和事故损失情况，为准确、合理、及时理赔提供确凿证据和资料，为提高理赔工作质量、保证保险经济补偿职能充分合理发挥意义重大。

（1）现场查勘的要求。①接到查勘任务的工作人员要及时奔赴现场，及时与被保险人取得联系。若出险地点在外地，要与被保险人一同前往。②到达现场后，理赔人员应及时与当地政府和有关救灾部门（公安、消防、水文、气象等单位以及附近群众）取得联系，协助和配合开展查勘工作。若事故尚未得到控制，或者财产、人员仍处在危险之中，应立即采取施救保护措施，避免事态扩大恶化。③现场查勘坚持双人查勘。④查勘时必须尽快掌握被保险人的会计账册和有关资料，掌握出险时和出险当日的各项账面数据。如来不及核对，必要时可视情况暂时封存，以防企业更改账册弄虚作假。

（2）现场查勘的任务。①查明出险时间。②查明出险地点。③查明出险原因。④收集证明材料。

（3）损余物资处理办法。①对于不再有加工必要的、或者一时难以处理或修复的残余物资，当时即可作价折算，由被保险人自行处理。②对于能够及时加工整理或修复的残余物资，可在修复后折价归被保险人，有关费用由保险人负责。③对于尚存残余价值、但被保险人已无法利用的物资可共同协商作价转售其他单位。④若被保险人确实无法自行处理或者作价过低时，保险人也可收回处理。

（4）财产的损失估算和核实。①核对账册。主要核对哪些项目属于保险范围，核实损失价值。②对房屋建筑物的估损。了解其建造金额，是否包括基础、沟渠、桥梁、道路、装修在内，对残余材料要逐项登记并确定其价值。如果发生全损时，要了解其最近的账面折旧率，如系估价投保，要了解其估价的依据；如系选择投保，要注意建筑物是否在保险范围以内；如系部分损失，要计算出受损部分的比例。③对机器设备估损。要掌握机器的种类、数量、损失程度，一一加以核对，并了解机器的折旧程度。④对产品、物资的估损。要分别核对企业的产品、物资等流动资产，如原材料、辅助材料、半成品、产成品等的账面价值是否与损失清单相符。现场查勘及损失估算完毕后，保险人要编制初步查勘报告，将与处理赔案有关的情况叙述清楚，并附上收集的有关单证，以备进一步审核。

（5）缮制查勘记录和报告。查勘记录、报告真实、全面反映案件的情况，是理赔工作极其重要的依据，直接影响到理赔工作质量。缮制查勘报告的注意事项如下：①报告的内容应全面准确。②报告的书写应符合要求。③对处理赔案有关当事人的情况如姓名、职务及处理赔案的主要情况等要在报告中阐述清楚。④查勘中若发现因被保险人安全防灾措施不力造成的灾害事故，应如实填写在查勘报告中。

3. 责任审定

保险责任的审定是处理赔案的一项非常重要的工作。审定的正确与否，决定着一个赔案是否成立。责任审定是理赔工作的核心。

（1）责任审定的主要内容。①损失事故的原因是否属于保险责任范围。②损失财产是否属于保险责任范围。③损失事故是否发生在保险有效期限内。④定损是否准确。⑤费用是否合理。⑥损失事故的发生是否由于第三者引起。

（2）损失核定。受损财产经过施救、整理、明确保险责任之后，核定损失是理赔工作关键的环节，准确与否，关系到保险人能否准确、合理地履行经济赔偿义务，关系到保险人和被保险人的切身利益。定损工作中要做好两项工作：①进行财产分类整理。在施救、清理过程中，应对不同品种、不同损失程度的财产进行分类存放，并立即进行清理，防止损失进一步扩大，便于定损与核实。②根据灾害事故大小、损失程度、受损财产的类别，在自身技术力量达不到的情况下，可聘请技术人员或专家协助定损。

（3）代位追偿。若损失事故的发生，是由第三方的过失造成，保险人赔偿后，被保险人应当全力协助保险人取得权益转让，向第三者责任方追偿索赔。

4. 赔款理算类别

损失案件发生，经过现场查勘、责任和损失审定之后，接下来就是赔款理算工作。赔偿计算的情形如下：

（1）保险金额≥保险价值（即损失当时保险标的的重置价值）时，按实际损失计算赔款，最高不超过保险价值。

（2）保险金额＜保险价值时，按保险金额与保险价值的比例计算赔款。

公式是：赔偿金额＝损失金额×保险金额/保险价值

（3）若保险标的不止一项时，应分项处理计算。

如，固定资产与流动资产赔偿计算是有区别的，应分别计算。

5. 财产损失赔偿计算

（1）全部损失。

①保险金额≥保险价值时，赔偿金额以保险价值为限，若有残值，直接从赔款中扣除，计算公式：

赔款＝保险价值－残值

②保险金额＜保险价值时，按保险金额赔偿，残值按照保险金额与保险价值的比例从赔款中扣减，计算公式：

赔款＝保险金额－残值×保险金额/保险价值

案例 1：某橡胶制品厂将其流动资产投保财产基本险，保险金额 240 万元，出险时账面余额为 360 万元，火灾中财产实际全损，残值 30 万元。①将残值作价归企业；②保险人自己回收处理。两种情况下，保险人分别应赔偿多少？

赔款计算：因保险金额＜保险价值，因此计算如下：

①将残值作价归企业：保险人赔款＝240－30×240/360＝220（万元）

②保险人自己回收处理：保险人赔款＝240（万元）

（2）部分损失。

①保险金额≥保险价值时，保险人赔款以不超过实际损失为限，残值直接从赔款中扣减。计算公式：

赔款＝实际损失－残值

②保险金额＜保险价值时，实际损失按保险金额与保险价值的比例赔偿，残值亦按同样比例从赔款中扣减，计算公式：

赔款＝(实际损失－残值)×保险金额/保险价值

案例 2：某日用品制造厂将其流动资产投保财产基本险，保险金额 180 万元，出险时账面余额为 240 万元，火灾中财产损失 60 万元，残值 4 万元。①将残值作价归企业；②保险人自己回收处理。两种情况下，保险人分别应赔偿多少？

赔款计算：因保险金额＜保险价值，因此计算如下：

①将残值作价归企业：保险人赔款＝（60－4）×180/240＝42（万元）

②保险人自己回收处理：保险人赔款＝60×180/240＝45（万元）

6. 施救费、保护费用的赔偿计算

（1）关于施救费用，要注意区分保险财产与非保险财产各自的发生额。能够明确区分的，只负责保险财产的施救费用；不能区分的，要根据保险财产价值占全部施救财产价值的比例来计算。公式如下：

保险财产施救费用＝全部施救费用×被施救保险财产价值/全部施救财产价值

（2）施救费用在保险标的损失赔偿金额以外另行计算，但以保险财产的保险金额为限。当保险标的的损失或者施救费用超过保险金额时，可按推定全损处理。

（3）施救费用与保险财产的赔偿计算原则相同，即，计算保险财产赔款时若不按比例分摊，施救费用赔偿额的计算也不按比例分摊；否则，应按保险财产的比例计算施救费用的赔偿额。公式如下：

应赔施救费用＝保险财产施救费用×保险金额/保险价值

7. 免赔额的计算处理

（1）按照保单约定，在最终赔偿金额中扣减免赔额。

①设定免赔额的计算公式：

赔款＝（保险标的实际损失金额或财产恢复原状所需修复费用－残值）×
保险金额/保险价值－免赔额

②设定免赔率的计算公式：

赔款＝（保险标的实际损失金额或财产恢复原状所需修复费用－残值）×
（1－免赔率）×保险金额/保险价值

（2）若免赔额与免赔率同时使用，以较高者为准。

8. 缮制赔款计算书和结案报告书

理赔计算完成后，应立即缮制赔款计算书。赔款计算书是保险人支付赔款的重要凭证。在缮制赔款计算书时，应根据保险单抄件、调查报告和有关材料进行详细核对填写，项目要齐全，数据要准确，字迹要清晰，各项赔款的计算公式要准确填写，不得涂改。

赔款计算书编制一式三份（若赔款超过核赔权限，份数应相应增加），一份附赔案卷内，一份作为财会部门支付赔款的凭证，一份附贴在保单副本上。赔款计算书缮制完毕，送交负责人复核签章后，由理赔内勤登记送财会部门签收并凭以支付赔款。在缮制赔款计算书的同时，还应缮制结案报告书。结案报告书系赔案结案材料，要摘要记录赔案的理赔过程和有关事项，随赔款计算书经复核人员和业务负责人签章后，报送主管领导审批签章。超过核赔权限的应按规定上报审批。

9. 赔偿结案

赔案材料的缮制和收集整理工作完成以后，理赔人员应对全案进行检查，经检查无误并签注经办人意见后，送负责人进行审批或报批。赔案的核批，应当根据上级公司规定的核批权限，按规定核批，不可越权批案。赔案一经审批，理赔人员应在“赔案登记簿”上进行登记，并迅速将赔案送财会部门支付赔款。

赔款支付后，内勤应缮制“赔款批单”一式三份，一份附贴保单副本上，一份交保户附贴在保单正本上，一份附赔案卷内。

第三节 企财险综合险

一、保险标的

企财险综合险保险标的与基本险保险标的相同。

二、保险责任与免除责任

（一）保险责任

企财险综合险的保险责任，在基本险的基础上，又扩展了以下责任：

（1）12种种自然灾害：暴雨、洪水、暴风、龙卷风、冰雹、台风（飓风）、暴雪、冰凌、突发性滑坡、崩塌、泥石流、地面突然下沉下陷。

（2）被保险人拥有财产所有权的自用的供电、供水、供气设备因保险事故遭受破坏，引起停电、停水、停气以致造成保险标的的直接损失，保险人按照合同的约定也负责赔偿。

上述“三停”导致的保险标的的损失必须同时具备下列三个条件才属于保险责任范围：

①必须是被保险人拥有财产所有权并自己使用的供电、供水、供气设备，包括本单位拥有所有权和使用权的专用设备以及本单位拥有所有权又与其他单位共用的设备。包括发电机、变压器、配电间、水塔、线路、管道等供应设备。

②必须是由于保险责任范围内的灾害或事故造成的“三停”损失。

③仅限于对被保险人的机器设备、在产品和贮藏物品等保险标的的损坏或报废负责。

（二）免除责任

与基本险相比，最主要的不同在于综合险的免除责任中，不再包括12种自然灾害造成的损失，而是列在综合险的保险责任中。另外，还特别列明了存放在露天或简易建筑物内部的保险标的以及简易建筑物本身，由于暴雨、洪水、暴风、龙卷风、冰雹、台风、飓风、暴雪、冰凌、沙尘暴造成的损失作为免除责任，其余免除责任与基本险相同。具体为：

1. 下列原因造成的保险标的损失保险人不负赔偿责任

（1）投保人、被保险人及其代表的故意行为或者重大过失造成的保险标的损失。

一般工作人员的故意行为，只要不是被保险人或其代表所指使或者授意，不在此限；被保险人及其代表一般是指一个单位或者公司的法人代表、董事长、副董事长、董事、经理、副经理、总会计师、总工程师或上级单位派驻公司或单位的代表。

故意行为是指明明知道自己的行为会导致灾难性的后果却仍然希望或者放纵这种结果发生的行为。这是一种可以预见的道德危险，而不是意外事故。

重大过失行为是指行为人不仅没有遵守和做到法律规范的要求标准，甚至连公众日常都应遵守、做到并且能够做到的一般标准都没有达到的行为。

(2) 行政行为或者司法行为。指各级政府部门、执法部门或者依法履行公共管理、社会管理职能的机构下令破坏、征用、罚没保险标的的行为。

(3) 战争、类似战争的行为、敌对行动、军事行动、武装冲突、罢工、骚乱、暴动、政变、谋反、恐怖活动。

(4) 地震、海啸及其次生灾害。

(5) 核辐射、核裂变、核聚变、核污染及其他放射性污染。

(6) 大气污染、土地污染、水污染及其他非放射性污染。因保险事故造成的非放射性污染除外。

(7) 保险标的的内在或者潜在缺陷、自然磨损、自然耗损、大气（气候或气温）变化、正常水位变化或其他渐变原因，物体本身的变化、霉烂、受潮、鼠咬、虫蛀、鸟啄、氧化、锈蚀、渗漏、自燃、烘培。

(8) 水箱、水管爆裂。包括冻裂和意外爆裂两种情况。

(9) 盗窃、抢劫。

2. 下列损失、费用保险人不负赔偿责任

(1) 保险标的遭受保险事故引起的各种间接损失。

(2) 广告牌、天线、霓虹灯、太阳能装置等建筑物外部附属设施，存放于露天或者简易建筑物内部的保险标的以及简易建筑物本身，由于雷击造成的损失。

(3) 锅炉及压力容器爆炸造成其本身的损失。

(4) 保险合同中载明的免赔额或者按保险合同中载明的免赔率计算的免赔额。

(5) 其他不属于保险合同责任范围内的损失和费用，保险公司承担的保险责任为列举式、即列明的风险责任，因此，只要不属于保险责任列举之列的，即便在除外责任中没有列示的损失和费用都属于免除责任。

三、赔偿处理与计算

综合险的赔偿处理与计算与基本险相同。

第四节 企财险一切险

一、保险标的

企财险一切险的保险标的与基本险、综合险相同。

二、保险责任与免除责任

（一）保险责任

（1）在保险期间内，由于自然灾害或意外事故造成保险标的的直接损失，保险人按照保险合同的约定负责赔偿。

自然灾害指雷击、暴雨、洪水、暴风、龙卷风、冰雹、台风、飓风、沙尘暴、暴雪、冰凌、突发性滑坡、崩塌、泥石流、地面突然下陷下沉，以及其他人力不可抗力的、破坏力强大的自然现象。

意外事故指不可预料的以及被保险人无法控制并造成物质损失的突发事件，包括火灾和爆炸。

（2）上述原因造成保险事故时，为抢救保险标的或者防止灾害蔓延扩大，采取必要的、合理的措施而造成的保险标的的损失，保险人按照合同的约定负责赔偿。

（3）保险事故发生后，被保险人为防止或减少保险标的的损失所支付的必要的、合理的费用，保险人按照保险合同的约定负责赔偿。

（二）免除责任

1. 下列原因导致的保险标的的损失、费用保险人不负赔偿责任

（1）投保人、被保险人及其代表的故意行为或者重大过失造成的保险标的损失。

（2）行政行为或者司法行为。指各级政府部门、执法部门或者依法履行公共管理、社会管理职能的机构下令破坏、征用、罚没保险标的的行为。

（3）战争、类似战争的行为、敌对行动、军事行动、武装冲突、罢工、骚乱、暴动、政变、谋反、恐怖活动。

（4）地震、海啸及其次生灾害。

（5）核辐射、核裂变、核聚变、核污染及其他放射性污染。

（6）大气污染、土地污染、水污染及其他非放射性污染。因保险事故造成的非放射性污染除外。

（7）保险标的的内在或者潜在缺陷、自然磨损、自然耗损、大气（气候或气温）变化、正常水位变化或其他渐变原因，物体本身的变化、霉烂、受潮、鼠咬、虫蛀、鸟啄、氧化、锈蚀、渗漏、自燃、烘培。

（8）盗窃、抢劫。

2. 下列损失、费用保险人不负赔偿责任

（1）保险标的遭受保险事故引起的各种间接损失。

（2）广告牌、天线、霓虹灯、太阳能装置等建筑物外部附属设施，存放于露天或者简易建筑物内部的保险标的以及简易建筑物本身，由于雷击、暴雨、洪水、暴风、龙卷风、冰雹、台风、飓风、暴雪、冰凌、沙尘暴造成的损失。

（3）锅炉及压力容器爆炸造成其本身的损失。

（4）任何原因导致公共供电、供水、供气及其他能源供应中断造成的损失和费用。

（5）保险合同中载明的免赔额或者按保险合同中载明的免赔率计算的免赔额。

（6）设计错误、原材料缺陷、工艺缺陷造成的保险标的本身的损失。

（7）非外力造成的机械或者电气设备本身的损失。

（8）被保险人及其雇员操作不当，技术缺陷造成被操作的机械或电气设备的损失。

（9）盘点时发现的短缺。

三、赔偿处理与计算

企财险一切险的赔偿处理与计算同于基本险和综合险。

四、实务案例与分析

案例1：财产保险中保险财产地址与保险标的物范围的认定

案情：2007年8月，广东省深圳市某贸易公司与某保险公司签订了一份《财产保险单》，约定被保险人为该贸易公司电器商场，保险项目为“装修及仓储物品”，保险期限自2007年8月23日至2008年8月22日，总保险金额为人民币300万元．在所附财产险条款中约定保险财产是指保险合同中列明的相关财产。保险单明细表载明，保险财产地址为深圳市龙岗区某街道某街甲号。2007年8月24日凌晨，电器商场员工发现电器商场仓库空调被入室盗窃，马上打电话报警，并通知保险公司空调器被盗情况。原告经清点报损，称丢失空调74台，价值人民币140 394元。深圳市公安局坪山派出所经侦查，某贸易公司电器商场位于深圳市龙岗区某街道某某街乙号处的空调被盗。后龙岗法院作出刑事判决，确定其被盗空调共计15台，价值人民币27 000元。2010年5月27日，某保险公司对某贸易公司索赔出具了拒赔通知书。某贸易公司遂诉至法院。

分析：本案焦点之一是，存放在某街道某某街乙号仓库中的被盗空调是否属于保险合同约定的被保险财产。保险合同列明承保财产范围的，保险人仅就合同列明的财产范围负赔偿责任，对该范围以外的财产损失，保险人没有赔付义务。在财产保险下，保险财产范围一般是指处于确（固）定位置、而且处于相对静止状态下的财产物资，并且明确载明于保险合同中，这就意味着保险人对存放于该地点的财产物资的损失负有赔偿责任，处于其他地点或者变更了投保财产的地点但是并未通知保险人同意及批注的财产损失，保险人没有赔偿义务。本案中，原告某贸易公司的投保财产在保险合同中已经明确约定存放于深圳市龙岗区某街道某街甲号，也就是说，保险公司仅对处于某街甲号的贸易公司的财产负有保险责任。显然，对发生在深圳市龙岗区某街道某某街乙号的贸易公司的被盗财产空调器，保险人没有赔偿义务。因此，保险公司发出拒赔通知是有法律依据的。但是某贸易公司称，其电器商场只有一个仓库，并不存在其他仓库，因此，坚持主张其《财产保险单》中的“仓储物品”就是特指龙岗区某街道某某街乙号仓库中的仓储物品，而不是龙岗区某街道某街甲号的电器，但是，没有足够的证据支持。而保险公司提供的某贸易公司的投保单和保险单中，均载明保险财产的地址是深圳市龙岗区某街道某街甲号。因此，应该认定贸易公司处于龙岗区某街道某某街乙号的被盗财产不属于保险标的范围。据此，保险公司抗辩其不属于保险财产范围的意见被法院采纳。一、二审法院均驳回原告诉求。

本案另一个焦点是关于某贸易公司被盗财产的价值究竟是多少的认定。假定某贸易公司的财产损失属于保险责任范围，那么保险公司按照什么标准赔付？原告某贸易公司在被盗后清点，主张其被盗空调器共74台，价值人民币140 394元。但是深圳市公安局坪山派出所经侦查及深圳市龙岗区人民法院对刑事盗窃案审理后认定被盗空调共 15 台，其鉴定价值共计人民币 27 000 元，而不是贸易公司主张的 140 394 元。在法院判决已经对事故损失进行认定的情况下，应当以法院判决认定的金额计算某贸易公司的损失。因此，原告自行主张损失为人民币 140 394 元依据不足。即使本案属于赔偿范围，贸易公司的诉求也难以获得支持。

案例 2：保险事故认定中的证据证明力

案情：2007 年 10 月 15 日原告某造船厂与被告某保险公司签订了财产险综合保险合同，原告将所有固定资产、账外财产及其他物品按照账面原值进行投保，保险金额 38 759 681.40元。2008 年 4 月 16 日 8 时 45 分，原告造船厂厂区使用的 6 吨塔吊在吊装铁板工作中发生了倾倒事故，致使塔吊报废，现场作业停止。随后，原告向被告报案，称因暴风风力过大，导致塔吊发生倾倒事故报废，要求保险公司赔偿塔吊损失168 518.00元。2008 年 8 月 11 日，被告出具拒赔通知书认为，根据烟台市气象局证明，当日风力为每秒 7.6 米，不构成暴风保险责任。原告不满被告拒赔理由，以保险合同纠纷提起诉讼。

分析：本案争议的焦点为如何认定保险责任中的“暴风”。本案中，被保险人和保险人对保险责任中暴风的定义（暴风为 8 级风，即风速在每秒 17.2 米以上）没有异议，但就事故当天的风力认定上双方有争议。保险公司根据烟台市气象局专业气象台出的气象证明记载，当日烟台市区极大风速为每秒 7.6 米（为 4 级风），风向西南偏西风，认为当天大风不构成暴风。被保险人则提出根据烟台市气象局专业气象台出具的气象证明记载，烟台市区大风天数较多，一年中极大风力 8 级以上的天数平均达到 52.9 天，且当日出事地点作业的其他两家公司证明事故当时瞬时刮过 7～8 级强西北风，同时出具给烟台市安全监督管理局的“关于某造船厂塔吊倾倒损毁事故的调查报告”已记载因瞬时刮起一阵强西北风，受外来巨大风力的影响造成塔吊倒毁。据此被保险人认为由于出事地理位置原因，一年中经常骤然刮起 7 至 8 级以上阵风，时间很短，且无规律可循，气象台是无法预见无法预报的，结合提出的其他证据，被保险人认为事故发生当时的风力达到了保险合同约定的“暴风”。

对于争论的焦点，法院认为在所有证据文件中，烟台气象局专业气象台出具的气象证明属于国家机关、社会团体依职权制作的公文书证，其证明力一般大于被保险人提供的证人证言，故判决塔吊倾倒事故不属于保险责任事故，保险公司不需承担赔偿责任。

对此判决被保险人不服，上诉至烟台市中级人民法院。经中院查明，事实与原审查明的事实一致，并于 2010 年 10 月 8 日作出终审判决，驳回上诉，维持原判。

本章小结

1. 企业财产保险也称团体火灾保险，是在火灾保险的基础上演变发展而来的、主要承保企业、事业单位、机关、团体的固定资产、流动资产等财产，对由于火灾或者其他自然灾害、意外事故的发生引起的保险标的的直接损失以及与之相关联的费用损失提供经济补偿的财产保险。

我国的企业财产保险由主险和附加险构成。主要险种有企业财产保险基本险、企业财产保险综合险和企业财产保险一切险。三个险别在承保标的的范围、保险价值、保险人义务、投保人及被保险人义务、保险金额和免赔额（或者免赔率）的确定、赔偿方式、赔偿计算等方面完全相同。

2. 企业财产保险的特征主要是：(1) 保险标的是处于相对静止状态的财产物资。(2) 保险标的是处于固定场所的财产物资。(3) 以团体为投保单位。(4) 承保的风险不断扩展。

3. 财产保险基本险、财产保险综合险、财产保险一切险在承保标的、保险价值、保险人义务、投保人和被保险人的义务保险金额和免赔额（率）的确定、赔偿方式、赔偿计算等方面完全相同。

4. 财产保险基本险、财产保险综合险、财产保险一切险在保险责任、免除责任、费率方面均有不同，财产保险一切险责任范围最为广泛，费率高于基本险和综合险。

本章复习思考题及案例分析题

1. 名词解释

火灾　火灾保险　企业财产保险

2. 简述题

(1) 企财险有哪些特征？

(2) 企财险的理赔原则怎样？

(3) 理赔中审定责任包括哪些内容？

(4) 企财险的理赔程序是怎样的？

3. 论述题

比较财产保险基本险、综合险、一切险的异同。

4. 案例分析题

某企业将价值 100 万元的财产抵押给银行，获得 60 万元贷款，该银行将抵押财产向保险公司投保企财综合险，保险期限为 2009 年 7 月 1 日至 2010 年 6 月 30 日。2010 年 3 月 22 日该企业归还银行贷款 50%。2010 年 4 月 6 日，该企业发生严重火灾财产全部损失。

问：(1) 该银行可保利益是多少？(2) 保险公司应该赔偿多少？(3) 该企业是否有权向保险公司索赔？

第四章 家庭财产保险

案例

家庭财产重复投保，保险合同是否生效?

2004 年，刘先生向甲保险公司投保了家庭财产保险及附加的盗窃险，保险合同约定保险金额为 2.5 万元，保险期限为 2004 年 5 月 26 日零时起至 2008 年 5 月 25 日 24 时止。7 月，刘先生所在公司为每位职工在乙保险公司投保了家庭财产保险及附加的盗窃险，每人保险金额为 2.5 万元，保险期限为 2004 年 7 月 7 日零时起至 2007 年 7 月 6 日 24 时止。甲保险公司和乙保险公司都向他出具了财产保险的保险单。

2006 年 3 月，刘先生出差回家后发现家中财产被盗，并及时向派出所报案，同时通知了两家保险公司。经公安局现场勘查后认定，刘先生的被盗物品价值 2.5 万元。因公安机关一直未能破案，刘先生便向两家保险公司提出各赔偿 2.5 万的要求。但两家保险公司都以刘先生重复投保、造成保险合同无效为由拒绝进行财产保险的赔偿。

（资料来源：《重复投保，财产保险合同是否有效》，2010 年 11 月，金永泰保险经济有限公司网）

分析：相关当事人争议的焦点在于投保人重复保险家庭财产保险时，该如何赔偿的问题。法院经审理，刘先生的家庭财产在两家财产保险公司投保，刘先生及其单位分别与保险公司签订的合同均为有效合同。刘先生家中财产被盗属于保险合同的赔偿责任范围，保险公司理应按合同约定承担赔偿责任。鉴于刘先生的家庭财产在两家保险公司被重复保险，从保险补偿原则出发，其不能获得超过保险价值的赔偿。根据法律规定，两家保险公司应按照其保险金额与保险金额总和的比例承担赔偿责任。据此，刘先生要求获得双倍赔偿的诉讼请求和两家保险公司以合同无效为由而拒不赔偿的辩解主张，均与法律不符，应予以驳回。法院依照《保险法》56 条的规定，判决两家保险公司分别赔偿刘先生 1.25 万元。

第一节 家财险概述

一、家财险概念

家庭财产保险简称家财险，是以我国城乡居民家庭的有形财产为保险标的的一种保险，属于财产保险的范畴，是个人和家庭投保的最主要险种之一。

由于家庭财产保险是一项关系到广大群众利益的基础性险种，与每个家庭息息相关，其所涉及的保险标的范围十分广泛、风险种类十分多样，开展家庭财产保险具有重要的意义，为居民或家庭遭受的财产损失提供及时的经济补偿，有利于居民生活安定，保障社会稳定。

二、家财险的特征

（一）市场空间潜力巨大

家财险的保险对象是城乡居民，而城乡居民尤其是农村居民居住分散。中国的家财险面临的是一个有 3 亿多个家庭的潜在市场，业务虽然分散，但是发展潜力却很大。若家财险的承保率达到 50%，即意味着有近 2 亿个保险客户和 2 亿笔业务来源。若保险人再深度经营，稳定并提高家财险的承保额，并以此为基础扩大其他类别的保险服务，则家财险业务将在整个财产保险业务中占据非常重要的地位。

（二）业务分散，额小量大

城乡居民均是以家庭或个人为单位的，不仅居住分散，而且物质财产的积累有限，每一户城乡居民家庭都是保险人的一个展业对象和潜在的保险客户来源，因此，家庭财产保险业务是一种分散性业务，其单个保单的承保额不高，但业务量却很大。

（三）危险结构有特色

家庭财产面临的主要是火灾、盗窃等危险，这种危险结构与团体火灾保险有着巨大的差异。因此，保险人需要有针对性地做好危险选择与防损工作。

（四）保险赔偿有特色

一方面，家庭财产保险的赔案大多表现为小额、零星赔案，需要保险人投入较多的人力来处理；另一方面，保险人对家庭财产保险的理赔一般采取有利于被保险人的第一危险赔偿方式。这种方式将被保险人的财产价值视为两个部分，第一部分为保险金额部分，也是保险人应当负责的部分；超过保险金额的即为第二部分，它由被保险人自己负责；凡保险金额内的损失全部由保险人负责赔偿，而不需要像团体火灾保险那样按照保险金额与投保财产实际价值的比例分摊损失。

（五）险种设计更具灵活性

家庭财产保险业务面向普通的城乡居民，为满足他们的不同需要并使险种真正具有吸引力，保险人不仅提供普通家庭财产保险，往往还推出具有还本性质的家庭财产两全保险、家庭财产长效还本保险以及综合承保财产损失与有关责任的保险等。因此，城乡居民的投保选择机会较多。

第二节　家财险的保险责任

相关知识：投保家庭财产保险，出险后怎么办？

首先通知公安部门、消防等部门前来施救、侦察，抢救损失财产；家庭成员在必要时也要积极参与施救。财产被盗后不保存现场，不向当地公安部门如实报案，不在24小时内通知保险公司，保险公司不予赔偿。“反正是投了保险的财产，施不施救无所谓”的想法不正确。

《家庭财产保险条款》明确规定：“因防止灾害蔓延或因施救、保护所采取的必要的措施而造成保险财产的损失和支付的合理的费用，保险公司也负赔偿责任。”所以，被保险人不用担心施救费用的问题。家庭财产两全保险兼有经济补偿和到期还本的双重性质。被保险人交纳保险储金，当保险期满时，无论是否发生过保险赔款，该保险储金均如数退还给被保险人，从而体现到期还本的性质。保险公司用被保险人所交保险储金的利息收入作为保险费。

一、保险标的

（一）可保财产

1. 房屋及其附属设施

房屋指投保人用以居住、生活的场所，房屋的附属设施是指固定装置在房屋中的冷暖卫生设备、照明设备、供水设备等。

2. 生活资料

包括衣服、家具、家用电器、室内装修物、非机动交通工具等。

（二）特约可保财产

1. 农村家庭存放在院内的非动力农机具、农用工具和已收获的农副产品。
2. 代他人保管的财产或与他人共有的财产。
3. 其他不属于普通的家庭财产，如专业人员研究和发明所使用的专业设备。

（三）不保财产

1. 金银、首饰、珠宝、钻石及制品、艺术品等珍贵财物。
2. 货币、有价证券、古玩、古币、字画、文件、技术资料等无法鉴定价值的财产。
3. 机动车辆。
4. 养殖物及种植物。
5. 用于从事商品生产、经营活动的财产和出租用作工商业的房屋。
6. 正处于危险状态的财产，如危房。
7. 运输中的货物。
8. 不属于可保财产范围内的其他家庭财产，如枪支、弹药、毒品等。

此外，还有保险人认为不适合在家财险中承保的其他家庭财产。

二、保险责任（综合险）

保险责任范围内的自然灾害或意外事故具体包括以下几项内容：

（一）火灾、爆炸

凡属于因意外或偶然起火，并造成保险财产经济损失，不是被保险人及其家庭成员所致，也无欺诈行为，保险公司均负“火灾”责任。不论由于化学反应或物理现象所引起的爆炸，包括被炸物体本身的损失及由此波及其他财物的损失，保险公司都负有赔偿责任。

（二）雷击（台风、暴风、龙卷风、暴雨、冰雹、雪灾、洪水、崖崩、冰凌、泥石流、突发性滑坡、地面突然塌陷）

上述自然灾害造成保险财产的损失，保险公司都负责赔偿（注：基本险中不包括括号中12种自然灾害责任）。

（三）飞行物体及其他空中运行物体坠落

因飞行物体及其他空中运行物体坠落砸坏保险财产的损失，保险公司都负责赔偿。

（四）因施救造成的保险标的的损失

因施救所采取必要的措施造成的保险标的的损失，保险公司负责赔偿。

（五）因施救导致的合理费用

因施救支付的合理费用，保险公司负责赔偿。

此外，特约盗窃责任是基本责任之外的一种附加责任。经保险人和被保险人双方特别约定，凡放在保险单规定的地址的保险财产遭受盗窃的损失，或者存放在保险地址屋内、院内的保险财产遭受盗窃损失的，由保险人负责赔偿。

三、责任免除

（1）战争、军事行动、暴力行动等。

（2）核辐射和核污染。

（3）道德风险，包括被保险人或其家庭成员、寄居人员等的违法、犯罪或故意行为。

（4）地震、海啸及其次生灾害所造成的一切损失。

（5）行政行为或司法行为引起的损失和费用。

（6）保险标的遭受保险事故引起的各种间接损失。

（7）家电等使用过度和超负荷、碰线、弧花、走电、自身发热等原因造成本身的损失。

（8）蓄洪区、行洪区、或水位线以下家庭财产，因洪水所致损失。

（9）标的本身缺陷。

（10）保险合同中载明的免赔额。

（11）在保单载明的地址内从事生产或经营活动所致的损失和费用。

（12）其他不属于保险单上载明的保险责任范围内的损失和费用。

四、保险费率和保险期限

（一）保险费率

保险费率是计算并收取家财险保险费的直接依据。保险费率的多少与保险金额相对应，不同险种的保险费率标准不同，不同的经济发展时期和不同的地区，保险费率标准也不一样，一般为1‰～3‰，即每年每千元保险金额收取的保费为1～3元。对集体投保，费率上给予优惠。我国家财险的保险费率分为基本险费率、附加险费率和短期险费率。基本险费率是根据财产的实际危险程度确定，可以分为城市、乡镇和农村三类危险等级，每个等级又可以根据财产的实际坐落地点和周围环境划分为若干档次。附加险费率是针对附加险收取的费率。短期费率是针对投保家财险后保险期限不足 1 年或中途就退保涉及的费率表。

（二）保险期限

普通家财险采用定期保险方式，主要是 1 年期保险，以保险公司签发保单之日零时起，到保险期满日 24 时止。投保人可以续保，但必须另办手续。当然，不同险种的保险期限也不一样。例如家庭财产两全保险的保险期限一般是长期业务，也有 1 年期，但更多地设计为 3 年期或 5 年期。

五、保险储金的计算

保险储金适用于家庭财产两全保险中。家庭财产两全保险兼有经济补偿和到期还本付息性质，保险公司用被保险人所交保险储金的利息作为保险费收入，在保险期满时将原保险储金全部如数退还被保险人。

现行家庭财产两全保险分为 3 年期和 5 年期两种，保险储金按保险金额每千元计算，被保险人应当在投保时一次缴清。保险储金计算的依据是普通家庭财产保险对应的费率和承保当时的银行存款利率，其计算公式是：

保险储金＝1 000×保险费率/保险期限的年利率

家庭财产两全保险是以保险储金的利息收入作为保险费。因此，家庭财产两全保险中的保险储金与普通家庭财产保险中的保险费在性质上是完全不同的。前者的性质是储蓄性的，在保险期满时，不论被保险人在保险期间有无获得赔偿，也不论保险合同在保险期满前是否终止，保险人均退还全部储金。被保险人若愿意续保，保险公司可将原来应退还的保险储金作为续保时应缴的保险储金。对于期满后逾期不领取的保险储金，无论逾期多久，一律不计息，在领取时仅归还原保险储金数。

六、理赔

（一）赔偿方式

在家庭财产保险中，被保险人具体得到的保障和其赔偿方式紧密相关。按照保险金额与保险标的的实际价值的对比关系，财产保险合同分为足额保险合同和不足额保险合同。

足额保险合同又称全额保险合同，是指保险双方在合同约定的保险金额与保险标的的实际价值大体相当。在足额保险合同中，如果保险标的发生损失的情形符合双方约定的赔偿事由，保险公司则会按照标的物的实际损失数额如数赔偿，使被保险人的实际损失获得充分赔偿。

不足额保险合同又称低额保险合同，是指保险双方在合同中约定的保险金额小于保险标的实际价值。在不全额保险合同中，如果保险标的发生损失，被保险人获得的赔偿仅能与保险金额相当，不能超过约定部分的赔偿。不足额保险合同中，保险人的赔偿方式有两种：一是比例赔偿方式，即因双方约定的保险金额低于财产的实际价值，可以按照保险金额与出险时实际价值的比例来计算赔偿金额，这种方式使被保险人的实际损失在任何状态下都无法得到充分保障；二是第一危险赔偿方式，该方式又称为第一责任赔偿方式或第一损失赔偿方式，当财产发生损失时，不论保险金额占全部财产价值的比例如何，只要损失金额在保险金额以内，赔偿金额即等于实际损失金额。比例赔偿方式和第一危险赔偿方式可以由双方当事人在财产保险合同中自行约定。

（二）分项理赔

在我国的家庭财产保险实务中，一般采用第一危险赔偿方式。这种赔偿方式的逻辑依据是：将被保险人的财产价值分为两部分，一部分是保险金额与财产实际价值相等的部分，该部分属于足额投保，称为第一危险、第一责任或第一损失，对这部分价值的财产因危险发生后所导致的损失，保险人需做全部赔偿；第二部分是标的物的价值超过保险金额的部分，称为第二危险、第二责任或第二损失，对这部分财产即使遭受损失，保险公司也不予赔偿，由被保险人自己承担。如投保家电的家庭财产保险，保险金额 5 000 元，出现后经过鉴定，实际损失为 2 000 元，则被保险人获得赔偿 2 000 元；若实际损失为 8 000 元，则被保险人获得的赔偿仍然是最高保险金额 5 000 元。

（三）重复保险的理赔

重复保险又称双重保险，是指投保人将同一保险标的、同一保险利益、同一保险事故分别与两个或两个以上的保险人订立保险合同，其保险金额总和超过保险价值的保险。

根据保险合同的性质，财产保险合同以赔偿被保险人的实际损失为目的，在保险理赔中遵守损失赔偿原则。即当保险标的发生保险责任范围内的损失时，被保险人有权按照合同的约定，以实际损失为限、以保险金额为限、以可保利益为限获得相应的保险赔偿，用于弥补损失，但被保险人不能因为损失而获得额外的利益。在重复保险中，重复保险的各保险人赔偿保险金的总和不得超过保险价值。除合同另有规定外，各保险人按照其保险金额与保险金额总和的比例承担赔偿保险金的责任。

（四）附加险的类别及条件

根据家庭财产保险承保业务的独立与否，可以分为家庭财产保险主险和附加险两类。主险是以保险合同为依据的承保业务，一般表现为独立性、综合性特征。附加险只能依附于主险之上，它不能独立承保，且一般属于主险不保的某一项除外风险或不保财产。在家庭财产保险经营事务中，主险是为了满足大众化的风险转嫁需求，而附加险则是为了满足保险客户的特别需求，它们共同构成家庭财产保险系列，供投保人自主选择。家庭财产保险附加险中最主要的业务有：盗抢险和家庭第三者责任险。

盗抢险是指在家庭财产保险主险的基础上专门以被保险人可能遇到的盗窃风险为承保责任并由保险人承担被盗财产损失的一个附加险种，该险种虽然不能作为独立业务承保，但因盗抢是家庭财产面临的主要风险，亦成为多数家庭投保时必然选择的保险。因此，附加盗抢险在家庭财产保险中占有重要地位。

家庭第三者责任险是以全体家庭成员为被保险人，以被保险人在其居住的住所，使用、安装或存放其所有或租借的财产时，由于过失或疏忽造成第三者的人身伤亡或财产的直接损毁，在法律上应由被保险人承担民事损害赔偿责任为保险标的的保险。

（五）实务案例与分析、计算

案例 1：某年春节期间，家住在山东济宁市中区霍某禁不住其刚满 6 岁的儿子霍庭的执拗，在室内让其点燃礼花爆竹，不慎引起火灾，造成衣服、被褥、家电、家具等不同程度的损坏，损失约 2 万元。所幸，霍庭仅受了轻伤。霍某投保了家庭财产保险，遂向保险公司提出索赔。对于该火灾，保险公司认为，火灾是霍某之子霍庭故意行为造成，而根据家庭财产保险条款规定，被保险人及其家庭成员的故意行为引起的财产损失，属于除外责任，保险公司不应赔付。而霍某认为，其子并非故意纵火，不应视为被保险人家庭成员的故意行为，保险公司应该赔付。

分析：本案的争论焦点在于对“故意行为”的认定。根据法理解释，“故意”是指行为人预见到自己的行为会引起一定的损害结果，仍然希望该结果发生或者放任该结果发生的心理状态。显然，故意总是与行为人的“明知”和“有意”有关。本案中行为人是刚满 6 岁的儿童，法律上认定为无民事行为能力的人，根本谈不上故意或非故意的问题，对其行为后果不负民事责任。根据法律规定，“无民事行为能力、限制民事行为能力的人造成他人损害的，由监护人承担民事责任，监护人尽了民事责任的，可以适当减轻他的民事责任。”对未成年的孩子玩火将有可能产生一些难以预料的不良后果，霍某应该想到，但却因疏忽而未能想到，即便如此，也只能说霍某有过错，但绝不是“故意”。既然本案的财产损失不是由被保险人及其家属的故意行为造成的，保险公司应当承担赔偿责任。

案例 2：王某于某年投保家庭财产保险，他只投保了纯平彩电和空调各一台，保额 3 000元。两个月后，因为烧酒精炉时不慎引起大火。王某情急之下，抢救出彩电和空调，因为来不及抢救出其他物品，结果导致损失 4 500 元。王某向保险公司提出索赔，保险公司以此次事故中损失的不是保险标的而是其他物品不属于保险责任范围为由拒绝赔付。

分析：本案的关键是王某的 4 500 元损失能否作为施救费。本案中，王某选择以损失其他物品的方式救出投保财产，尽量防止或减少标的的损失。从这一点上，可将其他物品的损失金额认为是施救费。根据《保险法》规定，“保险事故发生后，被保险人为防止或减少保险标的损失所支付的必要的、合理的费用，由保险人承担。”因此，保险公司应当赔付。王某所造成的损失为 4 500 元，但保险公司的赔付金额必须在 3 000 元以内，即不能超过保险金额。

案例 3：2009 年 7 月，王某就价值 100 万元的家庭财产在某保险公司投保家庭财产保险一年，当时投保该家庭财产保险的金额为 80 万元，但并没对具体补偿方式进行约定。2009 年 12 月，由于意外失火，王某的家庭财产遭受损失，被核定为 40 万元，王某就此向保险公司提出索赔。王某认为其投保金额为 80 万元，实际损失为 40 万元，保险公司应按照其实际损失 40 万元进行赔偿。而保险公司认为，王某在投保时就是不足额保险，根据不足额保险的一般处理方法，应当按照保险金额与保险标的实际价值的比例进行赔偿，即 40 万元的 4/5（80/100），应该是 32 万元。双方各持己见，争执不下，王某将保险公司告上了法庭。

分析：双方争论的焦点在于王某不足额的家庭财产保险中的损失应该如何赔付。法院在调查后认定，由于王某的家庭财产保险属于不足额保险，并且双方在保险合同中没有对不足额保险下的赔偿方式予以明确约定，按照我国家庭财产保险的常规做法，一般采用第一危险赔偿方式来处理赔偿案件。因此，法院支持王某的主张，要求保险公司按照第一危险赔偿方式，对王某此次家庭财产的实际损失 40 万元全额赔付。

案例 4：某年 5 月，张某投保了家庭财产保险，保险金额 4 万元。同年 10 月，张某的母亲从农村看望儿子，第一次使用高压锅煮绿豆。由于高压锅的排气孔被绿豆粒堵塞，结果高压锅内气压急剧上升，最后高压锅爆炸，煤气灶也炸毁，损失 900 元，张某的母亲也被炸伤，花费医疗费 300 元。张某针对高压锅、煤气灶损失还有母亲的医疗费用向保险公司合计索赔 1 200 元。

分析：保险公司承认爆炸是保险责任，赔偿张某高压锅及煤气灶损失 900 元。而针对张某母亲 300 元的医疗费用，保险公司拒赔，原因是家庭财产保险是针对被保险人的家庭财产的，而不是针对人，除非投保了人身保险。本案中，只投保了家庭财产保险，没有投保人身保险。

本章小结

家庭财产保险简称家财险，是以城乡居民的有形财产为保险标的的一种保险，是个人和家庭投保的最主要险种之一。被保险人所有、使用或保管的、坐落于保险单列明的地址的房屋内的财产，可以约定范围向保险人投保家庭财产保险。家庭财产保险为居民或家庭遭受的财产损失提供及时的经济补偿，有利于居民生活安定，保障社会稳定。

本章复习思考题及案例分析题

1. 名词解释

家庭财产保险　定期还本家财险　附加盗窃险　家庭第三者责任险

2. 简述题

(1) 比较普通家财险与还本家财险的异同。

(2) 居民家庭一般面临着那些风险？

(3) 列举普通家财险主要的可保财产和不保财产。

(4) 假如你是保险客户，你需要什么形式的家财险？

(5) 如何理解附加盗窃险？

3. 计算题

王某于某年 7 月将自家房屋及附属设备、房屋装修、室内财产投保了家庭财产保险。其中，房屋及附属设备保额 5 万元，室内装修 3 万元，室内财产 2 万元，未分项列明。缴纳保费 240 元，保险期限 1 年。次年 4 月 5 日，王某家因电褥子使用不当发生火灾，经核定，损失如下：房屋修缮费 2 000 元，室内装修 1 000 元，室内财产 4 000 元，残值 50 元。此时，经估价王某房屋保险价值为 6 万元，装修为 4 万元，室内财产 7 万元。保险公司应赔偿保险金多少？

请将计算过程及答案写出来。

4. 案例分析题

某人投保家庭财产保险及附加盗窃险，保险金额 5 000 元。在保险期间，失窃录像机 1 台，价值 3 000 元。被保险人向公安部门报案，并持有效证件向保险人索赔。保险人经过 3 个月等待到期支付其赔款。再过 2 个月，公安机关破案，追回了被保险人失窃的录像机，并由被保险人领回，其损坏部分花费修理费 200 元。保险人得知情况后，要求被保险人退回保险赔款或将录像机送交保险人，被保险人拒绝，遂成纠纷。

该案应如何处理？依据何在？

第五章 机动车辆保险

案例

2013 年 10 月 28 日，被保险人蒙女士来电称其驾驶车辆在某市碰撞一老人。保险公司客服部接到报案后，仔细告知人伤案件理赔的注意事项，提议被保险人约同第三者携带资料一起来到公司进行审核后再做调解。第二天，被保险人与第三者家属一起来到保险公司提交具体材料。

经材料审核发现，第三者为 89 岁高龄妇女，其伤为左股骨转子间骨折、左前额软组织挫裂伤、脑震荡等，被保险人已垫付前期医疗费 2 万余元。伤者于 12 月 16 日出院后经×市司法鉴定所鉴定为九级伤残等级。客服人员根据以往处理该类案件的经验，请当事人双方再商议后作一次性处理，经双方协商，同意保险公司出具的赔偿项目及金额。最后，经审核保险公司共给付赔偿金额 2.7 万余元，并及时转账支付。客户蒙女士对赔付结果非常满意，特别送来了一面锦旗以表感谢。

在财产保险公司的业务中，运输工具保险是非常重要的一类，也是我们生活中必不可少的一项保险业务。运输工具保险，顾名思义，是指专门承保各种机动运输工具，包括机动车辆、船舶、飞机、摩托车等各种以机器为动力的运载工具的一种财产保险。其主要承保因遭受自然灾害和意外事故造成的运输工具本身的损失，采取施救、保护所支付的合理费用以及对第三者的人身伤害和财产损失依法应付的经济赔偿责任。

运输工具保险的适用范围亦相当广泛，包括客运公司、货运公司、航空公司、航运公司以及拥有上述运输工具和摩托车、拖拉机等机动运输工具的家庭或个人，均可以投保运输工具保险类的不同险种，并通过相应的保险获得风险保障。

在我国，运输工具保险的主要险种有：机动车辆保险、船舶保险和飞机保险。

第一节 机动车辆保险概述

一、机动车辆保险的含义

机动车辆是指汽车、电车、电瓶车、摩托车、拖拉机、各种专用机械车、特种车。机动车辆保险，即汽车保险，简称车险，是指对机动车辆本身及其第三者责任等作为保险标的的一种运输工具保险。具体来说，其保险客户主要是拥有各种机动交通工具的法人团体和个人；其保险标的主要是各种类型的汽车，但也包括电车、电瓶车等专用车辆及摩托车等。汽车保险是财产保险的一种，它伴随着汽车的出现和普及而不断发展成熟。

小贴示

车险的由来

世界上最早的一份汽车保险出现在1898年的美国。美国的旅行者保险有限公司在1898年给纽约布法罗的杜鲁门马丁上了第一份汽车保险。马丁非常担心自己的爱车会被马冲撞。美国全国只有4 000多辆汽车，而马的数量却达到了2 000万匹，马车仍然是主要的交通工具。在100多年之后，美国有2.2亿辆汽车，而马的数量已经减少到200万匹。一个多世纪前还被视为新鲜事物的汽车保险已经成为再平常不过的事情。

机动车辆保险的真正发展，是在第二次世界大战后，一方面，汽车的普及使道路事故危险构成一种普遍性的社会危险；另一方面，许多国家将包括汽车在内的各种机动车辆第三者责任列入强制保险的范围。因此，机动车辆保险业务在全球均是具有普遍意义的保险业务。

20世纪50年代以来，随着欧、美、日等地区和国家汽车制造业的迅速扩张，机动车辆保险也得到了广泛的发展，并成为各国财产保险中最重要的业务险种。到20世纪70年代末期，汽车保险已占整个财产险的50%以上。

从中国来看，随着汽车保有量的逐年增加，到2011年末，中国汽车保有量已经突破1亿辆，成为仅次于美国的世界第二大汽车保有国。因此，汽车保险已经成为中国非寿险市场的主要组成部分，更是财产保险中的第一大险种。当前，在国内保险公司中，汽车保险业务保费收入已占到其财产保险业务总保费收入的50%以上，部分公司的汽车保险业务保费收入占其财产保险业务总保费收入的60%以上。汽车保险业务经营的盈亏，直接影响到财产保险行业的经济效益。根据中国保险行业协会的统计数据显示，截至目前，共有保险公司135家，保险中介机构36家，其中大部分已经开展了汽车保险业务。

二、机动车辆保险的特点

（一）赔偿基础

机动车辆损失保险属于不定值保险。机动车辆保险单所列明的保险金额为保险人承担的最高赔偿金额，保险人对机动车辆损失时的赔偿以保险金额不超过车辆损失时的实际价值为限，超过车辆实际价值的保险金额无效。

在机动车辆保险单有效的保险期限里，无论发生一次或多次保险责任范围内的车辆损失索赔，只要保险人核定的赔偿额在保险单规定的保险金额内，保险责任继续有效至保险期限结束，以致会在一份保险单下出现多次赔偿额的累积高于保险单规定的保险金额的情况。但是，只要一次事故的赔偿额加上免赔额达到或超过保险金额，则保险责任自然终止。

（二）赔偿方式

机动车辆损失保险的赔偿主要采取修复方式。普通财产保险的赔偿主要采取货币方式，而机动车辆损失保险业务中，除机动车发生严重全损、无法修复或被盗抢的情况需要采取货币方式补偿外，部分损失情况下的赔偿主要采取修复的方式。

（三）免赔额的规定

机动车辆损失保险的赔偿采取绝对免赔额的方式。我国的机动车辆损失保险单通常规定一次事故的绝对免赔额以使被保险人与保险人共同承担损失，以增强被保险人的风险意识。

（四）保费的无事故优待

机动车辆损失保险采取无赔款安全优待的方式。机动车辆保险单通过规定无赔款安全优待方式，鼓励被保险人注意安全驾驶和保养，在保险单项下列明的机动车辆上一年未发生任何索赔时，保险人在续保时对于投保人实行保险费折扣或优待。包括交强险都可以有此优待。

三、交通事故的发生因素

在现代社会中，对人类生命、财产安全威胁最大的灾害是交通事故，它被称为现代世界的最大公害之一。那么，找出发生交通事故的原因，采取相应对策来减少和制止交通事故，已经成为整个社会的共识。按照我国相关法律的规定，道路交通事故，是指车辆在道路上的行驶途中因过错或者意外造成的人身伤亡或者财产损失的事件。其主要包括以下四个要素：在道路上；车辆与人、车辆与车辆；存在过错或意外；造成人身伤亡和财产损失。

交通事故之所以防不胜防，是因为引起交通事故的因素众多，下面我们来一一说明：

（一）人的因素

人的因素在交通事故中起主导作用，有调查统计仅仅人的因素引起的交通事故就占全部调查事故的57.1%，如果再加上人的因素和车辆、道路环境因素共同作用引起的交通事故，那么，至少有92.6%的交通事故同人的因素有关。具体表现有：超速行驶、醉酒驾驶、疲劳驾驶、超载驾驶、违反交通规则、不按规定地点停车、会车及非司机开车、驾驶车辆的人员技术不熟练，经验不足，缺乏安全行车常识，未掌握复杂道路行车的特点，遇有突然情况惊慌失措，发生操作错误导致的事故的发生等。

另外，疏忽大意也是一个很值得一提的人的因素。主要指当事人由于心理或者生理方面的原因，没有正确观察和判断外界事物而造成精力分散、反应迟钝，表现为观望不周、措施不及或者不当。还有当事人依靠自己的主观想象判断事务或者过高估计自己的技术，过分自信，对前方、左右车辆、行人形态、道路情况等，未判断清楚就盲目通行等造成的。

（二）车辆因素

主要指由于车辆技术状况不良，潜伏着严重的隐患，尤其是制动系统、转向系统、前桥、后桥有故障，没有及时检查、维修导致的交通事故的发生。还有操作稳定性不好，也容易发生碰撞或翻车事故。

（三）道路和交通状况因素

交通标志和安全设置不完善，也容易发生事故。道路的线型、视距、转弯半径、转弯坡度、车道宽度不符合规定；缺少转弯、停车、注意行人等指示标志；或缺少急弯、陡坡、窄路、交叉路口特别是铁路道口等警告标志等都容易造成事故。另外，骑自行车人、行人不按规定路线行走，不躲避机动车辆，突然横过马路，酒后行走等，在车辆行进中有人扒车、跳车、拦车、追车，儿童在路上游戏，均可酿成车祸。

（四）恶劣气候和其他意外因素

在恶劣气候如风、雪、雨、雾、冰冻等条件下，车辆的使用性能会下降，并且由于气温下降，道路状况恶化、变坏，驾驶员视线不清等，使驾驶安全得不到保证。有时在行车中受到严重自然灾害影响而使车辆失去控制。

在行车中有时会突然发生意外事故，如疯傻病人、精神失常者奔向车辆，其他机动车肇事以及车辆零部件突然损坏等，都容易造成车辆事故。

四、主要险种类别

（一）机动车交通事故责任强制保险

机动车交通事故责任强制保险，简称交强险，具有强烈的社会性特征。是由保险公司对被保险机动车发生道路交通事故造成受害人（不包括本车人员和被保险人）的人身伤亡、财产损失，在责任限额内予以赔偿的强制性责任保险。交强险是中国首个由国家法律规定实行的强制保险制度。其保费是实行全国统一收费标准的，由国家统一规定的，但是不同的汽车型号的交强险价格也不同，主要影响因素是"汽车座位数"。

（二）车辆损失险

车辆损失险即车主向保险公司投保的预防车辆可能造成的损失的保险。若保险车辆遭受保险责任范围内的自然灾害（不包括地震）或意外事故，造成保险车辆本身损失，按照合同约定在保险责任范围内由保险公司负责赔偿。作为多数私家车车险中保费最高的一个险种，车辆损失险的保险金额可以按投保时的保险价值或实际价值确定，也可以由投保人与保险公司协商确定，但保险金额不能超出保险价值。即价值 10 万元的车辆，保险金额只能在 10 万元以内。大多数保险公司的车辆损失保险一般保障的是因雷击、暴风、暴雨、洪水等自然灾害和碰撞、倾覆等意外事故造成保险车辆的损失以及相关的施救费用。

（三）第三者责任保险

指被保险人或其允许的驾驶人员在使用保险车辆过程中发生意外事故，致使第三者遭受人身伤亡或财产直接损毁，依法应当由被保险人承担的经济责任，保险公司负责赔偿。同时，若经保险公司书面同意，被保险人因此发生仲裁或诉讼费用的，保险公司在责任限额以外赔偿，但最高不超过责任限额的 30%。绝大多数的地方政府将第三者责任险列为强制保险险种，不买这个保险，机动车便上不了牌也不能年检。

（四）车上人员责任保险

车上人员责任险 ，即车上座位险，是指车上人员责任险中的乘客部分，指的是被保险人允许的合格驾驶员在使用保险车辆过程中发生保险事故，致使车内乘客人身伤亡，依法应由被保险人承担的赔偿责任，保险公司会按照保险合同进行赔偿。车上人员责任险算是车辆商业险的主要保险，它主要功能是赔偿车辆因交通事故造成的车内人员的伤亡的保险。这个保险对于车主们都很重要，因为在车内的人员一般都是自己身边重要的人，为他们买一份保险的安全，也是必要的。

第二节 机动车交通事故责任强制保险

机动车交通事故责任强制保险，简称“交强险”，为中国因应《 道路交通安全法》的实行推出的针对机动车的车辆险种。于 2006 年 7 月 1 日正式施行，根据配套措施的最终确立，于 2007 年 7 月 1 日正式普遍推行。

按照《机动车交通事故责任强制保险条例》（简称“《交强险条例》”）的规定，“交强险”是由保险公司对被保险机动车发生道路交通事故造成本车人员、被保险人以外的受害人的人身伤亡、财产损失，在责任限额内予以赔偿的强制性责任保险，属于责任保险的一种。根据《交强险条例》的规定，在中华人民共和国境内道路上行驶的机动车的所有人或者管理人都应当投保交强险，机动车所有人、管理人未按照规定投保交强险的，公安机关交通管理部门有权扣留机动车，通知机动车所有人、管理人依照规定投保，并处应缴纳的保险费的 2 倍罚款。

一、投保规定

交强险实行统一的保险条款和基础保险费率。根据《道路交通安全法》和《交强险条例》的规定，公安机关交通管理部门、管理拖拉机的农业机械管理部门对交强险实施监督制度，在受理机动车注册登记、变更登记、改装和安全技术检验时，对符合要求的机动车辆均需具备有效的交强险保险，否则不能办理相关登记。交强险的费率调整由保监会会同国务院公安部门制定降低或提高保险费率的标准，从而建立交强险费率水平与交通违法行为及交通事故挂钩的费率浮动机制。

交强险具体的投保要求如下：

（1）交强险具有强制性，保险期间为 1 年，投保人应当一次支付全部保险费。仅有四种情形下投保人可以投保 1 年以内的短期交强险：

①境外机动车临时入境的。

②机动车临时上道路行驶的。

③机动车距规定的报废期限不足 1 年的。

④保监会规定的其他情形。

（2）交强险的承办机构为经保监会批准授权的中资保险公司及其代办机构，每辆机动车只需投保一份交强险，投保人可以根据自身需要决定或选择购买不同责任限额的商业险。

（3）投保人必须履行如实告知义务，否则保险公司将可以解除保险合同。

（4）被保险车辆所有权转移的，应当办理交强险合同变更手续。

（5）交强险合同期满，投保人应当及时续保，并提供上一年度的保险单。

二、保险责任

交强险保险责任的成立应满足以下条件：

（1）被保险人在中华人民共和国境内使用被保险机动车。

（2）发生交通事故。

（3）造成受害人的人身、财产损害。

（4）依法应当由被保险人承担损害赔偿责任。

三、免赔责任

下列损失和费用，交强险不负责赔偿和垫付：

（1）因受害人故意造成的交通事故的损失。

（2）被保险人所有的财产及被保险机动车上的财产遭受的损失。

（3）被保险机动车发生交通事故，致使受害人停业、停驶、停电、停水、停气、停产、通讯或者网络中断、数据丢失、电压变化等造成的损失以及受害人财产因市场价格变动造成的贬值、修理后因价值降低造成的损失等其他各种间接损失；交强险制度的创设目的在于为受害人提供基本保障，而间接性损失则不属于基本保障之列，因此，将其作为责任免除。

（4）因交通事故产生的仲裁或者诉讼费用以及其他相关费用。

四、保险期间

除国家法律、行政法规另有规定外，交强险合同的保险期间为一年，以保险单载明的起止时间为准。

五、赔偿处理

（一）索赔材料

（1）交强险的保险单。

（2）被保险人出具的索赔申请书。

（3）被保险人和受害人的有效身份证明、被保险机动车行驶证和驾驶人的驾驶证。

（4）公安机关交通管理部门出具的事故证明，或者人民法院等机构出具的有关法律文书及其他证明。

（5）被保险人根据有关法律法规规定选择自行协商方式处理交通事故的，应当提供依照《交通事故处理程序规定》规定的记录交通事故情况的协议书。

（6）受害人财产损失程度证明、人身伤残程度证明、相关医疗证明以及有关损失清单和费用单据。

（7）其他与确认保险事故的性质、原因、损失程度等有关的证明和资料。

（二）额定赔偿额

具体责任限额数额分为被保险人在交通事故中有责和无责两类，每一类分别对应三种不同分类责任限额数额。

（1）机动车在交通事故中有责情况下的责任限额数额：

死亡伤残赔偿限额：110 000 元人民币。

医疗费用赔偿限额：10 000 元人民币。

财产损失赔偿限额：2 000 元人民币。

（2）机动车在道路交通事故中无责任的赔偿限额：

死亡伤残赔偿限额：11 000 元人民币。

医疗费用赔偿限额：1 000 元人民币。

财产损失赔偿限额：100 元人民币。

死亡伤残赔偿限额，是指被保险机动车发生交通事故，保险人对每次保险事故所有受害人的死亡伤残费用所承担的最高赔偿金额。死亡伤残费用包括丧葬费、死亡补偿费、受害人亲属办理丧葬事宜支出的交通费用、残疾赔偿金、残疾辅助器具费、护理费、康复费、交通费、被抚养人生活费、住宿费、误工费、被保险人依照法院判决或者调解承担的精神损害抚慰金。

医疗费用赔偿限额，是指被保险机动车发生交通事故，保险人对每次保险事故所有受害人的医疗费用所承担的最高赔偿金额。医疗费用包括医药费、诊疗费、住院费、住院伙食补助费，必要的、合理的后续治疗费、整容费、营养费。

财产损失赔偿限额，是指被保险机动车发生交通事故，保险人对每次保险事故所有受害人的财产损失承担的最高赔偿金额。

这里需要补充说明的是，随着交强险的实行，根据交强险整体盈利情况和风险保障需要的变化，交强险的责任限额数额已经进行了一次调整，以后还有可能继续调整。

（三）理赔程序

根据《交强险条例》规定，道路交通事故发生后，交强险理赔程序为：发生道路交通事故，被保险人或受害人通知保险公司，保险公司立即告知具体赔偿程序，被保险人提出赔偿申请，保险公司收到申请之日起 1 日内，书面告知被保险人所需提供的证明材料和资料，保险公司收到证明和资料之日起 5 日内，判定是否属于保险责任，并将结果通知被保险人，保险公司确定属于保险责任与被保险人达成协议后 10 日内赔偿保险金。赔偿保险金既可支付给被保险人也可支付给受害人。对于不属于保险责任的，书面说明理由。保险公司拒不履行约定的赔偿保险金义务的，其被罚款额度高达 30 万元。如双方对赔偿有争议的，可依法申请仲裁或者向人民法院提起诉讼。

（四）实务案例与分析、计算

案例 1：郑州中原区的尚女士在今年 4 月份驾驶自己的奥迪 A6 在中原路华山路口绿灯正常通行时，突然有一辆电动车违章横穿马路，尚女士紧急刹车，所幸无人受伤。但是其车窗玻璃却碎了，破碎的原因是放在中控台上的一瓶香水由于紧急刹车，产生的惯性飞了起来，撞碎了玻璃。由于尚女士之前投有玻璃单独破碎险，所以找到保险公司，并要求其赔偿。

分析：保险公司拒绝赔偿，原因如下：

关于玻璃单独险的合同条款，一般都列明，由于车自身的物品导致玻璃破碎，保险公司不负保险责任。尚女士由于在签订合同时没有认真研读合同条款，只听信保险工作人员的口头承诺，不明就里才导致了本案的发生。

案例启示：我们在签订汽车保险合同以前，不但要注意保险条款的责任条款，做到心中有数，还要密切注意保险合同中的除外条款。所谓除外条款，就是若发生保险合同列明的事实情况，保险公司免除自身的赔付责任，也就是我们常说的免责条款。

案例 2： 2009 年 10 月 30 日，陈女士溜完狗开车载狗回家，把车停在了小区对面马路边的停车道上。就在她打开后车门的时候，小狗从后车座跑下车，横穿马路的一瞬间，被一辆行驶而过的车当场撞死。随后，陈女士将司机和车主告上法庭，要求赔偿喂养爱犬的饲料费、人工费、精神损失费共计人民币 95 000 元，其中，买狗费 5 000 元，喂养费 3 万，人工费 2 万元，还有精神损失费 4 万元。（被告有交强险）

案例讨论： 撞狗算不算交通事故？应不应该赔偿精神损失费？被告有没有责任，应不应该赔偿？法院会如何判决？

判决结果： 2010 年 9 月 8 日浙江省杭州市江干区人民法院进行了一审判决：

因为被告司机程女士的车辆投保了交通事故责任强制保险，保险公司在限额内直接赔付原告陈女士 500 元。此外，被告程女士自愿补偿原告陈女士精神损害抚慰金 500 元的请求，法院予以支持。

分析： 车撞狗算不算交通事故？

《道路交通安全法》第 119 条第（五）项规定："交通事故是指车辆在道路上因过错或者意外造成的人身伤亡或者财产损失的事件。"在本案中，交警部门最后认定这是一起因交通意外事件引发的交通意外事故。

根据《道路交通安全法》第 2 条规定："中华人民共和国境内的车辆驾驶人、行人、乘车人以及与道路交通活动有关的单位和个人，都应当遵守本法。"由此可见，道路交通的参与主体是车辆（包括机动车、非机动车）驾驶人、乘车人以及行人，动物不是道路交通的参与者。一般认为，交通事故都是指车与车、车与人之间发生的事故。因此我们认为车撞死狗被判为交通事故有些不妥。

《侵权责任法》第 6 条第 1 款规定："行为人因过错侵害他人民事权益，应当承担侵权责任。"从侵权法的角度，在本案中，司机需不需要承担责任，关键看主观上是否有过错。司机是正常行驶，车速每小时 20～30 公里，司机在驾驶中没有任何违法行为。是狗突然蹿出来，被车撞死的。司机根本不可能预见到狗会钻到车底下，况且车撞到狗的位置距离狗的主人停车的位置只有 1 米左右。在这样近的距离，一瞬间的事情，即使看到了也来不及反应。再加上狗是从前后门中间钻进去的，司机根本看不到小狗。所以，更加难以避让。综上所述，我们认为，司机没有任何过错，不应该承担赔偿责任。

精神损失费不支持。

狗的主人提出 4 万元精神损失费的赔偿要求，是否应得到法院的支持呢？根据《最高人民法院关于确定民事侵权精神损害赔偿责任若干问题的解释》（以下简称《司法解释》）第 4 条规定："具有人格象征意义的特定纪念物品，因侵权行为而永久性灭失或者毁损，物品所有人以侵权为由，向人民法院起诉请求赔偿精神损害的，人民法院应当依法予以受理。"小狗不属于具有人格象征意义的特定纪念物品，所以，主张精神损害赔偿于法无据。另外，4 万元的精神损失费也无从谈起。《司法解释》第 10 条规定："精神损害的赔偿数额根据以下因素确定：（一）侵权人的过错程度，法律另有规定的除外；（二）侵害的手段、场合、行为方式等具体情节；（三）侵权行为所造成的后果；（四）侵权人的获利情况；（五）侵权人承担责任的经济能力；（六）受诉法院所在地平均生活水平。法律、行政法规对残疾赔偿金、死亡赔偿金等有明确规定的，适用法律、行政法规的规定。”《司法解释》第 11 条规定：“受害人对损害事实和损害后果的发生有过错的，可以根据其过错程度减轻或者免除侵权人的精神损害赔偿责任。”

在本案中，司机完全没有过错，所以，不应该承担精神损害赔偿。

六、垫付与追偿

被保险机动车在下列情形下发生交通事故，造成受害人受伤需要抢救的，保险人在接到公安机关交通管理部门的书面通知和医疗机构出具的抢救费用清单后，按照国务院卫生主管部门组织制定的交通事故人员创伤临床诊疗指南和国家基本医疗保险标准进行核实。对于符合规定的抢救费用，保险人在医疗费用赔偿限额内垫付。被保险人在交通事故中无责任的，保险人在无责任医疗费用赔偿限额内垫付。对于其他损失和费用，保险人不负责垫付和赔偿。

（1）驾驶人未取得驾驶资格的。

（2）驾驶人醉酒的。

（3）被保险机动车被盗抢期间肇事的。

（4）被保险人故意制造交通事故的。

对于垫付的抢救费用，保险人有权向致害人追偿。

七、续保

投保人续保的，应当提供被保险机动车在上一年度的交强险的保险单。

设定此项义务的目的，主要是便于保险人查验被保险机动车上年有无投保交强险，以及上一保险年度的出险记录。

八、实务案例与分析

案例 1：因特别约定条款引起的保险纠纷

赵某为其奥迪车向某财产保险公司投保了车辆保险。保险金额 34 万元人民币。因为是新车，投保单上没有填写牌照号码。保险公司在保险单正本“特别约定”一栏中盖上了红色长方形图章，其内容是“领取牌照三日内通知保险公司，过期不负保险责任”。但赵某从交警部门领取牌照后一直没有通知保险公司。后来，该车在保险期限内发生保险事故，损失金额为人民币 20 万元，赵某依保险单向保险公司索赔。保险公司则认为：赵某违反了“特别约定”中的义务，作出了拒绝赔偿的决定。赵某不服，向法院起诉。

分析：根据《保险法》第 18 条第 2 款规定，投保人和保险人在第 18 条第 1 款规定的保险合同事项外，可以就与保险有关的其他事项做出约定。本案例中保单载明的“特别约定”是合同的要件，是合同的基础。如果投保人违反该约定，保险人可以宣布保险合同自始无效。保险人之所以约定该项内容，其原因是保险车辆应当具有其合法的手续，如果没有牌照号码，被保险人和其他人员有可能利用该保单进行欺诈，将别的车辆冒充保险车辆来索赔。机动车辆保险条款也有类似规定，所以保险车辆必须有交通管理部门核发的行驶证和号牌，并经检验合格，否则保险单无效。

案例结论：赵某履行“特别约定”的义务是轻而易举的。在公安机关核发牌照后给保险公司打电话，讲明牌照号码，或者开车到保险公司说明，对赵某而言都不是件困难的事。由于赵某没有认真阅读和学习保单规定的义务，痛失保险赔款。其教训应为广大投保人和被保险人吸取。

案例 2：因车撞人致死后受损引起的保险纠纷

2005 年 9 月 5 日，李某为他的帕萨特车投保了车辆损失险，保额 20 万元。随后，李某将车借给杨某。杨某驾该车与董某骑的自行车后部相撞，致董某死亡，轿车也受损。事后，交通队不能认定事故责任。经核损，保险公司应支付车辆修理费 7 万余元。但保险公司拒绝赔付。李某随后诉至法院。

分析：法院一审判保险公司赔偿核损保险费的 90%，共计 6.5 万余元。保险公司辩称，交通队不能认定责任，公司只能赔偿 50%。发生事故时驾驶员不是保单中记载的指定驾驶员，根据合同约定，在赔偿 50%的基础上再扣除 10%，即全部损失的 45%为 3.2 万元。

案例结论：法院认为，李某与保险公司之间的保险合同关系存在。保险公司应当按照保险合同约定承担赔偿责任。虽然交管部门未就交通事故作出责任认定，但保险公司在没有证据证明死者董某对交通事故负有责任的情况下，应当按约承担全额赔偿责任。但发生保险事故时驾驶员杨某并非指定驾驶员，根据保险合同约定，应当扣除 10%的赔偿款。据此，法院判决保险公司赔偿 6.5 万。

附录

机动车交通事故责任强制保险单（正文）

安邦财产保险股份有限公司

ANBANG PROPERTY & CASULTYINSURANCE CD. LTD

保险单号：

<table>
<tr><td colspan="2">被保险人</td><td colspan="5"></td></tr>
<tr><td colspan="3">被保险人身份证号码（组织机构代码）</td><td colspan="4"></td></tr>
<tr><td colspan="2">地　址</td><td colspan="2"></td><td>联系电话</td><td colspan="2"></td></tr>
<tr><td rowspan="4">被保险机动车</td><td>号牌号码</td><td></td><td>机动车种类</td><td></td><td>适用性质</td><td></td></tr>
<tr><td>发动机号码</td><td></td><td>识别代码（车架号）</td><td colspan="3"></td></tr>
<tr><td>厂牌型号</td><td></td><td>核定载客</td><td>人</td><td>核定载质量</td><td>千克</td></tr>
<tr><td>排　量</td><td></td><td>功　率</td><td></td><td>登记日期</td><td></td></tr>
<tr><td rowspan="3">责任限额</td><td>死亡伤残赔偿限额</td><td colspan="2">110 000 元</td><td colspan="2">无责任死亡伤残赔偿限额</td><td>11 000 元</td></tr>
<tr><td>医疗费用赔偿限额</td><td colspan="2">1 000 元</td><td colspan="2">无责任医疗费用赔偿限额</td><td>1 000 元</td></tr>
<tr><td>财产损失赔偿限额</td><td colspan="2">2 000 元</td><td colspan="2">无责任财产损失赔偿限额</td><td>100 元</td></tr>
</table>

<table>
<tr><td colspan="7">与道路交通安全违法行为和道路交通事故相联系的浮动比率 %</td></tr>
<tr><td colspan="7">保险费合计（人民币大写）：（￥： 元）其中救助基金（ %）￥： 元</td></tr>
<tr><td colspan="7">保险期间自 年 月 日零时起至 年 月 日二十四时止</td></tr>
<tr><td colspan="2">保险合同争议解决方式</td><td colspan="5"></td></tr>
<tr><td rowspan="4">代收车船费</td><td>整备质量</td><td></td><td></td><td></td><td></td><td></td></tr>
<tr><td>当年应缴</td><td>￥： 元</td><td>往年补缴</td><td>￥： 元</td><td>滞纳金</td><td>￥： 元</td></tr>
<tr><td colspan="6">合计（人民币大写）：（￥： 元）</td></tr>
<tr><td colspan="2">完税凭证号（减免税证明号）</td><td colspan="2"></td><td>开具税务机关</td><td></td></tr>
<tr><td>特别约定</td><td colspan="6"></td></tr>
<tr><td>重要提示</td><td colspan="6">1. 请详细阅读保险条款，特别是责任免除和投保人、被保险人义务。
2. 收到本保险单后，请立即核对，如有不符或疏漏，请及时通知保险人并办理变更或补充手续。
3. 保险费应一次性交情，请您及时核对保险单和发票（收据），如有不符，请及时与保险人联系。
4. 投保人应如实告知对保险费计算有影响的或被保险机动车因改装、加装、改变使用性质等导致危险程度增加的重要事项，并及时通知保险人办理批改手续。
5. 被保险人应当在交通事故发生后及时通知保险人。
6. 请在收到本保险单一周内拨打我们的 24 小时服务热线 95569 核实保险单资料，出险时请登录 http：//www. ab-insurance. com 查询理赔进度。</td></tr>
</table>

第三节 机动车辆损失保险

一、车损险的含义

机动车辆损失险，又称车辆损失险，是指保险车辆遭受保险责任范围内的自然灾害（不包括地震等）或意外事故，造成保险车辆本身损失，保险人依据保险合同的规定给予赔偿。

二、保险责任

保险责任是保险公司承担保险赔偿的约定责任范围，在机动车辆保险中保险责任一般是列明发生损失的直接原因，由列明原因引起的损失保险人负责赔偿。这些内容反映在保险条款中，可以避免产生歧义和纠纷，发生事故后只要属于列明原因造成的损失，除非另有约定保险人都应该赔偿。

《非营业用汽车损失保险条款》保险责任部分明确了保险责任的赔偿内容和保险责任

的构成要件。

（一）保险责任赔偿内容

保险车辆发生由于列明原因造成的损失以及被保险人为防止或者减少被保险机动车的损失所支付的必要、合理的施救费用，保险人负责赔偿。

（二）保险责任构成要件

（1）事故发生在保险期间内，即事故发生在保险起讫时间范围内。

（2）事故发生时的驾驶人必须是被保险人或其允许的合法驾驶人。合法驾驶人是指符合《道路交通安全法》有关规定的驾驶人。

（3）事故发生在被保险机动车使用过程中。车辆的使用过程包括行驶和停放，而进厂维修、维护、测试等不属于使用过程。

（4）保险车辆的损失必须是以下列明原因造成的损失。

①碰撞：指被保险机动车与外界物体直接接触并发生意外撞击、产生撞击痕迹的现象。包括被保险机动车按规定载运货物时，所载货物与外界物体的意外撞击。

②倾覆：指意外事故导致被保险机动车翻倒（两轮以上离地，车体触地），处于失去正常状态和行驶能力、不经施救不能恢复行驶的状态。

③坠落：指被保险机动车在行驶中发生意外事故，整车腾空后下落，造成本车损失的情况。非整车腾空，仅由于颠簸造成的被保险机动车损失，不属于坠落责任。

④火灾：指被保险机动车本身以外的火源引起的，在时间或空间上失去控制的燃烧（即有热有光有火焰的剧烈的氧化反应）所造成的伤害。

⑤爆炸：指物体在瞬间分解或燃烧时放出的大量的热和气体，并以很大的压力向四周扩散，形成破坏力的现象。发动机因其内部原因发生爆炸或爆裂、轮胎爆炸等，不属本保险责任。

⑥自燃：指在没有外界火源的情况下，由于本车电器、线路、供油系统、供气系统等被保险机动车自身原因发生故障或所载货物自身原因起火燃烧。

⑦外界物体坠落：指陨石或飞行器等空中掉落物体所致保险车辆受损，属本保险责任。吊车的吊物脱落以及吊钩或吊臂的断落等，造成保险车辆的损失，也视为本保险责任。但吊车本身在操作时由于吊钩、吊臂上下起落砸坏被保险车辆的损失，不属于本保险责任。

⑧外界物体倒塌：指保险车辆自身以外的物体倒下或陷下。

⑨暴风：指风速在 11 级以上的大风。风速以气象部门公布的数据为准。

⑩龙卷风、雷击、冰雹、洪水、海啸、地陷、冰陷、崖崩、雪崩、泥石流、滑坡；

⑪载运保险车辆的渡船遭受自然灾害（只限于有驾驶人员随车照料者）。

（5）发生保险事故时，被保险人为防止或者减少保险车辆的损失所支付的必要的、合理的施救费用，由保险人承担，最高不超过保险金额的数额。

施救包括施救和保护两层意思，施救措施是指灾害事故或意外事故发生时为减少和避免车辆的损失而实施的抢救行为。保护措施是指保险责任范围内的自然灾害或事故发生以后，为防止保险车辆损失扩大和加重的行为。

三、免除责任

下列情况下，不论任何原因造成保险车辆损失，保险人均不负责赔偿：

（1）地震、战争、军事冲突、恐怖活动、暴乱、扣押、罚没、政府征用。

以上都属于巨灾或不可抗力责任，这类风险事故发生的原因复杂，往往是社会的、自然的甚至是人为故意的原因综合作用的结果。有些损失一个国家及其政府都无法承担，作为独立法人的商业保险公司更是无力也无法承担，故将其设定为责任免除。

（2）竞赛、测试，在营业性维修场所修理、养护期间。

（3）利用保险车辆从事违法活动。

（4）驾驶人员饮酒、吸食或注射毒品、被药物麻醉后使用保险车辆。

（5）保险车辆肇事逃逸。

（6）驾驶人员有下列情形之一者：

①无驾驶证或驾驶车辆与驾驶证准驾车型不相符。

②公安交通管理部门规定的其他属于无有效驾驶证的情况下驾车。

③使用各种专用机械车、特种车的人员无国家有关部门核发的有效操作证；驾驶营业性客车的驾驶人员无国家有关部门核发的有效资格证书。

（7）非被保险人允许的驾驶人员使用保险车辆。

（8）保险车辆不具备有效行驶证件。

（9）保险车辆的下列损失和费用，保险人不负责赔偿：

①自然磨损、朽蚀、故障、轮胎单独损坏；

②玻璃单独破碎、无明显碰撞痕迹的车身划痕；

③人工直接供油、高温烘烤造成的损失；

④自燃以及不明原因引起火灾造成的损失。

四、保险期间

保险期间是保险公司承担赔偿责任的时间界限，也是客户享受保险保障的时间界限，超出保险期间，合同将失去效力。通常机动车辆保险的保险期间为一年。另有约定的除外。

五、保险金额

保险金额是保险赔偿的最高限额，也是计算保险费的依据。

保险金额由投保人和保险人从下列两种方式中选择确定，保险人根据确定保险金额方式的不同承担相应的赔偿责任。

（一）以新车购置价确定

投保时的新车购置价根据投保时保险合同签订地同类新车的市场销售价格（含车辆购置税）确定，并在保险单中载明，无同类型新车市场销售价格的由投保人与保险人协商确定。

（二）以投保时的实际价值确定

投保时被保险机动车的实际价值根据投保时的新车购置价减去折旧金额后的价格确定。折旧按月计算，不足一个月的部分，不计折旧。最高折旧金额不超过投保时被保险机动车新车购置价的80%。

实际价值＝投保时的新车购置价×（1－保险机动车已使用月数×月折旧率）

六、保费的计算

保险人按照保险监管部门批准的机动车保险费率方案计算保险费。

七、赔偿处理

（一）索赔单证

被保险人索赔时，应当向保险人提供与确认保险事故的性质、原因、损失程度等有关的证明和资料。

被保险人应当提供的单证主要有：保险单、损失清单、有关费用单据、被保险机动车行驶证、发生事故时驾驶人的驾驶证。属于道路交通事故的，被保险人应当提供公安机关交通管理部门或法院等机构出具的事故证明、有关的法律文书和通过机动车交通事故责任强制保险获得赔偿金额的证明材料。属于非道路交通事故的，应提供相关事故的证明。其中，火灾须提供消防部门的火灾原因鉴定证明，自然灾害须提供气象部门的相关证明。

（二）事故车辆处理原则和程序

因保险事故损坏的被保险机动车，应当尽量修复。修理前被保险人应当会同保险人检验，协商确定修理项目、方式和费用。否则，保险人有权重新核定；无法重新核定的，保险人有权拒绝赔偿。

1. 残值处理原则和方式

被保险机动车遭受损失后的残余部分由保险人、被保险人协商处理。

2. 损害赔偿责任的确定

保险人依据被保险机动车驾驶人在事故中所负的事故责任比例，承担相应的赔偿责任。被保险人或被保险机动车驾驶人根据有关法律法规规定选择自行协商或由公安机关交通管理部门处理事故未确定事故责任比例的，按照下列规定确定事故责任比例：

被保险机动车负主要事故责任的，事故责任比例为70%；

被保险机动车负同等事故责任的，事故责任比例为50%；

被保险机动车负次要事故责任的，事故责任比例为30%。

（三）赔偿方式

1. 按投保时被保险机动车的新车购置价确定保险金额的

（1）发生全部损失时，在保险金额内计算赔偿，保险金额高于保险事故发生时被保险机动车实际价值的，按保险事故发生时被保险车辆的实际价值计算赔偿。

（2）发生部分损失时，按核定修理费用计算赔偿，但不超过保险事故发生时被保险机动车的实际价值。

2. 按投保时被保险机动车的实际价值确定保险金额或协商确定保险金额的

（1）发生全部损失时，保险金额高于保险事故发生时被保险机动车实际价值的，以保险事故发生时被保险机动车的实际价值计算赔偿；保险金额等于或低于保险事故发生时被保险机动车实际价值的，按保险金额计算赔偿。

（2）发生部分损失时，按保险金额与投保时被保险机动车的新车购置价的比例计算赔偿，但不得超过保险事故发生时被保险机动车的实际价值。

案例： 2012年12月，在A、B两保险公司投保机动车辆保险的甲乙两辆汽车相撞，甲车损失5 000元，车上货物损失10 000元，乙车车辆损失4 000元，车上货物损失5 000元。交管部门裁定，在事故中，甲车负主要责任，承担经济损失的70%，乙车负次要责任，负担经济损失的30%。甲乙两车都投保了车损险和第三者责任险，第三者责任险的限额分别为5万元和10万元。对这个案件，A、B两保险公司各自如何理赔呢？

第一，A公司的赔款计算：

甲车的车损部分＝甲车车损×甲车应付的经济损失比例

＝5 000×70%＝3 500元

甲车的第三者责任部分

＝（乙车车损＋乙车车上货物损失）×甲车应付的经济损失比例

＝（4 000＋5 000）×70%＝6 300元

A保险公司负责的赔款总额＝（甲车自负车损＋甲车应赔乙车损失）×（1－免赔率）

＝（3 500＋6 300）（1－15%）

＝8 330元

第二，B公司的赔款计算：

乙车的车损部分＝乙车车损×乙车应付的经济损失比例

＝4 000×30%＝1 200元

乙车的第三者责任部分

＝（甲车车损＋甲车车上货物损失）×乙车应付的经济损失比例

＝（5 000＋1 000）×30%＝4 500元

B保险公司负责的赔款总额＝（乙车自负车损＋乙车应赔乙车损失）×（1－免赔率）

＝（1 200＋4 500）（1－ 5%）

＝5 415元

八、实务案例与分析

案例1： 王某系桑塔纳车主，于2011年8月7日在保险公司投保了车辆损失险，保险金额22万元、第三者责任险赔偿限额为20万元，保险期限为一年。该车于次年5月26日通过南京市工商局旧机动车辆交易市场将该车卖给李某，由于车管部门日期限定，当日车辆未能过户，直至8月份才过户。5月29下午2时许，李某驾驶该车由南京开往江阴，在312国道上与另一辆车相撞，致使该车驾驶员赵某死亡，车辆全损。事故经交警处理，认定李某负全责，赔偿赵某家属14.6万元。事故发生后，王某即向保险公司报案并提出索赔。保险公司调查后认为，该车转卖手续已办理完毕，但原车主王某未及时通知保险公司，保险单未及时过户，应当拒赔。原车主王某不服，诉至法院要求保险公司赔偿车辆损失险和第三者责任险。法院认为，车辆在保险合同有效期内，发生交通事故时驾驶员负全部责任，造成的损失除免赔20%外，其余部分保险公司应负责赔偿，保险公司以保险车辆发生道路交通事故前已转卖为由拒绝赔偿理由不充分，判决保险公司一次性赔偿王某车辆损失17.6万元和第三者责任损失11.68万元。你认为法院的判决是否合理，为什么？

分析：法院的判决是不正确的。因车辆实际已经转卖，双方已经实际完成买卖行为，所有权实际已发生转移，而过户只是政府管理部门便于管理的一项规定，没有过户并不能说明买卖没有发生，更不能说所有权没有转移。所以王某对该车已失去了保险利益，保单对王某无效，而新车主李某因没有到保险公司办理保单批改过户手续，保单对他也没产生法律效力。所以保险公司拒赔是有理的。

案例 2：2012 年 1 月 5 日，某市汽车出租公司将其所有的新款夏利轿车向当地保险公司投保了机动车辆险、第三者责任险和附加盗窃抢劫险，被保险人为该出租汽车公司。保险期限一年。合同签订后，出租汽车公司如期交了保险费。同年 5 月 2 日，出租汽车公司将其中一辆夏利轿车过户给汪某，同时，汪某与汽车出租公司订立合同，车辆仍由出租公司管理，并约定汪某每年向出租公司交纳管理费和各种税费，车辆以出租公司的名义向当地保险公司投保，保险费由汪某个人交付。同年 10 月 20 日，汪某驾车运营时，在某地遭到歹徒劫持，并将其夏利车抢走。事故发生后，出租汽车公司向保险公司索赔，保险公司以标的转让没有通知保险公司办理批改为由拒赔。出租汽车公司不服，遂起诉到法院。

法院认为，出租汽车公司与保险公司签订的保险合同合法有效，在保险合同有效期内，出租车公司将保险车辆转让给汪某，虽然没有通知保险公司，但该车仍由出租汽车公司管理，保险事故发生后，出租车公司对该车具有保险利益，保险公司应承担赔偿责任。请问：法院的判决是否正确，为什么?

分析：法院的判决是正确的。因出租公司虽然已把车辆转让给了汪某，失去了所有权，但保险利益除因所有权产生外，按保险利益原则，经营管理权同样可以产生保险利益，所以出租公司因管理该车辆而拥有保险利益，出租公司与保险公司订立的保险合同合法有效，保险公司在车辆出险后应该赔偿。

案例 3：王先生买了辆奥迪 A6，当天到保险公司投了车辆损失险、第三者责任险两项主要险种，再加车上责任险、新增加设备损失险、不计免赔特约险、车辆划痕险等，一共交了 7 000 多元。有一天，开车送孩子上学。车至校门口，车头引擎盖四周突然冒出浓烟。他关掉点火开关跑下车，在旁人帮助下打开机盖，用学校大厅存放着的灭火器同时喷射灭火，后 110 和 119 赶到现场，消防部门出具《火灾原因认定书》说，起火原因不明。之后，王先生向保险公司报险，公司因“起火原因不明”，拒绝理赔。王先生把保险公司告到西湖法院。他说，汽车烧毁，自己花了 115 072 元修理费；修车后要换车用，各项费用花了 36 000 元。这些钱，保险公司都要赔。

分析：车险种类多，主要有基本险和基本险后的附加险。基本险包括车辆损失险、第三者责任险；而附加险项目常见的有玻璃单独破碎险、自燃损失险等。按《车辆保险条例》规定，车辆损失险只对汽车在以下 5 类情况发生的损坏负责：

（1）碰撞、倾覆；（2）火灾、爆炸；（3）外界物体倒塌、空中运行物体坠落、保险车辆行驶中平行坠落；（4）雷击、暴风、龙卷风、暴雨、洪水、海啸、地陷、冰陷、崖崩、雪崩、雹灾、泥石流、滑坡；（5）运载保险车辆的渡船遭受自然灾害（只限于有驾驶员随车照料者）。王先生虽然投了车辆损失险，但汽车燃烧时，原因不明，很容易被视为自燃，想把汽车损失归结到上述 5 类原因，举证很难。除非当时投保有特殊约定，把车辆自燃险包括在内，否则索赔很难成功。

案例启示：不少人认为，汽车发生自燃的情况不大可能发生，没必要投保。实际上，车龄增加、线路老化、旧车线路改造多，都会给自燃埋下隐患。在炎热的夏天，汽车自燃更经常发生。因此，常有保险人员建议 4 年以上车龄的车子投保自燃险。

第四节　机动车辆第三者责任保险

一、含义

机动车辆第三者责任简称第三者责任险，是指被保险人或其允许的驾驶人员在使用保险车辆过程中发生意外事故，致使第三者遭受人身伤亡或财产直接损毁，依法应当由被保险人承担的经济责任，按照合同约定保险公司负责赔偿。

二、保险责任

（一）保险责任范围

保险机动车在被保险人或其允许的合法驾驶人使用过程中发生意外事故，致使第三者遭受人身伤亡或财产的直接损失，对被保险人依法应支付的赔偿金额，保险人依照本保险合同的约定，对于超过机动车交通事故责任强制保险各分项赔偿限额的部分给予赔偿。

（二）保险责任构成要件

保险责任成立必须同时具备以下条件：

（1）风险事故必须发生在保险期间内，即在保险单上列明的保险合同起讫时间范围内。

（2）风险事故必须是保险车辆在中华人民共和国境内（不含港澳台地区）行驶的过程中发生。

（3）风险事故必须是被保险人或其允许的合法驾驶人在使用保险车辆的过程中发生。

三、责任免除

下列情况下，不论任何原因造成的人身伤亡、财产损失和费用，保险人均不负责赔偿：

（1）交通肇事后逃逸，驾驶人、被保险人、投保人故意破坏现场、伪造现场、毁灭证据；第三者、被保险人或其允许的驾驶人的故意行为、犯罪行为，第三者与被保险人或其他致害人恶意串通的行为；

（2）被保险人向保险人索赔时，未按条款规定提交应予以提交的事故证明的；

（3）驾驶人有下列情形之一者：

①饮酒、服用国家管制的精神药品或者麻醉药品；

②无驾驶证，驾驶证失效或者被依法扣留、暂扣、吊销期间；

③驾驶与驾驶证载明的准驾车型不相符合的机动车；

④实习期内驾驶公共汽车、营运客车或者执行任务的警车、消防车、救护车、工程救

险车、载有危险物品的机动车或牵引挂车的机动车；

⑤使用各种专用机械车、特种车的人员无国家有关部门核发的有效操作证，或驾驶出租机动车或营业性机动车无交通运输管理部门核发的许可证书或其他必备证书；

⑥法律、法规规定的其他属于无有效驾驶资格的情况。

（4）保险机动车有下列情形之一者：

①除本保险合同另有书面约定外，发生保险事故时保险机动车没有公安机关交通管理部门及其他相关管理部门核发的行驶证、号牌，或临时号牌或临时移动证，或未按规定检验或检验不合格；

②改变使用性质或所有权转移，未向保险人办理批改手续；

③更换发动机、车身、车架中任意两项或两项以上的，未按国家有关规定进行变更登记并向保险人办理批改手续；

④拖带其他未投保机动车交通事故责任强制保险的机动车（含挂车）或被其他未投保机动车交通事故责任强制保险的机动车拖带；

⑤全车被盗窃、被抢劫、被抢夺、下落不明期间；

⑥停驶期间，被扣押、罚没、查封、政府征用期间；

⑦在竞赛、测试、展览期间，在营业性场所维修、保养、改装期间，被吊装、运输期间；

⑧保险机动车被作为犯罪工具；

⑨轮式专用机械车、铰接式客车、全挂拖斗车以及其他设计最高时速低于七十公里的机动车进入高速公路。

（5）除以上外，还有如果是下列原因导致的人身伤亡、财产损失和费用，保险人也不负责赔偿：

①地震、战争、军事冲突、恐怖活动、罢工、暴乱、污染、核反应、核污染、核辐射；

②保险机动车在行驶过程中翻斗突然升起，没有放下翻斗，自卸系统（含机件）失灵。

（6）下列人身伤亡、财产损失和费用，保险人不负责赔偿：

①保险机动车发生意外事故，致使任何单位或个人停业、停驶、停电、停水、停气、停产、通讯或网络中断、电压变化、数据丢失造成的间接损失、营业损失、延迟损失以及其他各种间接损失；

②第三者财产因市场价格变动造成的贬值，修理后因价值降低引起的减值损失；

③被保险人或其允许的驾驶人所有、承租、使用、管理、运输或代管的财产的损失；

④本车上财产的损失，保险机动车举升、吊升的财产的损失；

⑤在作业过程中由于震动、移动或减弱支撑造成的财产损失及人身伤亡；

⑥律师费、诉讼费、仲裁费、罚款、罚金或惩罚性赔款以及未经保险人事先书面同意的检验费、鉴定费、评估费；

⑦精神损害抚慰金；

⑧应当由机动车交通事故责任强制保险赔偿的损失和费用。

保险事故发生时，保险机动车未投保机动车交通事故责任强制保险或机动车交通事故责任强制保险合同已经失效的，对于机动车交通事故责任强制保险责任限额以内的损失和费用，保险人不负责赔偿。以及其他不属于保险责任范围内的人身伤亡、财产损失和费用。

四、责任限额

（一）责任限额的确定

责任限额是每次发生保险事故时保险人的最高赔偿金额。责任限额由投保人和保险人在签订保险合同时按保险监管部门批准的限额档次协商确定。

（二）主、挂车连接使用发生保险事故的损失分摊原则

主车和挂车使用时视为一体，发生保险事故时，由主车保险人和挂车保险人按照保险单上载明的机动车第三者责任保险责任限额的比例，在各自的责任限额内承担赔偿责任，但赔偿金额总和以主车的责任限额为限。通过条款明确损失分摊原则以避免实践中就主、挂车损失分摊产生争议。

五、保险期间

除另有约定外，保险期间为一年，以保险单载明的起讫时间为准。

六、赔偿处理

（一）索赔资料

被保险人索赔时，应当向保险人提供下述与确认保险事故的性质、原因、损失程度等有关的有效证明和材料：

(1) 保险单正本、机动车交通事故责任强制保险保单复印件、驾驶证及行驶证正副本复印件、营运许可证或道路运输许可证复印件等；

(2) 事故证明：包括交通事故认定书、事故认定书、火灾责任认定书等相关事故管辖部门出具的或法律法规认可的事故证明；

(3) 事故调解书、判决书或仲裁书、损失清单、第三者财产损失修理发票或交通事故经济赔偿凭证、机动车交通事故责任强制保险赔款收据；

(4) 涉及第三者人身伤亡的，还应提供：医疗费发票及费用清单；住院病历及诊断证明；转院、出院证明；伤者及护理人员收入证明；伤者伤残鉴定书；伤、亡者被抚养人状况证明原件；残疾用具证明及票据；死者死亡证明、销户证明、尸检证明、火化证明；交通费、住宿费票据。

（二）赔偿责任划分

除保险合同另有约定外，保险人依据保险机动车一方在事故中所负责任比例，承担相应的赔偿责任。

公安交通管理部门处理事故时未确定事故责任比例且出险地的相关法律法规对事故责任比例没有明确规定的，保险人按照下列规定承担赔偿责任：

保险机动车一方负全部事故责任的，保险人按 100%事故责任比例计算赔偿；

保险机动车一方负主要事故责任的，保险人按 70%事故责任比例计算赔偿；

保险机动车一方负同等事故责任的，保险人按50%事故责任比例计算赔偿；

保险机动车一方负次要事故责任的，保险人按30%事故责任比例计算赔偿；

保险机动车一方无事故责任或无过错的，保险人不承担赔偿责任。

（三）赔偿方式

（1）保险人对本保险采取一次性赔偿方式。

在每次保险事故的赔偿金额经双方协商确定后，被保险人提出的任何追加索赔请求，保险人不承担赔偿责任。

（2）第三者的机动车或其他财产因保险事故受损，应以修复为原则，尽量修复。

修理前不论是否经公安机关交通管理部门或其他国家机关指定进行检验或损失评估，被保险人均应会同保险人检验，确定修理项目、方式和费用，否则，保险人有权重新核定；因被保险人原因导致损失金额无法确定的，保险人有权拒绝赔偿。

（3）保险机动车发生保险事故后，未经保险人事先书面同意，对被保险人自行承诺或支付的任何赔偿项目及金额，保险人均有权重新核定，对于不属于保险责任范围的费用保险人有权拒绝赔偿。

（四）免赔额的规定

（1）保险人根据保险机动车一方在事故中所承担的责任比例，在符合赔偿规定的金额内实行事故责任免赔率：负全部责任的免赔20%，负主要责任的免赔15%，负同等责任的免赔10%，负次要责任的免赔5%。

（2）发生保险事故时，保险机动车实际行驶区域超出保险合同约定区域的，实行10%的绝对免赔率。

（3）投保时指定驾驶人，但发生保险事故时，保险机动车驾驶人并非保险合同载明的指定驾驶人的，增加10%的绝对免赔率。

（4）发生保险事故时，保险机动车违反《中华人民共和国道路交通安全法》及其他法律法规中有关机动车装载的规定，增加10%的绝对免赔率。

（五）赔款计算

（1）当（依合同约定核定的第三者损失金额－机动车交通事故责任强制保险的分项赔偿限额）×事故责任比例 等于或高于每次事故赔偿限额时：

赔款＝每次事故赔偿限额×(1－事故责任免赔率)×(1－绝对免赔率)

（2）当（依合同约定核定的第三者损失金额－机动车交通事故责任强制保险的分项赔偿限额）×事故责任比例低于每次事故赔偿限额时：

赔款＝(依合同约定核定的第三者损失金额－机动车交通事故责任强制保险的分项赔偿限额)×(1－事故责任免赔率)×(1－绝对免赔率)

（六）其他

1. 出险时，若保险机动车还有其他保障相同的保险存在，不论是否由被保险人或其他人以其名义投保，也不论该保险赔偿与否，保险人按赔偿限额的比例分摊赔偿责任。

2. 保险人受理报案、现场查勘、核损、参与诉讼、进行抗辩、向被保险人提供专业建议和意见，以及对相关单证的出具和要求均不构成保险人对被保险人承担赔偿责任的承诺。

七、交强险与三者险的异同

第三者责任险是责任保险的一种，被保险人或其允许的合格驾驶员在使用保险车辆过程中，发生意外事故，致使第三者遭受人身伤亡或财产的直接损毁，依法应当由被保险人支付的赔偿金额，保险人依照保险合同的规定给予赔偿。这种按照保险法的规定而成立的第三者责任险和依据《道路交通安全法》的规定而设立的“交强险”相互之间既有联系又有区别。

“交强险”是根据《道路交通安全法》规定机动车辆行驶必须交纳的保险类别之一，目的是为了及时解决交通事故引起的赔偿方面的问题，属于非盈利的带有公益性质的保险。“三者险”是按照《保险法》规定而成立的商业性质的保险类别之一，因而不具有强制性。由地方性规章所“强制”要求投保的第三者责任险不应等同于交强险。

它们的共同之处是都是针对使交通事故的第三者所受到的损失进行赔偿，同时也能减轻车主方的赔偿压力。“交强险”只是满足了最基本的交通事故赔偿要求，而不能应对所有的事故风险，车辆方应当根据具体情况，通过自愿购买商业三者险的方式，共同构筑完备的交通保险体系。但两者之间也存在不少的区别，主要体现在以下几个方面：

（一）两者的强制性不同

“第三者责任险”并不具有强制性，它在本质上是按照商业保险制度建立起来的一种商业性质的保险。对车辆所有者及保险人来说，更注重的是风险的分散和保险利益的获取，是否投保是双方协商一致的结果；而“交强险”具有强制性，具有类似于社会保险的性质，其更注重的是让第三人的利益能及时得到保障，所有行驶的车辆所有者都被强制必须投保，同时保险公司必须承保而不得拒保。

（二）赔偿的原则不同

“第三者责任险”是按照过错责任来确定保险人所应当承担的责任，具体的赔偿方式保险合同中有具体约定，且其赔偿不区分人伤还是物损，均按照合同的约定进行，保险人依据被保险人在事故中所承担的事故责任的大小来承担赔偿的多少；而“交强险”保险人的赔偿责任是按照无过错的原则确定的，它并不是按照保险合同约定而是依据法律及《机动车交通事故责任强制保险条例》的具体规定在责任限额内给予赔偿。

（三）费率的厘定不同

“第三者责任险”保费可以由投保人与保险人约定，不同保险人之间的费率存在差异，与其他车险（如防盗险、车损险等）的管理模式一致，保险人通过经营“第三者责任险”获得相应的利润；而“交强险”实行统一的保险条款和费率，为促使驾驶人员安全驾驶，其费率与交通违章挂钩，其业务与保险人的其他业务分开核算，并以不盈利、不亏损为目的。

（四）赔偿的范围不同

“第三者责任险”对赔偿的范围作出了许多免责的设定，包括不同的责任免除事项和免赔率，而“交强险”除了故意造成事故之外，其保险责任覆盖了几乎所有的交通事故，且没有免赔率的规定。

八、实务案例与分析

交强险分项限额的适用

2010年3月26日，原告吕某在南阳市宛城区红泥湾街附近步行途中被被告马某驾驶的豫R号小型客车撞伤，经治疗，花费医疗费21 257.48元，并经鉴定构成九级伤残，故提起诉讼，请求判令被告赔偿医疗费、误工费、住院伙食补助费、营养费、交通费、鉴定费、伤残赔偿金、精神抚慰金、被抚养人生活费、二次手术费、护理费等各项损失共计85 523.88元。被告马某为肇事驾驶员，丁某为肇事车辆所有人。肇事车辆已在某保险公司投保交强险，总保额122 000元，与我国目前实行的《机动车交通事故责任强制保险条款》第二十三条、"中保协条款【2006】1号"第八条的细化条款——死亡伤残赔偿限额110 000元人民币、医疗费用赔偿限额10 000元人民币、财产损失赔偿限额2 000元人民币的三项加总限额122 000元相吻合。事故发生后，被告马某已经支付原告吕某医疗费16 000元。

本案发生后，南阳市公安局交警支队作出第4110032601号交通事故认定书，认定马某承担该事故的全部责任，吕某无责任。事故发生后，吕某诊断为1. 胸外伤；2. 右锁骨骨折；3. 右腓骨骨折；4. 右胫骨平台骨折；5. 颅脑损伤；6. 左小腿皮肤挫裂伤。事发后吕某在南阳市肿瘤医院住院治疗29天。2010年4月29日，南阳公正法医临床司法鉴定所（2010）临鉴字第039号司法鉴定书得出鉴定结论：吕某伤残程度综合评定构成IX级伤残。事故后肇事司机马某向吕某支付16 000元。

河南省南阳市宛城区人民法院（2010）宛民初字第891号民事判决书一审判决如下：

河南省南阳市宛城区人民法院经审理确认：1. 交警部门事故责任认定书予以认可有效。2. 吕某受伤后住院29天，花费医疗费用21 257.48元，护理费依照医院出具的证明按2人计算29天×30元×2人=1 740元，误工费1人119天×60元=7 140元住院伙食补助费按1人29天×30元=870元营养费按1人29天×20元=580元，交通费1 000元，残疾赔偿金按农村居民人均纯收入4 454元×20年×20%=17 816元，二次手术费7 500元，精神抚慰金6 000元，子女抚养费女儿吕甲2002年1月6日出生，按农村人均消费支出3 044元×10年÷2×20%=3 044元，儿子吕乙2007年11月出生，按农村人均消费支出3 044元×16年÷2×20%=4 870.4，父母赡养费用父亲吕丙1954年6月出生，按农村人均消费支出3 044元×20年÷2×20%=6 088元，母亲王某1955年2月出生，按农村人均消费支出3 044元×20年÷2×20%=6 088元，鉴定费1 500元，以上共计85 523.88元。3. 根据相关法律法规规定，机动车发生交通事故造成他人人身伤亡由保险公司在交强险责任限额范围内承担赔偿责任，保额为122 000元，原告吕某请求并未超过此限额，因此被告某保险公司应当承担全部民事赔偿责任。肇事司机马某已经在该公司投保保险，马某不应当承担赔偿责任，马某垫支给原告的16 000元现金，某保险公司支付给原告吕某赔偿款时，应直接扣除，交付马某。4. 被告肇事车辆所有人丁某与马某系借用关系，且马某愿意承担责任，故丁某不承担该民事责任。故判决：一、限本判决生效后十日内被告保险公司赔偿原告85 523.88元。二、被告马某、丁某不承担赔偿责任。案件受理费3 438元（含鉴定费1 500元），由被告马某承担。

一审判决后，某保险公司不服，提起上诉称：1. 原判违反了交强险分项限额赔偿的规定；2. 被上诉人吕某的伤残鉴定存在问题。请求撤销原判，改判上诉人在交强险限额内承担42 173.6元的保险责任。

河南省南阳市中级人民法院二审终审判决如下：

本院查明事实与原判认定事实一致，驳回上诉，维持原判。二审案件受理费 900 元，由上诉人某保险公司承担。本判决为终审判决。

分析：本案焦点是交强险分项限额适用问题。

一种观点认为，我国目前实行的《机动车交通事故责任强制保险条款》第二十三条规定，机动车交通事故责任强制保险在全国范围内实行统一的责任限额。《机动车交通事故责任强制保险条例》（中保协条款【2006】1 号）第八条的细化条款规定，交强险项下：死亡伤残赔偿限额 110 000 元人民币、医疗费用赔偿限额 10 000 元人民币、财产损失赔偿限额 2 000 元人民币，三项加总限额 122 000 元。交通事故发生后，应当按照交强险上述条款规定分项限额赔偿。

另一种观点认为，交强险限额为 122 000 元，在总限额内不分项适用，如本案判决书观点。而且全国多个省份出现了类似判例。《道路交通安全法》没有规定分项限额，其第七十六条规定："机动车发生交通事故造成人身伤亡、财产损失的，由保险公司在机动车第三者责任强制保险责任限额范围内予以赔偿。"《机动车交通事故责任强制保险条例》以及《机动车交通事故责任强制保险条款》有关分项限额的规定违反《道路交通安全法》，属于无效规定。

应该认为，交强险限额不分项适用的观点不符合现有法律规定，且有损交强险制度。《道路交通安全法》第十七条规定："国家实行机动车第三者责任强制保险制度，设立道路交通事故社会救助基金。具体办法由国务院规定。"从该条文可以看出，法律明确授权国务院来具体规定交强险制度。国务院依据法律授权制定颁布了《机动车交通事故责任强制保险条例》并于 2006 年 7 月 1 日起施行。应该说《道路交通安全法》第七十六条规定只是为交强险作出了法律铺垫，并没有具体规定交强险的投保、理赔、保险金额、赔偿范围、免责条件等重要内容。国务院依法制定的《机动车交通事故责任强制保险条例》才是具体规定交强险制度的直接依据。

《机动车交通事故责任强制保险条款》第八条关于交强险限额的规定符合《机动车交通事故责任强制保险条例》关于交强险分项限额的规定，并且《机动车交通事故责任强制保险条例》关于分项限额的规定与《道路交通安全法》不存在冲突。

诚然，交强险在我国实施不过数年，肯定会存在或多或少的问题。随着实践经验的积累及社会需求的变化，交强险限额也会适时调整和完善。但是作为国家统一执行的社会强制保险制度，其调整和完善应由国务院统一进行。本案反映出个别法院对交强险分项限额的理解显然与交强险制度存在较大差异，这无疑会给交强险理赔数据统计带来一定偏差，从而影响将来交强险保险限额的正确核定。

第五节 机动车辆保险的附加险

一、全车盗抢险

（一）保险责任

机动车辆全车盗抢险的保险责任为全车被盗窃、被抢劫、被抢夺造成的车辆损失以及在被盗窃、被抢劫、被抢夺期间受到损坏或车上零部件、附属设备丢失需要修复的合理费用。

1. 保险车辆（含投保的挂车）全车被盗窃、被抢劫、被抢夺，经县级以上公安刑侦部门立案证实，满三个月未查明下落；

2. 保险车辆在被盗窃、被抢劫、被抢夺期间受到损坏或车上零部件、附属设备丢失需要修复的合理费用。

（二）免除责任

（1）下列原因造成的损失，保险人不负责赔偿。

①战争、军事冲突、恐怖活动、暴乱；

②自然灾害造成保险车辆的灭失；

③被保险人及其家庭成员或驾驶人的故意行为或违法行为；

④驾驶人饮酒或服用国家管制的精神药品或麻醉药品的；

⑤保险车辆被诈骗、扣押、罚没、查封或政府征用；

⑥因民事、经济纠纷导致保险车辆被盗窃、抢劫、抢夺；

⑦承租人或经承租人许可使用保险车辆的驾驶人与保险车辆同时失踪。

（2）保险车辆全车被盗窃、抢劫、抢夺时，有以下情形之一的，保险人不负赔偿责任。

①除非另有约定，发生保险事故时无公安机关交通管理部门核发的合法有效的行驶证、号牌；

②被保险人索赔时，未能提供机动车停驶手续或出险当地县级以上公安刑侦部门出具的盗抢立案证明；

③保险车辆在竞赛、检测、修理、养护，被扣押、征用、没收期间；

④保险车辆转让他人，被保险人、受让人未履行本保险合同第二部分“通用条款”第十五条规定的通知义务的，因转让导致保险车辆危险程度显著增加而发生保险事故。

（3）下列损失，保险人不负责赔偿。

①非全车遭盗窃、抢劫、抢夺，仅车上零部件或附属设备被盗窃、抢劫、抢夺、损坏；

②新车车辆出厂时的原厂配置以外新增设备的损失；

③保险车辆全车被盗窃、抢劫、抢夺期间造成人身伤亡或本车以外的财产损失；

④遭受保险责任范围内的损失后，未经必要修理继续使用，致使损失扩大的部分；

⑤市场价格变动造成的贬值、修理后因价值降低引起的损失。

（4）其他不属于保险责任范围内的损失和费用，保险人不负责赔偿。

（三）保险金额

全车盗抢险根据各公司的保险条款，是指保险车辆全车被盗窃、被抢劫、被抢夺，经县级以上公安刑侦部门立案侦查证实满一定时间（大部分为三个月，人保条款为60天）没有下落的，由保险人在保险金额内予以赔偿。具体如下：

（1）赔偿项目：如果您的车被盗抢超过三个月未找回，保险公司在保险金额内进行赔偿。如果车被盗抢后，在三个月内找回了，但是在此期间车辆损坏或零部件丢失，保险公司负责赔偿修复费用。

（2）赔偿额度：每次事故应赔偿损失总金额的 80％ 。

二、玻璃单独破碎险

玻璃单独破碎险，指对车辆的挡风玻璃和车窗玻璃发生单独破碎，保险公司负责赔偿。本保险是车辆损失险的附加险，已投保车辆损失险的车辆方可投保本附加险。

在保险期间内，保险车辆在使用过程中，发生本车风挡玻璃或车窗玻璃的单独破碎，保险人按实际损失赔偿。投保人在与保险人协商的基础上，自愿按进口或国产玻璃选择投保，保险人根据其选择承担相应保险责任。

保险车辆的下列损失：灯具、车镜玻璃破碎；安装、维修车辆过程中造成玻璃的破碎，保险人不负责赔偿。另外，值得一提的是下列六种损失也被列为保险公司不承担的损失：

（1）玻璃贴膜损失。

汽车玻璃贴膜已经成为当前人们的一种时尚和习惯，而且某些高档贴膜还是价格不菲。汽车玻璃破碎更换后，贴膜也必须相应更换，无法重复使用，但是由于玻璃单独破碎险承保的是玻璃本身，保险公司对贴膜损失是不承担赔偿责任的。

（2）天窗玻璃损失。

而今一些中高档轿车都装有天窗，但天窗玻璃的损坏，却不在玻璃单独破碎险赔偿范围内。因为玻璃单独破碎险条款规定，承保的玻璃范围只包括前后风挡玻璃和车窗玻璃。

（3）标识损失。

汽车前风挡玻璃右上角会贴有诸如交强险标、年检标、环保标等标识，这些标识一般都是一次性粘贴使用，前风挡破碎更换时无法取下来重复使用。这些标识本身虽然价值很小。但是补办这些标识会产生一些时间成本和费用损失，这部分损失也是不在玻璃单独破碎险赔偿范围内的。

（4）进口玻璃按国产承保其中的差价损失。

一些原装进口汽车或部分国产中高档汽车，都是使用的进口玻璃，在承保玻璃单独破碎险可以注明按进口玻璃承保还是按国产玻璃承保，这其中的费率是有区别的。如果本身是进口玻璃而按照国产玻璃投保，出险后，保险公司会依据国产玻璃价格赔偿，对于与进口玻璃之间产生的差价损失不负责赔偿。

（5）附加设备的损失。

有些车主由于某种需要，在汽车玻璃上安装了一些电子设备，例如卫星导航仪等。汽车玻璃遭受严重撞击损坏时，这些设备往往也会相应受损。由于属于新增设备，因此也不在玻璃单独破碎险赔偿范围内。

（6）修理过程中的玻璃破碎损失。

对于在安装、修理汽车过程中造成的玻璃破碎损失，保险公司也不负责赔偿。玻璃单独破碎险条款明确规定，安装、修理机动车过程中造成的玻璃单独破碎属于除外责任。

三、自燃损失险

自燃损失险指负责赔偿因本车电器、线路、供油系统发生故障及运载货物自身原因起火造成车辆本身的损失。本保险为车辆损失险的附加险。适用于家庭自用汽车、营业货车、城市公交车、公路客运车、出租车、租赁车、特种车，且只有在投保了机动车损失保险的基础上方可投保本附加险。

（一）保险责任

投保了本附加险的机动车在使用过程中，因下列原因造成保险机动车燃烧导致的保险机动车自身的损失，保险人按照保险合同约定负责赔偿：

（1）本车电器、线路、供油系统、供气系统发生故障。

（2）运载货物自身原因起火燃烧。

除此之外，发生本附加险保险责任范围内的事故时，被保险人或其代表为防止或者减少保险机动车损失而采取施救、保护措施所支出的必要合理的费用，保险人负责赔偿。本项费用的最高赔偿金额以本附加险的保险金额为限。

（二）免除责任

对下列原因及状态下的损失，保险人不负责赔偿：

（1）不明原因产生的火灾。

（2）自燃仅造成电器、线路、供油系统的损失。

（3）因人工直接供油、高温烘烤等违反车辆安全操作规则造成的损失。

（4）在修理期间或被扣押期间。

（5）保险车辆改装或加装的设备引起的火灾。

（6）被保险人的故意行为或违法行为造成保险车辆的损失。

（7）车辆无档案或与档案不符的。

（8）未按政府规定进行年度检验或检验不合格的车辆。

案例：去年底，王先生投保了车辆损失险和第三者责任险。上个月，他的爱车在香蜜湖附近发生自燃。这一烧，花了王先生近3万元的修理费。可是当他向保险公司提出理赔请求时，却遭到了拒绝。这让王先生非常郁闷：“保险条款中有这么一条，如果车辆遇到火灾可以获得赔偿，我一直都以为自燃就是火灾的一种呢。”

分析：根据保险条款，自燃是车辆损失险的除外责任，保险公司都会在保单中注明。如果您担心车子出现自燃，应该购买专门的自燃损失险。尤其在高温天气下，电器容易过热，汽油也容易蒸发，一旦遇到火星容易引发自燃。年龄超过8年和线路改装过的车辆属于高危车，建议考虑投保该险种。另外，一旦爱车自燃，您应在第一时间与交警、消防部门和保险公司取得联系。

四、车上人员责任险

（一）含义

车上人员责任险，即车上座位险，是指车上人员责任险中的乘客部分，指的是被保险人允许的合格驾驶员在使用保险车辆过程中发生保险事故，致使车内乘客人身伤亡，依法应由被保险人承担的赔偿责任，保险公司会按照保险合同进行赔偿。

（二）保险责任

投保了本保险的机动车辆在使用过程中，发生意外事故致使保险车辆车上人员遭受人身伤亡，依法应由被保险人承担的经济赔偿责任，保险人依照《道路交通事故处理办法》和保险合同的规定给予赔偿。

（三）免除责任

(1) 因违章搭乘造成的人身伤亡。

(2) 由于驾驶员的故意行为造成的人身伤亡。

(3) 本车上的人员因疾病、分娩、自残、殴斗、自杀、犯罪行为所致的人身伤亡。

(4) 乘客在车下时所受的人身伤亡。

(5) 其他不属于保险责任范围内的损失和费用。

（四）保险金额

车上人员每人的最高赔偿限额由投保人和保险人在投保时协商确定，投保座位数以保险车辆的核定载客数为限。

（五）赔偿处理

(1) 车上人员人身伤亡按《道路交通事故处理办法》规定的赔偿范围、项目和标准以及保险合同的规定计算赔偿，但每人最高赔偿金额不超过保险单载明的本保险每座赔偿限额，最高赔偿人数以投保座位数为限；

(2) 每次赔偿均实行免赔率，免赔率及办法与第三者责任险相同。

（六）实务案例与分析

案例 1：下车检查或更换轮胎时受伤不赔

车主王先生在高速公路上驾车时发生爆胎，于是在紧急停车带上下车更换轮胎，结果被后面来车撞成重伤，后送医院抢救无效死亡。王先生的亲人在悲痛之余找保险公司索赔，但保险公司认为事故发生时王先生下车，不属于车上人员责任险的保险范围内，因此拒赔。

以上案例中，保险公司拒赔的理由是充分的。因为在车上人员责任险条款中有明确指出，车上人员在车下时所受的人身伤亡属于免责条款中的一条。

案例 2：车上人员跳车后致死伤不赔

车主孙先生和朋友老王驾车外出，行驶途中车辆突然失控，紧急情况下老王跳车逃生，但车辆突然侧翻压在老王身上，导致老王死亡。事后，保险公司对老王的死亡不做赔偿，理由是孙先生已经跳下车，不属于车上人员。

这个案例当中，车辆在发生事故前老王属于该车上的乘坐人员。但在发生事故时，老王已从车上跳到车下，并进而被该车砸压致死，属于在车下发生的事故，此时的老王已不再属于车上人员。已经不适用于车上人员责任险。

案例 3：虽然在车外死亡但仍应予以赔偿

一辆大客车在高速公路行驶中发生意外，坐在前排座位的一位乘客被从车内甩出，跌落在路面上，被这辆客车的后轮碾压致死。

保险公司对该乘客做了赔偿，因为从事故发生到乘客被甩出车外直到被碾压致死是一个连贯的过程，虽然乘客是在车外死亡，但也属于车上人员责任险赔偿范围。

除了上述情况外，如果司机紧急刹车造成本车人员伤亡，保险公司是不承担赔偿责任的，如果是因车与车发生了碰撞导致司机、乘客的意外伤害，车上责任险才能承担赔偿责任。而且投保车上责任险时，必须指明座位数，且不超过车辆核定的座位数。如果只投保了两个座位，但是却有三个人受伤，那么根据保险合同，也只能获得两个人的赔偿。

五、车上货物责任险

车上货物责任保险是指发生意外事故，致使保险车辆所载货物遭受直接损毁，依法应由被保险人承担的经济赔偿责任，保险人在保险单载明的赔偿限额内负责赔偿。该保险每次赔偿均实行20%的绝对免赔率。在投保了第三者责任险的基础上方可投保车上货物责任保险。

（1）当被保险人按事故责任比例，应承担的车上货物损失金额未超过保险合同载明的责任限额时：

赔款＝应承担的赔偿金额×（1－20%）

（2）当被保险人按事故责任比例，应承担的车上货物损失金额超过保险合同载明的责任限额时：

赔款＝责任限额×（1－免赔率）

六、车辆停驶损失险

车辆停驶损失险负责赔偿保险车辆发生保险事故造成车辆损坏，因停驶而产生的损失。也是车辆损失险的附加险，已投保车辆损失险的车辆方可投保本附加险。其免除责任有：车辆被罚没、扣押、查封期间的损失；因车辆修理质量不合要求，造成返修期间的损失；其他附加险项下发生保险事故时造成车辆停驶的损失。

（一）赔偿限额

（1）在保险期间内，赔偿天数累计计算，累计赔偿的天数以保险单约定的最高赔偿天数为限；

（2）部分损失的，在双方约定的修复时间内，按保险单约定的日赔偿金额乘以从送修并办理交车手续之日起至修复并办理完提车手续之日止的实际天数计算赔偿；

（3）全部损失的，按保险单约定的最高赔偿天数计算赔偿；

（4）本保险每次事故的绝对免赔额为一天的赔偿金额。

（二）赔偿处理

（1）车上货物因保险事故受损，不论是否经公安机关交通管理部门或其他国家机关进行检验或损失评估，被保险人均应会同本公司检验，确定损失情况，否则，本公司有权重新核定，因被保险人原因导致损失金额无法确定的，本公司有权拒绝赔偿；

（2）承运的货物发生保险责任范围内的损失，本公司按起运地价格在赔偿限额内负责赔偿；

（3）应当由交强险赔偿的损失和费用，本公司不负责赔偿；

（4）根据保险车辆驾驶人在事故中所负责任，车上货物责任险在符合赔偿规定的金额内实行事故责任免赔率：负全部责任的免赔20%，负主要责任的免赔15%，负同等责任的免赔10%，负次要责任的免赔5%，单方肇事事故的事故责任免赔率为20%，并按主险的约定适用绝对免赔率。

七、新增加设备损失险

新增加设备损失险是车辆损失险的第三大附加险，在现在的生活中有着越来越广泛的应用。它负责赔偿车辆由于发生碰撞等意外事故而造成的车上新增设备的直接损失。当车辆发生碰撞等意外事故造成车上新增设备（是指除车辆原有设备以外，被保险人另外加装的设备及设施）。如：加装制冷设备、CD及电视录像设备、真皮或电动座椅等的直接损毁时，保险公司按实际损失赔偿。

如果设备是因为交通事故而被撞坏，或者因全车失窃而丢失，保险公司应承担赔偿责任。但如果是新增设备单独被盗窃、丢失、被破坏的情况，保险公司不负责赔偿。

八、无过失责任险

无过失责任险是指投保了该项保险的车辆在使用中，因与非机动车辆、行人发生交通事故，造成对方人员伤亡和财产直接损毁，保险车辆一方无过失，且被保险人拒绝赔偿未果，对被保险人已经支付给对方而无法追回的费用，保险公司负责给予赔偿。

被保险人或其允许的合格驾驶员在使用保险车辆过程中，因与非机动车辆、行人发生交通事故，造成对方人员伤亡，保险车辆一方无过失时，除根据《中华人民共和国道路交通事故处理办法》第44条的规定，应由被保险人承担的10%的经济赔偿外，对于10%以上的经济赔偿部分，在事故责任认定前已由被保险人垫付的医药费用、抢救费用及丧葬费用，经公安交通管理部门或人民法院裁定由被保险人承担时，保险人按《中华人民共和国道路交通事故处理办法》规定的标准按本保险合同的有关规定在保险赔偿限额内负责赔偿。

九、不计免赔特约险

所谓不计免赔特约险，是指车险中的不计免赔特约条款，它属于商业附加险的一种。该险种通常是指经特别约定，保险事故发生后，按照对应投保的主险条款规定的免赔率计算的、应当由被保险人自行承担的免赔额部分，保险人负责赔偿的一种保险。投保后，车主不仅可以享受到按保险条款，应由保险公司承担的那一部分赔偿；还可享受到由于车主在事故中负有责任，而应自行承担的那部分金额赔偿。按照保险对象的不同，不计免赔险又可分为基本险的不计免赔和附加险的不计免赔。

下面，我们通过一个案例来看投保不计免赔率特约险得到赔偿款与未投保的区别。

案例：张先生驾驶自己的爱车不小心撞到了花坛，造成车辆损坏。经保险公司定损，车辆损失金额为26 000元。张先生已投保了车损险、第三者责任险和不计免赔率特约险。保险公司最终赔付的金额为：车损险＝缮制金额×承保比例×责任系数×（1－免赔率）＝26 000×1.00×1.00×（1－0.15）＝22 100（元）

不计免赔险＝缮制金额×承保比例×责任系数×[免赔率＋(免赔率调整)]－已赔＝26 000.00×1.00×1.00×0.15＝3 900（元）

因此张先生得到实际赔款＝22 100＋3 900＝26 000，得到车辆损失的全部赔款 26 000 元。如果张先生未投不计免赔率特约险，就只能得到 22 100 的赔款，另外的 3 900 元就要自己掏腰包了。

车主投保不计免赔率特约险，还要注意这个险种的四种不赔情况：加扣免赔率；附加险免赔率；找不到第三者；事故责任难确定。保险公司在条款内都会对“不计免赔”的除外责任进行明确说明，车主在投保时一定要详细阅读了解。

本章小结

1. 机动车辆保险在财产保险中占有特别重要的地位，目前我国车险保险收入已占财产险保费收入的 60%以上。

2. 机动车辆保险是我国财险市场特有的业务类型，它是以汽车、电车、电瓶车、摩托车、专用机械车和特种车等通过各种能源驱动运行的机动车辆为保险标的保险。它的基本险由机动车辆损失保险和机动车辆第三者责任险组成。

3. 机动车辆损失保险又称车损险，狭义的车损险是指投保车辆损失保险的车辆在被保险人或其允许的合格驾驶员使用过程中，遭受保险责任范围内的自然灾害事故或意外事故，造成本车损毁，保险人依照保险合同的规定，在保险金额范围内对被保险人进行经济补偿。广义的车损险是狭义的车损险和全车盗抢险、自燃损失险、玻璃单独破碎险、新增加设备损失险等附加险的综合。

4. 车损险的保险责任采用列举式，未列举的不属于保险责任范围。其可保风险种类由意外事故、自然灾害和施救、保护费用组成。其责任免除包括两个方面的含义，一是保险人不承担的危险责任，如：战争、军事冲突等；二是保险条款中所列的可保危险由于某些原因所致，保险人不予负责。

5. 机动车辆第三者责任保险所承保的是机动车辆驾驶员在使用车辆过程中，发生意外事故，给第三者造成损害，被保险人及其驾驶员应付的相应的民事赔偿责任。我国第三者责任险采取最高赔偿限额责任方式，赔偿限额是保险人计算保险费的依据，也是承担每次责任险事故补偿的最高限额。

本章复习思考题及案例分析题

1. 名词解释

机动车辆保险　　交强险　　车损险　　三责险　　自燃

2. 简述题

（1）比较机动车辆损失保险和第三者责任保险的责任范围。

（2）机动车辆损失保险的赔偿如何处理？

（3）机动车辆损失保险的免除责任都有哪些？

（4）机动车辆第三者责任险的赔偿如何处理？

（5）机动车辆第三者损失保险的免除责任都有哪些？

3. 案例分析题

（1）王某开夏利车两年未年审，2013 年的一天，在正常行驶中因为躲避路人撞在桥头的石栏杆上。车上人员未受严重伤害，但是车辆严重受损。该车投保了某保险公司的车损险、盗抢险和三责险以及不计免赔。王某随后向保险公司索赔。

请问：车辆未年审，是否该赔偿？

（2）刘小姐驾驶车辆在行驶过程中因前一辆车突然停住不得不采取紧急刹车，虽未造成追尾事故但坐在前排的同事林某因惯性不慎撞到了头部，碰到了前挡风玻璃，使得挡风玻璃破裂。车辆投保了车损险的基本险，刘小姐向保险公司索赔。

请问：应当如何处理呢？

（3）2013 年 3 月 2 日，刘某将其私有的东风牌汽车向保险公司投保了足额的车辆损失保险和三责险，保险金额共计 4 万元，保险期限为 1 年。同年 6 月 8 日，该车行驶时坠入悬崖下一条湍急的河流中，该车的驾驶员（系其堂兄）也随车遇难。事后，刘某向保险公司报案索赔。该保险公司经过现场查勘，认为地形险要，无法打捞，按照推定全损处理，当即赔付刘某 4 万元。同时声明，车内尸体及善后工作保险公司不负责任，由车主自理。到 8 月 10 日，刘某看到堂兄尸体及采购货物的 2 800 元现金均在卡车内，就将残车以 4 000元的价格转让给王某，双方约定：由王某负责打捞，车内尸体及现金归刘某，残车归王某。并于 8 月 20 日打捞上来。保险公司获悉后，认为刘某未经保险公司允许擅自处理实际所有权已转让的残车是违法的，遂成纠纷。

请问：应当如何处理呢？

第六章 货物运输保险

案例

承运人责任险的赔付

2009 年 4 月 14 日，上海某物流有限公司与某保险公司签订《国内货物承运人责任综合保险合同》。2009 年 10 月，该物流有限公司受多个发货人委托从上海承运一批零散货物至唐山，被保险人转委托个体司机侯某实际承运。2009 年 10 月 12 日，承运车行驶至连徐高速连云港段时发生交通事故，车辆撞上护栏侧翻，货物受损，于是上海某物流公司向保险公司报案索赔。保险人经过正常理赔程序赔付该物流公司部分保险金后，物流公司称尚有人民币 69，832.92 元的损失未予赔付，保险人以未赔偿部分因为没有被保险人赔付托运人损失的证明为由拒赔。物流公司将保险公司告上法庭。

第一节 货物运输保险概述

一、概念

货物运输保险，是指以运输中的各种货物为保险标的、以运输过程中可能遭遇的自然灾害和意外事故造成的损失为承保责任的一种保险。

二、特点

（一）保险标的的流动性

货物运输保险的保险标的，是各种处于运动状态的物资，具有较大的流动性。

（二）保险价值的定值性

定值保险，是指保险合同当事人将保险标的的保险价值事先约定，并在合同中载明作为保险金额，当保险标的发生事故致损时，以约定的保险价值作为赔偿依据的保险。

货物运输保险即属于定值保险，这是由货物的流动性决定的。因为运输中的货物，在不同的市场会存在价差，若不是事先约定其价值并作为损失事故的赔偿基础，对于受损标的，势必难以估价，给理赔带来困难和赔偿纠纷。

（三）保单持有人具有多变性

经济贸易的繁荣与发展，需要顺畅的物流运转和便捷的经营方式与渠道。保险作为商品贸易的促进剂和稳定器，不应在商品贸易的流转过程中起阻碍作用，而应该提供方便。因此，按照惯例，货运保单可经被保险人空白背书同意保险权益随物权单据，即货运提单的转让而随之转移。有时保单几经辗转，难以确定保单持有人，直至最后持有保险单的收货人出现为止。

（四）保障范围的广泛性

与普通财产保险相比，货物运输保险的保障范围要广泛得多。当保险事故发生造成损失时，普通财产保险只负责受损财产的直接损失以及为避免损失进一步扩大采取施救、保护措施时产生的合理的救助费用。货物运输保险，除了负责上述损失和费用外，其附加险也比较多，如货物运输途中因破碎、渗漏、包装破裂、遭受盗窃以及整件货物提货不着等，几乎包括了所有外来的和特殊的风险引起的损失。

（五）责任起讫适用“仓至仓”条款

货运险的保险期限，一般以一次运输的航程为准，并适用“仓至仓”责任起讫条款。即保险人对承保货物的责任，从保单载明的起运地（港）发货人的最后一个仓库开始，到保单载明的目的地（港）收货人的第一个仓库止。

三、种类

（一）按运输工具不同划分

1. 水上货物运输保险

承保航行于海洋、内河、沿海的轮船、驳船、机帆船、木船、水泥船等水上运输工具所运载货物的保险。

2. 陆上货物运输保险

承保各种机动的、人力的、畜力的运输工具运输货物，包括公路货物运输保险和铁路货物运输保险。

3. 航空货物运输保险

承保以飞机为运输工具的货物运输保险。我国的航空运输业务不断扩大，1995 年航空货物运输保险单独分列出来，成为与涉外航空货物运输保险并列的险种业务。

（二）按运输方式不同划分

1. 直运货物运输保险

是指承保的货物从起运到目的地，只用一种运输工具运输，即使货物中途转运，所用运输工具与前段仍然属于同种类型。

2. 联运货物运输保险

承保两种或者两种以上不同类别的运输工具运输货物的保险。如水陆联运、陆空联运、江海联运等。

（三）按范围不同划分

1. 国内货物运输保险

以国内运输过程中的货物为保险标的，以运输过程中因自然灾害、意外事故导致的货物损失为保险责任的运输保险。

适用范围：国有企业、集体企业、私营企业、联营企业、国家机关、人民团体（包括附设的企业或事业单位）以及公民个人的国内货物运输保险。

2. 涉外货物运输保险

以国际间运输的货物为保险标的、以各种自然灾害和意外事故造成的货物损失为保险责任的保险。随着世界各国贸易往来的迅速发展，涉外货物运输保险业务随之发展增长。

适用范围：外贸进口、出口、来料加工装配；引进设备；补偿贸易；中外合资合作经营企业、外资企业等的涉外货物运输保险。

第二节 国内货物运输保险

一、主要险别

（一）国内水上货物运输保险

承保水上运输工具：轮船、驳船、机帆船、木船、水泥船等在国内江河湖海水域运输货物的保险。

（二）国内陆上货物运输保险

承保除水上运输工具和飞机以外的所有其他运输工具或手段运载货物的运输保险。运输工具包括机动的、人力的、畜力的。如火车、汽车、驿运等。

（三）航空货物运输保险

承保以飞机为运输工具运载货物的运输保险。

除了以上三类水陆空不同的运输工具的货运险以外，还有特殊运输工具的货运险。如排筏保险、海上拖轮木排运输保险、港内外驳运险和市内陆上运输保险等。

（四）直运货物运输保险

是指承保的货物从起运到目的地，只用一种运输工具运输，即使货物中途转运，所用运输工具与前段仍然属于同种类型。

（五）联运货物运输保险

承保两种或者两种以上不同类别的运输工具运输货物的保险。如水陆联运、陆空联运、江海联运等。

二、国内水路、陆路货运险基本险

（一）保险责任

（1）由于火灾、雷击、爆炸、冰雹、暴风、暴雨、洪水、地震、海啸、崖崩、滑坡、泥石流造成的运输货物的损失。

（2）由于运输工具发生碰撞、搁浅、触礁、沉没、倾覆、出轨、隧道或码头坍塌造成的货物的损失。

（3）在装货、卸货或者转载时因遭受不属于包装质量不善或卸货人员违反操作规程造成的损失。

（4）按照国家规定或一般惯例应分摊的共同海损的费用。

共同海损是指船舶及其所载货物在运输途中，遭遇自然灾害或意外事故等情况，船长为了解除共同危险，有意地采取合理的救难措施，因而导致的特殊牺牲和额外费用。共同海损通常由利害关系人船方、货方和承运方按获救价值共同分担。

构成共同海损的要件是：①共同海损的危险必须是实际存在的，或者是不可避免的，而不是主观臆测的。②必须是自动和有意采取的行为。③必须是为了船货共同安全而采取的谨慎合理的措施。④必须是属于非常性质的损失。

共同海损范围内的损失，包括共同海损牺牲和共同海损费用部分：

其中，共同海损牺牲分为两种：一种是由于采取紧急措施，使船只或货物的直接损失。另一种是由于采取紧急措施，使船只或货物变更使用性质造成的损失。

共同海损费用，必须是直接、合理的费用。

（5）在发生上述灾害事故时，因纷乱而造成的货物散失以及因施救或保护货物所支付的直接、合理的费用。

（二）免除责任

下列原因造成的保险货物的损失，保险人不负赔偿责任：

（1）战争或军事行动。

（2）核泄漏、核污染、核爆炸。

（3）保险货物本身的缺陷或自然损耗以及由于包装不善。

（4）被保险人的故意行为或过失。

（5）全程是公路货物运输的，盗窃或者整件提货不着的损失。

（6）其他不属于保险责任范围内的损失。

三、国内水路、陆路货物运输综合险

（一）保险责任

保险人除了负责基本险的责任外，对下列损失也负赔偿责任：

（1）因受震动、碰撞、挤压而造成的破碎、弯曲、凹瘪、折断、开裂或包装破裂致使货物散失的损失。

这个条款中规定的碰撞不同于基本险责任中规定的碰撞，此处的碰撞是指运输工具中所载的货物或者存放在车站、码头上的货物与其他物体碰撞造成的损失，如货物与运输工具、货物与货物之间的碰撞。

（2）液体货物因受震动、碰撞或者挤压致使容器（包括封口）损坏而渗漏的损失；或者用液体保藏的货物因液体渗漏而造成的保藏货物腐烂变质的损失。

（3）遭受盗窃或者承运人责任造成的整件提货不着的损失。

（4）符合安全运输规定而遭受雨淋所致的损失。

（二）免除责任

国内水路、陆路货物运输综合险的免除责任与基本险相同。

四、国内水路、陆路货运险保险期限

（一）保险期限

国内水路、陆路货物运输保险的保险责任的起讫期限是，自签发保险凭证和保险货物运离起运地发货人的最后一个仓库或者储存处所时起，至该保险凭证上注明的目的地收货人在当地的第一个仓库或者储存处所时止。但保险货物运抵目的地后，如果收货人未及时提货，则保险责任的终止期最多延长至收货人接到《到货通知》后的 15 天（以邮戳日期为准）。

（二）中转

保险货物的运输过程中，可能会出现中途转运的情形。保险货物在运抵目的地之前，可能会发生从一地运到另一地，但不属于不合理绕道及改道，这属于正常中转。被保险货物在中转地停留候运期间发生的责任范围内的损失，保险人负赔偿责任，停留时间的长短不受限制。但是，保险人对非无法控制的情况引起的不合理绕道及改道，以及由此导致的货物中转停留不予负责。

（三）责任终止

国内水路、陆路货物运输的保险责任在被保险货物运抵合同载明的目的地、卸离运输工具、并存放于目的地收货人在当地的第一个仓库或储存处所时终止。若被保险货物运抵目的地后，收货人未及时提货，或者只提取部分货物，保险人对未提货物或者剩余未提货物只承担 15 天的责任。若被保险货物运抵目的地的 15 天内，被保险人或其收货人不是将货物提出放入自己的仓库或者储存处所，而是就地直接发运其他单位或者再转运其他单位，保险责任亦告终止。

五、国内水路、陆路货运险保额的确定

国内水路、陆路货物运输保险的保险金额，采取定值保险方式。一般先由被保险人提出保险金额并填入投保单，经保险人同意即可成为正式的保险金额。确定标准通常有三种：

1. 起运地成本价

即起运地货物的购进价格，也就是货物本身的价值。如出厂价、购进成本价。

2. 目的地成本价

目的地成本价是指货物的购进价加上运抵目的地发生的一切运杂费、包装费、保险费及税款等费用。一般国内水路、陆路货物运输保险的保险金额即按这种方法确定。

3. 目的地市价

目的地市价是指货物到达目的地的销售价格，即到达目的地的实际成本价再加上合法的利润。

六、国内水路、陆路货运险的赔偿处理

（一）货物检验

当被保险货物运抵目的地后，收货人发现货损、货短，应向保险人或其当地的代理人

提出申请货物检验，并由保险人或其代理人对受损货物进行验收工作，以便查明事故的原因，受损的性质、范围和程度，为保险人最终做出裁决提供较为公正的依据。货物运输保险条款规定，收货人应在货物运抵保险凭证所载明的目的地的收货人在当地的第一个仓库或储存处所时起10天内，向当地保险机构申请，并会同检验受损货物。关于具体的检验时间，可另行商定，不受上述10天时间的限制。

（二）赔偿处理

被保险人正式申请索赔，必须向保险公司提供下列单证：

（1）保险单、运单（货票）、提货单、发票。

（2）承运部门签发的货运记录、交接验收记录、鉴定书。

（3）收货单位的入库记录、检验报告、损失清单及受损货物施救所支出的直接费用单据。

保险公司接到单证后，审核是否负有赔偿责任。对于发生在保险责任范围内的货损，赔偿方法有二：

（1）足额保险。是指被保险人按货价或货价加运杂费确定保险金额。保险人根据实际损失计算赔偿。以保险金额为最高赔偿限额。

（2）不足额保险。对于不足额保险，保险人在赔偿货物损失和支付施救费用时，要按保险金额与货物实际价值的比例计算赔偿。计算公式：

赔偿金额＝损失金额×（保险金额/起运地货物的实际价值）

此外，货物运输保险的赔偿处理还应注意下列事项：

①残值折归被保险人，并从赔款中扣除。②保险人对货损和施救费用的赔偿应分别计算；两者均以不超过保险金额为限。③如果货物遭受的保险责任范围内的损失是由承运人或者第三者的责任造成的，在被保险人得到保险人的赔偿金后，应该签发权益转让书，即把向第三方责任人索赔的权利全部转让保险人，同时有义务协助保险人做好追偿工作，即代位追偿条款在此适用。④被保险人的有效索赔期为180天。

七、国内航空货运险

（一）保险责任

（1）由于飞机遭受碰撞、倾覆、坠落、失踪（在3个月以上），在危难中发生卸载以及遭受恶劣气候或者其他危害事故发生进而导致的抛弃行为所造成的损失。

（2）被保险货物本身因遭受火灾、雷击、爆炸、冰雹、暴风、暴雨、洪水、海啸、地震、地陷、崖崩所造成的损失。

（3）被保险货物因遭受震动、碰撞或挤压而造成的破碎、弯曲、凹瘪、折断、开裂等损伤以及由此引起的包装破裂所造成的损失。

（4）凡属液体、半流体或者需要用液体保藏的被保险货物，在运输中受震动、碰撞、或者挤压致使容器（包括封口）损坏发生渗漏而造成的损失，或者用液体保藏的货物因液体渗漏致使货物腐烂的损失。

（5）被保险货物因遭受盗窃或者提货不着的损失。

（6）在装卸货物时和地面运输的过程中，因遭受不可抗力的意外事故及雨淋所造成的被保险货物的损失。

此外，对于在发生责任范围内的损失事故时，为防止损失扩大蔓延采取措施或者保护货物的措施而支付的合理费用，保险人也负责赔偿，并以不超过保额为限。

（二）免除责任

下列原因导致的被保险货物的损失保险人不负赔偿责任：

1. 战争或者军事行动。

2. 由于被保险货物本身的缺陷或者自然损耗，以及由于包装不善或属于托运人不遵守航空货物运输规则所造成的损失。

3. 托运人或被保险人的故意行为或过失导致的损失。

4. 其他不属于保险责任范围的损失。

（三）责任起讫

国内航空货物运输保险的保险责任，自被保险货物由承运人收讫、并签发航空货运单注明保险时起，至空运抵达目的地的收货人在当地的仓库或者储存处所时终止。但被保险货物空运至目的地后，如果收货人未及时提货，则保险责任的终止期最多以承运人向收货人发出到货通知以后的 15 天为限。

（四）保额的确定

国内航空货物运输保险的保额也按照货价加上运达目的地的一切运杂费、包装费、保险费及税款等费用的方法确定。

（五）赔偿处理

国内航空货物运输保险的赔偿处理规定与国内水路、陆路货物运输保险大体相同。

第三节 涉外货运险的主要险别

一、海上货物运输保险

以海轮涉外运输的货物为保险标的，以海上运输工具可能遭遇到的各种自然灾害和意外事故造成的损失为风险责任的保险。分为以下几种：

（一）海上运输货物保险

这是海运险中最主要的一种，承保海运途中因自然灾害和意外事故造成的货物损失。这种保险又分为平安险（简称 F. P. A）、水渍险（简称 W. A）和一切险（简称 A. R）。

1. 平安险（F. P. A）的责任范围

（1）在运输过程中，由于保险责任范围内的自然灾害和意外事故，造成整批保险货物的全部损失或推定全损，由保险人负责赔偿。用驳船运往或者运离轮船时，每一驳船所装的货物可视作一整批。

推定全损是指被保险货物的实际损失已经不可避免，或者恢复、修复受损货物以及运送货物到达原定目的地的费用超过该目的地货物的价值时，按全损对待的一种损失。

（2）由于运输工具遭受条款中列举的意外事故所致的部分损失。这里所谓意外事故是指运输工具遭遇外来的、突然地、非意料之中的事故。如条款中所列举的搁浅、触礁、沉没、互撞、与流冰或其他物体碰撞，以及失火、爆炸等。在运输工具遭遇上述意外事故后，保险人对单独海损的部分也负赔偿责任。

（3）在装卸转运时，由于一件、数件或者整件货物落海造成的全部或者部分损失。

（4）分摊的共同海损牺牲和救助费用。

（5）由于船舶在遇难港卸货引起被保险货物的全部或者部分损失。

（6）发生自然灾害或海上事故，需要在中途港或避难港停靠而引起的卸、装、存仓、运送和其他有关的合理费用。

（7）对受损保险货物进行施救、整理、修复的费用。

2. 水渍险（W. A）的责任范围

除包括上列平安险各项责任外，还负责被保险货物由于恶劣气候、雷电、海啸、地震、洪水等自然灾害造成的部分损失。

3. 一切险（A. R）的责任范围

除包括上列平安险、水渍险的各项责任外，还负责被保险货物在运输途中由于外来的原因所致的全部或者部分损失。具体是：平安险、水渍险和 11 种一般附加险的总和。

11 种一般附加险是指：偷窃提货不着险、淡水雨淋险、短量险、混杂玷污险、渗漏险、碰损破碎险、串味险、受潮受热险、钩损险、包装破裂险和锈损险。

（二）海洋运输冷藏货物保险

这是海洋运输货物保险中的一种专门保险。承保海运冷藏货物因灾害事故造成的货物损失。分为冷藏险和冷藏一切险两种。

（三）海洋运输散装桐油保险

这也是海洋运输货物保险中的一种专门保险。承保海运散装桐油不论任何原因造成的短少、渗漏、玷污和变质损失。等到货物运抵目的港岸上油库，责任即告终止。如未卸载，则自海轮抵达目的港起，满 15 天责任终止。

二、陆上运输货物保险

（一）陆上运输货物保险

这是陆运险中主要的险种。承保陆运过程中因自然灾害、意外事故造成的货物损失。分为陆运基本险和陆运一切险两种。

（二）陆上运输冷藏货物保险

这是陆上运输货物保险中的一种专门保险。承保陆运冷藏货物因灾害事故造成的货物损失。

（三）陆上运输货物战争险

这是陆上运输货物保险中的一种附加险。在投保了陆运基本险或者陆运一切险的基础上，经过投保人与保险人协商并经保险人同意后方可加保。

三、航空运输货物保险

承保涉外航空运输的货物，在运输过程中，因自然灾害或意外事故造成的货物损失。分为航空运输险和航空运输一切险两种。

四、邮包险

承保通过邮局递运的涉外货物，在邮途中因自然灾害或意外事故造成的货物损失。不论邮包实际上用哪种运输工具运送，保险公司对海运、陆运、空运的邮包都负责。即使邮包用上述三种运输工具联运的，也予负责。

分为邮包险和邮包一切险两种。

五、各种附加险

涉外货物运输保险除了基本险外，还有附加险、特别附加险和特殊附加险几类。

（一）一般附加险

一般附加险包括：偷窃、提货不着险；淡水雨淋险；短量险；混杂玷污险；渗漏险；碰损、破碎险；串味险；受潮受热险；钩损险；包装破裂险；锈损险。

海洋运输货物保险的一切险，对上述十一种附加险均负责；国内水路、陆路货物运输保险综合险对上述部分附加险负责。

（二）主要的特别附加险

交货不到险；进口关税险；舱面险；拒收险；黄曲霉（毒）素险；出口货物到香港（九龙在内）或澳门存仓火险责任扩展条款。

（三）特殊附加险

战争险；罢工险。

六、涉外运输货物保险保险金额的确定

涉外运输货物保险中，按照国际惯例采用的几种价格条件，分为两类：带保险的CIF价；不带保险的FOB价和CFR价。

（一）CIF价格条件的保险

又称到岸价格，价格条件是成本加运杂费加保险费。这种价格条件要求卖方负责办理货物运输保险、交付保险费，并将保险单随同货运单据送交买方。

按照CIF价格条件规定，卖方只负责向保险人办理保险手续和负担保费，但不负责风险造成的损失。保险金额的计算公式为：

保险金额＝CIF价格×（1＋加成率）

例如：某出口商品的CIF价格为100美元，加成20%投保，保险金额为：

保险金额＝100×（1＋20%）＝120（美元）

（二）CFR价格条件的保险

价格条件是成本加运费，由于价格条件中没有包含保险费，所有应由买方自办保险，

但卖方有义务于订妥舱位后，立即将船名、货量、包装、预定开船日期等电告买方办理保险。否则，卖方将承担因漏保在运输途中的货物遭受损失风险的责任。此时需要将 CFR 价格换算成 CIF 价格，然后再加成计算保险金额。换算公式为：

CIF＝CFR/［1－（1＋加成率）×保险费率］

例如：若出口商品的 CFR 价格为 300 美元，保险费率为 1%，加成 10%投保，请计算保险金额。

CIF＝300/［1－（1＋10%）×1%］＝303.34（美元）

保险金额＝CIF 价格×（1＋加成率）

＝303.34×（1＋10%）＝333.67（美元）

若货物按 CFR 价格成交，买方要按 CIF 价格加成 10%办理保险，亦可用下列公式直接计算保险金额：

保险金额＝CFR/［1－（1＋加成率）×保险费率］×（1＋加成率）

所以，保险金额＝300/［1－（1＋10%）×1%］×（1＋10%）

＝333.67（美元）

（三）FOB 价格条件的保险

由于自货物装上买方所指派的海轮时起，卖方就已经履行了合同的责任，因此保险应由买方办理。在实务处理中，买方通常是在接到卖方装船通知前，事先与保险人签订了“预约保险”合同办理投保手续，投保金额也以 CIF 价格加成一定比率计算。计算时需将 FOB 价格换算成 CIF 价格，方法与 CFR 价格换算成 CIF 价格相同。因此，换算公式为：

CIF＝FOB/［1－（1＋加成率）×保险费率］

（四）实务案例与分析

案情：我国 A 公司与某国 B 公司于某年 10 月 20 日签订购买 52 500 吨化肥的 CFR 合同。A 公司开出信用证规定，装船期限为次年 1 月 1 日至 1 月 10 日，由于 B 公司租来运货的“顺风号”货轮在开往某外国港口途中遇到飓风，结果装至次年 1 月 20 日才完成。承运人在取得 B 公司出具的保函的情况下签发了与信用证条款一致的提单。“顺风号”轮于 1 月 21 日驶离装运港。A 公司为这批货物投保了水渍险。次年 1 月 30 日“顺风号”轮途经巴拿马运河时起火，造成部分化肥烧毁。船长在命令救火过程中又造成部分化肥湿毁。由于船在装货港口的延迟，使该船到达目的地时正遇上了化肥价格下跌．A 公司在出售余下的化肥时价格不得不大幅度下降，给 A 公司造成很大损失。请根据上述事例，回答以下问题：（1）途中烧毁的化肥损失属什么损失，应由谁承担？为什么？（2）途中湿毁的化肥损失属什么损失，应由谁承担？为什么？（3）A 公司可否向承运人追偿由于化肥价格下跌造成的损失？为什么？

分析：（1）属单独海损，应由保险公司承担损失。途中烧毁的化肥属于单独海损，依 CFR 术语，风险由 A 公司即买方承担；而 A 公司购买了水渍险，赔偿范围包含单独海损，因此由保险公司承担。（2）属共同海损，应由 A 公司与船公司分别承担。因船舶和货物遭到了共同危险，船长为了共同安全，有意又合理地造成了化肥的湿毁。（3）可以。因为承运人迟延装船，又倒签提单，须对迟延交付负责。

七、赔偿处理

（一）索赔

需准备的索赔单证包括：保险单或保险凭证正本、运输合同、发票、重量单、向承运人等第三者责任方请求赔偿的函电或其他单证和文件、检验报告、海事报告或海事申明书、货损货差证明、索赔清单、索赔授权书。

（二）赔案处理

（1）检验受损货物，包括检查货物包装、判断损失原因、确定损失程度、审阅有关单证、出具检验报告。

（2）赔款计算

需要考虑全部损失和部分损失：

①全部损失赔偿金额的计算。海上运输货物保险中，一般采用定值保险承保，无论实际全损还是推定全损，其赔偿金额都是该保险货物的保险金额。下列情况除外：在发生部分全损的情况下，该损失的赔偿金额就是该全损部分对应的保额，而不是全部的总保额；在货物尚未全部装运时，其全损的赔偿金额就是已经装运部分的保额；如果发生全损时，构成保额的部分费用尚未支出的应当扣除。

②部分损失赔偿金额的计算。需要综合考虑货物数量、货物质量、保单规定的免赔率及是否加成投保等因素。

（3）费用损失赔偿金额的计算

主要考虑施救费用、特别费用、额外费用损失。

施救费用损失和特别费用损失的赔偿金额是被保险人或其他代理人、受雇人、受让人实际支出的金额，以一个保险金额为限；额外费用损失的赔偿金额是被保险人在索赔中实际支出的金额。

（4）残值处理

受损货物残值需考虑货物的性质、目地的完好价值、受损程度、损余状态、市场需求、过去的经验等因素，可由保险当事人或关系人协商确定。

八、实务案例与分析

案例1：（篇头案例解析）承运人责任险的赔付

案情：2009年4月14日，上海某物流有限公司与某保险公司签订《国内货物承运人责任综合保险合同》。2009年10月，该物流有限公司受多个发货人委托从上海承运一批零散货物至唐山，被保险人转委托个体司机侯某实际承运。2009年10月12日，承运车行驶至连徐高速连云港段时发生交通事故，车辆撞上护栏侧翻，货物受损，于是上海某物流公司向保险公司报案索赔。保险人经过正常理赔程序赔付该物流公司部分保险金后，物流公司称尚有人民币69 832.92元的损失未予赔付，保险人以未赔偿部分因为没有被保险人赔付托运人损失的证明为由拒赔。物流公司将保险公司告上法庭。

分析：本案例是承运人责任事故导致承运货物受损，保险公司赔偿的前提条件是承运人先期赔付托运人的损失，之后，根据承运人的赔付凭证，保险公司对已经赔付的损失进行保险赔偿。

此次事故共造成 23 份运单项下 22 种货物受损。对其中 5 种货物的损失，被保险人无法证明其已经赔付给托运人。经多次索要赔付证明未果后，保险公司就材料齐全的货物损失先行赔付 94 204.29 元，对其余损失暂不予处理。被保险人不满保险公司处理结果，向法院起诉，要求索赔 69 832.29 元。

庭审中被保险人补充提供了两种货物的赔付证明，保险公司同意赔付。对另三种货物被保险人仍无证明材料。双方在法官主持下和解，保险公司最终总赔付额为 23 000 元。

保险理赔往往存在保险双方信息不对称的情况，责任险尤其如此。被保险人处于保险人和第三者之间，位于信息传递的中间环节，拥有谋利的便利条件。为了遵循保险的补偿原则，减少道德因素对保险理赔的影响，《中华人民共和国保险法》第 65 条规定，责任保险的被保险人给第三者造成损害，被保险人未向该第三者赔偿的，保险人不得向被保险人赔付保险金。因此，保险人在处理责任案件时，需要被保险人提供其已赔付第三者的证明。鉴于被保险人主观上受限于对保险的了解程度，而客观上由于种种原因无法轻易得到赔付证明，保险人应该在展业时或者是在保险理赔服务前期就及时提醒被保险人，并解释清楚所需材料的必要性。即使不涉及保险理赔，仅从民事纠纷角度来说，被保险人也应该在赔付第三者后获得相关证明，以便保护自己的权益。

案例 2：货物被盗情形下保险人的赔付责任

案情：2008 年 12 月 12 日，深圳大力公司委托被保险人深圳市某物流有限公司承运一批电子设备到太原大力厂区。被保险人货车在深圳龙华大力 G2 码头装上这批电子设备后，将货柜柜门上锁并贴上封条，于当晚 21 时 30 分左右驶离大力公司，12 月 14 日下午 4 时 40 分到达太原大力科技工业园区北 1 号门。该货车在等待换证进厂时，被发现货柜大门被撬，部分货物丢失，该货车司机及车上人员马上向物流公司总部报告，向当地警方报警，并向保险公司报案。后经查实本盗窃案丢失价值 919 651.75 元的货物。保险公司认为，在本次事故中司机和押车人员存在重大过失，根据《物流责任保险条款》除外责任第 2 条即“被保险人及其代表的故意行为、违法行为或重大过失行为”以及附加的“无人看管车辆除外条款”，保险公司不予赔付。物流公司将保险公司告上法庭。

分析：保险公司认为，在本次事故中司机和押车人员存在重大过失，在货物运输过程中司机多次停车休息，其中单次停车时间就达 3 个小时左右，而且在整个运输过程中司机和押车人员始终均未检验车门情况，导致无法确认货物丢失的具体地点和时间，根据《物流责任保险条款》除外责任第 2 条即“被保险人及其代表的故意行为、违法行为或重大过失行为”以及附加的“无人看管车辆除外条款”，保险公司不予赔付。而被保险人认为，运输过程中，司机和押车人员在途中的服务区停车、吃饭、加油、休息都是正常行为，司机不可能时刻盯守车辆，因此不存在重大过失。

法院认为，《合同法》规定，承运人对货物负有安全运输义务，应当将货物安全运到约定地点。随时关注车辆和货物安全状况是司机和押车人员的职责所在，应当对车辆和货物的安全尽到基本的看管义务。而运输过程中，司机和押车人员均未检查过车门状况，未及时发现并报告货物被盗，导致无法确定案发的时间和地点，为侦破此案减少损失带来一定困难，存在一定过失。但是，司机与押车人员的过错与货物被盗之间不存在必然的因果关系，该过错不构成重大过失，司机及押车人员也不能定义为被保险人及其代表。保险公司拒赔理由不成立。

本案法院对“被保险人及其代表”和“重大过失”等此类保险条文表述的理解和认识有普遍指导意义，应当引起保险人的高度重视。保险条款中的“代表”，是指能够代表被保险人的人，其外延比“法定代表人”更宽泛，但法院认为，公司的高级管理人员才可以被认定为被保险人的代表。对“重大过失”的理解则是一般人都能预见，作为有相应工作能力的人员却没有预见或者疏忽轻信不会发生而造成事故，最终导致保险事故的发生，但重大过失难以认定。根据《保险法》第 30 条规定，采用保险人提供格式条款订立的保险合同，保险人与投保人、被保险人或者受益人对合同条款有争议的，应当按照通常理解予以解释，对合同条款有两种以上解释的，人民法院或者仲裁机构应当作出有利于被保险人或者受益人的解释。在司法实践中，人民法院或者仲裁机构很少会将被保险人的行为认定为重大过失。

因此，本案最终的结果是：2010 年 12 月 9 日，深圳市福田区人民法院根据相关法律条文作出判决：第一，保险公司自判决生效之日起 10 日内向物流公司赔偿 878 384.96 元；第二，保险公司自判决生效之日起 10 日内向物流公司支付律师费 10 万元以及鉴定费支出 2 000 元。

本章小结

1. 货物运输保险，是指以运输中的各种货物为保险标的、以运输过程中可能遭遇的自然灾害和意外事故造成的损失为承保责任的一种保险。是财产保险的重要组成部分。

2. 货物运输保险的特点有：保险标的的流动性；保险价值的定值性；保单持有人具有多变性；保障范围的广泛性；责任起讫适用“仓至仓”条款。

3. 货物运输保险按照不同的标准分为不同的类别：按运输工具不同划分，分为水上货物运输保险、陆上货物运输保险、航空货物运输保险。按运输方式不同划分，分为直运货物运输保险、联运货物运输保险。按范围不同划分，分为国内货物运输保险、涉外货物运输保险。

4. 国内水路、陆路货物运输保险的保险金额，采取定值保险方式。一般先由被保险人提出保险金额并填入投保单，经保险人同意即可成为正式的保险金额。确定标准通常有三种：起运地成本价、目的地成本价、目的地市价。

5. 海上运输货物保险：以海轮涉外运输的货物为保险标的，以海上运输工具可能遭遇到的各种自然灾害和意外事故造成的损失为风险责任的保险。包括：海上运输货物保险。又可分为以下三种：平安险（简称 F. P. A)、水渍险（简称 W. A）和一切险（简称 A. R)，海洋运输冷藏货物保险，海洋运输散装桐油保险。

6. 涉外运输货物保险中，按照国际惯例采用的几种价格条件，分为两类：带保险的 CIF 价；不带保险的 FOB 价和 CFR 价。

本章复习思考题及案例分析题

1. 名词解释

货物运输保险　水上货物运输保险　陆上货物运输保险　航空货物运输保险
平安险　水渍险　海上运输货物保险一切险
CIF 价格　FOB 价格　CFR 价格　直运货运险
联运货运险　“仓至仓”条款

2. 简述题

(1) 货物运输保险的特点有哪些?

(2) 货物运输保险有哪些类别?

(3) 国内货物运输保险如何确定保险金额?

(4) 涉外运输货物保险确定保险金额的方法有哪些?

3. 计算题

(1) 某出口商品的 CIF 价格为 110 美元，加成 12%投保，计算保险金额。

(2) 若出口商品的 CFR 价格为 70 美元，保险费率为 1%，加成 15%投保，请计算保险金额。

4. 案例分析题

案例 1：国际货运险“共同海损”赔偿纠纷案

案情：“明西奥”轮装载着散装亚麻子，驶向美国的纽约港。不幸，在南美飓风的冷风区内搁浅被迫抛锚。当时，船长发现船板有断裂危险，一旦船体裂缝漏水，亚麻子受膨胀有可能把船板胀裂，所以船长决定迅速脱浅，于是，该船先后 4 次动用主机，超负荷全速后退，终于脱浅成功。抵达纽约港后，对船体进行全面检修，发现主机和舵机受损严重，经过理算，要求货方承担 6 451 英镑的费用。货主对该项费用发生异议，拒绝付款。

试分析本案。

本案中共同海损成立吗? 货主的拒赔有道理吗?

案例 2：国际货运险中单独海损与共同海损的分辨确认

案情：某货轮从天津新港驶往新加坡，在航行途中船舶货舱起火，大火蔓延至机舱，船长为了船货的共同安全决定采取紧急措施，往舱中灌水灭火。火虽被扑灭，但由于主机受损，无法继续航行，于是船长决定雇佣拖轮将货船拖回新港修理，检修后重新驶往新加坡。其中的损失与费用有：(1) 1 000 箱货被火烧毁；(2) 600 箱货由于灌水受到损失；(3) 主机和部分甲板被烧坏；(4) 拖轮费用；(5) 额外增加的燃料、船长及船员工资。

请指出这些损失中哪些是单独海损，哪些是共同海损?

第七章 工程保险

案例

工人下井施工遭爆炸，属于工程保险的范围吗?

某城市 7 名市政工人夜间下井施工时，管道突然爆裂，超过 100℃的水蒸气将 5 人烫伤，而距离爆裂点最近的 2 人不幸遇难。

分析：此案例属于物质财产本身的风险事故，属于“建筑工程险”的承保范围。建筑工程险主要承保各项土木工程建筑在整个建筑期间，由于发生保险事故造成被保险工程项目的物质损失，列明费用损失以及被保险人对第三者人身伤害或财产损失引起的经济赔偿责任。

第一节 工程保险概述

一、工程保险含义

工程保险是指以各种工程项目为主要承保对象的保险。一般而言，传统的工程保险仅指建筑、安装工程以及船舶工程项目的保险。进入 20 世纪以后，尤其是第二次世界大战以后，许多科技工程活动获得了迅速发展，随之逐渐形成了科技工程保险，两者在理论和实务中既有相似性，又有差异性。工程保险一般分为建筑工程保险、安装工程保险、机器损坏保险、船舶工程保险和科技工程保险。保险制度的优势在于其不但使工程在使用阶段的保修和赔偿得到保证，而且保险公司为了降低理赔风险，必然提前介入工程前期勘察、设计和施工等过程，从而可以通过外力督促建筑工程参与方履行义务，落实工程质量和安全责任，有效防范和化解建筑工程质量和安全风险。

二、特点

工程保险是一种财产保险和责任保险的综合保险，与普通保险相比，工程保险有其自身特点。以建筑工程保险为例。

（1）保险标的的特殊性，保险标的位于露天，抗风险能力较低。

（2）承保风险的综合性，既保财产损失，又保责任风险。

（3）被保险人的广泛性，包括业主、承包人、分承包人、技术顾问、其他关系方。

（4）保险期限的不确定性，一般根据工期确定。

（5）保险金额的变动性，根据工程进度和成本的投入不断增长。

第二节 建筑工程一切险

建筑工程一切险主要承保各项土木工程建筑在整个建筑期间，由于发生保险事故造成被保险工程项目物质损失、列明费用损失以及被保险人对第三者人身伤害或财产损失引起的经济赔偿责任。因此，建筑工程保险包括建筑工程物质损失和第三者责任保险两大部分。

一、工程范围

（一）投保人与被保险人

凡在工程建设期间承担风险或具有利益关系的各方均可以成为被保险人。建筑工程一切险的被保险人包括以下几方：

（1）工程所有人，即建筑工程的最后所有者。

（2）工程承包人，即负责承建该项工程的施工单位，可以分为总承包人和分承包人。

（3）技术顾问，即由所有人聘请的建筑师、设计师、工程师和其他专业顾问。

（4）其他关系方，如贷款银行或其他债权人等。

（二）保险项目和保额

建筑工程保险标的范围广泛，概括归纳为物质财产本身和第三者责任两类。物质财产本身包括建筑、安装工程、机器及附属设备、工具，工程所有人提供的物料，现成建筑物和场地清理费等。第三者责任是指在保险有效期内，因发生意外事故造成工地及邻近地区的第三者人身伤亡或财产损失，依法应由被保险人承担的赔偿责任和因此而支付的诉讼费及经保险人书面同意的其他费用。

为了方便确定保险金额，建筑工程险保单明细表中列出的保险项目通常包括物质损失、特种风险赔偿、第三者责任三个部分。物质损失包括以下几方面：

1. 建筑工程

该项目是建筑工程险的主要保险项目，包括建筑工程合同内规定建筑的建筑物主体，建筑物内的装修设备，配套的道路、桥梁、水电设施、供暖取暖设施等土木建设项目，存放在工地上的建筑材料、设备、临时的建筑工程等。建筑工程的保险金额为承包工程合同的总金额，即建成该项工程的实际造价，包括设计费、材料设备费、运杂费、施工费、保险费、税款及其他有关费用。

2. 工程所有人提供的物料和项目

指未包括在上述建筑工程合同金额中的所有人提供的物料及负责建筑的项目。该项保险金额应按这一部分的重置价值确定。

3. 安装工程项目

指未包括在承包工程合同金额内的机器设备安装工程项目，如办公大楼内发电取暖、空调等机器设备的安装工程。该项目的保险金额按重置价值计算，应不超过整个工程项目保险金额的 20%。若超过 20%，则按安装工程保险费率计收保费。超过 50%，则应单独投保安装工程保险。

4. 建筑用机器、装置及设备

指施工用的各种机器设备，如起重机、铲车等机器设备。该类财产一般为承包人所有，不包括在建筑工程合同价格之内，因而应作为专项承保。这类财产应在清单上列明名称、型号、规格、制造厂家、出厂年月和保险金额。其保险金额按重置价值确定，即重置与原来相同或相近的机器设备的价格，包括出厂价、运费、保险费、关税、安装费及其他必要的费用。

5. 工地内现成的建筑物

指不在承保工程范围内的，归所有人或承包人所有的或其保管的工地内已有的建筑物或财产。

6. 场地清理费

指发生保险责任范围内的风险所致损失后为清理工地现场所支付的费用。该项费用一般不包括在建筑合同价格内，需要单独投保。对大工程的该项保额一般不超过合同价格的 5%，对小工程的该项保额不超过合同价格的 10%。本项费用按第一危险赔偿方式承保，即发生损失时，在保险金额内按实际支出数额赔付。

7. 所有人或承包人在工地上的其他财产

指不能包括在以上 6 项范围内的其他可保财产。如需投保，应列明名称或附清单于保单上。其保险金额可参照以上 6 项的标准由保险双方协商确定。

以上 7 项之和，构成建筑工程保险物质损失项目的总保险金额。

（三）第三者责任险

第三者责任险是一种附加险，由投保人决定是否加保。第三者责任险是指被保险人在工程保险期内因意外事故造成工地及工地附近的第三者人身伤亡或财产损失依法应负的赔偿责任。

1. 责任范围

在本保险期内，因发生与保险单所承保工程直接相关的意外事故引起工地内及邻近区域的第三者人身伤亡、疾病或财产损失，依法应由被保险人承担的经济赔偿责任，保险公司负责赔偿。对被保险人因上述原因而支付的诉讼费用以及事先经本公司书面同意而支付的其他费用，保险公司亦负责赔偿。保险公司对每次事故引起的赔偿金额以法院或政府有关部门根据现行法律裁定的应由被保险人偿付的金额为准。但在任何情况下，均不得超过本保险单明细表中对应列明的每次事故赔偿限额。在本保险期限内，保险公司在本保险单项下对上述经济赔偿的最高赔偿责任不得超过本保险单明细表中列明的累计赔偿限额。

2. 赔偿限额

第三者责任采用赔偿限额，赔偿限额由保险双方当事人根据工程责任风险的大小商定，并在保险单内列明。第三者责任险的赔偿限额分为个人的人身伤亡、人身伤亡总额、财产损失和总赔偿限额四种，前三种是每次事故以及同一种事故引起的一系列事故的赔偿限额。总赔偿限额是指在整个保险期内赔偿第三者责任的总限额，在保险期内可能发生多次第三者责任事故，保险费是根据总赔偿限额计算的。对第三者人身伤亡的赔偿不规定免赔额，但对财产损失的赔偿可以规定一个每次事故的免赔额。

3. 费率

第三者责任险实行整个工期一次性费率。有累计总赔偿限额的费率为总赔偿限额的2.8％～3.2％；无累计总赔偿限额的费率为每次事故赔偿限额的3.5％～5.0％；如加保交叉责任，视危险大小加收第三者责任保险的10％～25％。

4. 赔偿处理

未经保险公司书面同意，被保险人或其代表对索赔方不得做出任何责任承诺或拒绝、出价、约定、付款或赔偿。必要时，保险公司有权以被保险人的名义接办对任何诉讼的抗辩或索赔的处理。未经保险公司书面同意，被保险人不得接受责任方就有关损失做出的付款或赔偿安排或放弃对责任方的索赔。在诉讼或处理索赔过程中，保险公司有权自行处理任何诉讼或解决任何索赔案件，被保险人有义务提供一切所需的资料和协助。被保险人的索赔期限从损失发生之日起，不超过2年。

（四）特种危险的赔偿

特种风险是指保单明细表中列明的地震、海啸、洪水、暴雨和风暴，特种风险赔偿则是对保单中列明的上述特种风险造成的各项物质损失的赔偿。未控制巨灾损失，保险人对保单中列明的特种风险必须规定赔偿限额。凡保单中列明的特种风险造成的物质损失，无论发生一次或多次保险事故，其赔款均不能超过该限额。其具体限额主要根据工地的自然地理条件、以往发生该类灾害的记录、工程期限的长短以及工程本身的抗灾能力等因素来确定，一般为物质损失总保险金额的50％～80％。特种风险赔偿限额的规定与免赔额的规定类似，在一定程度上减少了保险人的风险责任，因此，特种风险赔偿限额设定的高低也会对保险费率的确定产生直接影响，并与保险费率成反比例关系。

二、保险期限

（一）施工周期与保险期限

建筑工程一切险承保从开工到完工过程中的风险，保险期限是按整个工程的期限计算。对大型、综合性工程，由于其中各个部分的工程项目分期施工，如果投保人要求分别投保，可以签发保单和分别规定保险期限。保险责任自保险工程破土动工之日起或自用于保险工程的材料、设备运抵工地时开始。保险责任的终止有以下几种情况，以先发生者为准：

（1）保险单规定的终止日期。

（2）工程所有人对部分或全部工程签发完工验收证或验收合格。

（3）工程所有人开始实际占有、使用或接受时终止。如部分使用，该使用部分的保险责任终止。

（二）试车期

建筑工程一切险中安装项目的被保险机器、设备，如全部或部分是旧的，则试车开始时，保险责任即行终止，即不包括试车和考核期间的责任。

（三）保证期

工程项目完毕移交后，一般还有一个保证期限。在此期间，如果发生建筑物或被安装的机器设备有质量上的问题，甚至造成事故，根据承包工程内的保证条件，承包人必须负责赔偿。因此，如投保人需要，并缴付规定的保险费，可以加保保证期的物质损失保险。保证期的长短在工程合同或购买机器设备的贸易合同中有明确规定，一般为12个月。

三、保险责任

保险责任相当广泛，概括分为物质部分和第三者责任部分的保险责任，物质部分还分为基本保险责任和附加特别保险责任。

（一）物质部分的保险责任

分为基本保险责任和附加特别保险责任。

1. 基本保险责任

承保的物质损失的风险有自然灾害、意外事故和人为风险三大类。

(1) 列明的自然灾害。建筑工程一切险承保的自然灾害包括洪水、潮水、水灾、地震、海啸、暴雨、风暴、雷电、雪崩、地陷、山崩、冻灾、冰雹及其他自然灾害（如泥石流、龙卷风、台风等)。

(2) 列明的意外事故。建筑工程一切险承保的意外事故包括火灾、爆炸；飞机坠毁、飞机部件或物体坠落；原材料缺陷或工艺不善所引起的事故；责任免除以外的其他不可预料的和突然的事故以及在发生保险责任范围的事故后，现场的必要清除费用，在保险额度内，保险公司可予赔偿。其中原材料缺陷或工艺不善所引起的损失是指由于原材料缺陷或工艺不善所引起的其他保险财产的损失，对原材料本身损失不予赔偿。

(3) 人为风险。建筑工程一切险承保的人为风险有盗窃、工人或技术人员缺乏经验、疏忽、过失、恶意行为等。其中，盗窃时一切明显的偷窃行为或暴力抢劫造成的损失，但必须是非保险人或其代表授意或默许的，否则不予赔偿。工人或技术人员缺乏经验、疏忽、过失、恶意行为是建筑工程一切险的较大风险之一，对于工人、技术人员恶意行为造成的损失必须是非被保险人或其代表授意、纵容或默许的，否则，便是被保险人的故意行为，不予赔偿。

2. 附加特别保险责任

除基本保险责任外，因投保人的某种特别要求或因工程有其特殊性质需要还可以增加额外的风险保障，在基本保险责任项下附加特别保险责任。物质部分的附加保险责任可供选择的条款一般有：罢工、暴乱、民众骚乱等条款。

（二）第三者责任部分的保险责任

建筑工程一切险的第三者责任保险实质是公众责任保险，包括人身伤害和财产损失。第三者责任险的保险责任是在保险期间因建筑工地发生意外事故造成工地及邻近地区的第三者人身伤亡和财产损失且依法应由被保险人承担的赔偿责任，以及事先经保险人书面同意的被保险人因此而支付的诉讼费用和其他费用，但不包括任何罚款。其中，建筑工程第三者责任险的第三者是除所有被保险人及其与工程有关的雇员意外的自然人和法人。

赔偿责任是被保险人在民法项下应对第三者承担的经济赔偿责任，不包括刑事责任和行政责任。赔偿责任不得超过保险单中规定的每次事故赔偿限额或保单有效期内累计赔偿限额。

四、免除责任

建筑工程一切险的免除责任也分为物质部分和第三者责任部分的免除责任，各有特定内容。

（一）物质部分的免除责任

可分为两种：一种是与火灾保险共有的除外责任，一种是建筑工程险特有的除外责任。后者包括以下7项：

（1）错误设计引起的损失、费用和责任。

（2）原材料的缺陷或工艺不善引起的损失以及为置换、修理或矫正标的本身错误所支付的费用。

（3）非外力引起的机械或电器装置的损坏或建筑用机器、设备装置失灵。

（4）全部停工或部分停工引起的损失、费用或责任。

（5）保单中规定应由被保险人自行负担的免赔额。

（6）领有公共运输执照的车辆、船舶、飞机的损失。

（7）建筑工程一切险的第三者责任保险条款规定的责任范围和除外责任。

（二）建筑工程第三者保险的除外责任

包括以下几项：明细表中列明的应由被保险人自行承担的第三者物质损失的免赔额，但对第三者人身伤亡不规定免赔额；领有公共运输执照的车辆、船舶、飞机造成的事故，因本项内的事故应由有关的运输工具第三者责任险承担；被保险人或其他承包人在现场从事有关工作的职工的人身伤亡和疾病，被保险人或其他承包人或他们的职工所有或由其照管、控制的财产损失；由于震动、移动或减弱支撑而造成的其他财产、土地、房屋的损失或由于上述原因造成的人身伤亡或财产损失；被保险人根据与他人的协议支付的赔偿或其他款项。

五、免赔额

建筑工程一切险的责任范围大于普通财产保险，尤其是因工人、技术人员疏忽而发生的事故较多。为了促使被保险人加强对工地现场的安全防护工作，减少事故发生，建筑工程一切险对物质损失部分规定了两类免赔额：保险项目免赔额和特种危险免赔额。保险项目免赔额包括：建筑工程免赔额一般为＄2 000～＄50 000，或保额的0.5%～2%；建筑用的机器、装置及设备免赔额一般为＄500～＄1 000，或保额的5%或损失金额的15%～20%，以高者为准；其余保险项目免赔额为＄500～＄2 000，或者为保额的2%。特种危险免赔额一般为＄10 000～＄50 000对场地清理费一般不规定免赔额。以上免赔额均为每次事故的绝对免赔额。

六、赔偿处理

部分损失赔偿将保险财产修复至其恢复受损前状态的费用扣除残值后的金额。全部损失赔偿保险财产损失前的实际价值扣除残值后的金额。对被保险人人为减少损失而采取必要措施所产生的合理费用的赔偿是以保险财产的保险金额为限。若保险财产的各项或总保险金额低于应投保的保险金额，则按比例赔偿。赔偿损失后，保险金额从损失发生之日起相应减少。

七、实务案例与分析

案例 1：某年 10 月 18 日，吉林省吉林市某装潢公司在吉林市某医院做外墙保温施工时，5 名施工人员乘坐的吊篮从六楼坠落，造成 3 人死亡，2 人受伤。该施工企业不具备高空作业的安全条件，没有施工方案，使用非标准吊篮。事故原因为：非法冒险组织施工，工人违章作业，均没有系保险绳，悬挑梁固定不牢、压重不足，致使承重梁折断，造成事故。之前，该施工企业在保险公司投保了建筑工程险，事故发生在保险期间内。该施工企业向保险公司索赔后遭拒赔。

分析：工程保险是对建筑工程、安装工程及各种机器设备因自然灾害和意外事故造成物质财产损失和第三者责任进行赔偿的保险。该案例中，公司是冒险施工，没有任何安全措施，违章作业，所以导致最后的惨案，故责任全部由公司负责。

案例 2：2008 年 11 月 21 日，某保险公司承保某广场建筑工程一切险，扩展“有限责任保证期”条款，保险金额 1.5 亿元，建筑期从 2008 年 11 月 21 日至 2010 年 12 月 31 日，保证期 12 月，保证期从 2011 年 1 月 1 日至 2011 年 12 月 31 日。

2011 年 1 月 16 日下午，施工人员在进行土建电器切割钢筋时，不慎将火星溅到竹篱笆上引起火灾，造成工程重大损失。后确认起火原因是施工人员在第十四层焊切割钢筋头时产生的高温金属熔珠飞溅到第十层楼墙外排水架可燃物上，引燃竹片后蔓延成灾，属于意外火灾事故。2011 年 2 月 21 日，被保险人（业主）就火灾受损的玻璃幕墙工程向保险公司提出索赔。

分析：保险公司拒赔，认为由于火灾发生在建筑期保险期限终止之后，而且被保险人未通知保险公司办理延期手续和补交保险费，保险公司认为此案不属于保险责任。而被保险人认为，事故发生时虽然建筑期的保险期限已过，但保单扩展了保证期责任，保证期还未终止，应由保险公司赔付损失。保险公司经过调查，确认火灾发生时工程实际并未竣工验收，也就是工程没有进入保证期。而有限责任保证期条款承担的责任是：保证期内被保险人因履行工程合同进行维修保养而造成保险工程的损失，所以保险公司认为火灾既然不是发生在保证期，也不是由于对工程进行维修保养造成的，本事故不属于保证期保险责任，坚持拒赔。

最终判决结果：保险公司对被保险人进行了合理的赔偿。在此案例中，保险公司和被保险人均存在过失。保险公司的过失在于保险公司与被保险人签订保险合同时，未对保险条款特别是“加保的保证期”的限制性前提条件做出详尽的书面解释，也未按照保险业务的操作流程通知被保险人续保，造成被保险人重大误解，应付相应的过错责任；被保险人的过失在于工程延期时被保险人未履行告知保险公司的义务。在保险纠纷案例处理中，若保险公司和被保险人均存在过失，保险诉讼案的判决倾向于被保险人一方。保险公司最终赔偿了被保险人。

第三节　安装工程一切险

一、概念

安装工程一切险是指以各种大型机器设备的安装工程项目在安装期间因自然灾害和意外事故造成的物质损失，以及被保险人对第三者依法应承担的赔偿责任为保险标的的保险，简称安工险。

二、特点

安装工程一切险是同建筑工程保险一起发展起来的一种工程保险，二者同属综合性的工程保险业务。但与建筑工程保险相比，又有其明显的特点。

（一）以安装项目为主要承保现象

安装工程保险以安装项目为主体的工程项目为承保对象。虽然大型机器设备的安装需要一定的范围及一定程度的土木建筑，但安装工程保险承保的安装项目始终在投保工程建设中占主体地位，其价值不仅大大超过预制配套的建筑工程，而且建筑工程的本身亦仅仅是为安装工程服务的。

（二）安装工程在试车、考核和保证阶段风险最大

在建筑工程保险中，保险风险责任一般贯穿于施工过程的每一个环节，即无论是施工初期还是完工时期，均有发生各种风险事故的可能。然而，在安装工程保险中，机器设备只要未正式运转，许多风险就不易发生。虽然风险事故的发生与整个安装过程有关，但只有到安装完毕后的试车、考核和保证阶段，各种问题及施工中的缺陷才会充分暴露出来。因此，安装工程事故也大多发生在安装完毕后的试车、考核和保证阶段，这是保险人应充分注意的。

（三）承保风险主要是人为风险

各种机器设备本身是技术产物，承包人对其进行安装和试车更是专业技术性很强的工作。在安装工程施工过程中，机器设备本身的质量如何，安装者的技术状况如何，责任心如何，安装中的电、水、气供应以及施工设备、施工方式方法等均是导致风险发生的主要因素。因此，安装工程虽然也面临着自然风险，保险人也承保着多项自然风险，但与人的因素有关的风险却是该险种中的主要风险。

三、保险工程范围

安装工程保险的承保项目主要是指安装的机器设备及其安装费，凡属安装工程合同内需要的机器、设备、装置、物料、基础工程（如地基、座基等）以及为安装工程所需的各种临时设施（如临时供水、供电、通信设备等）包括在内。此外，为完成安装工程而使用的机器、设备等，以及为工程服务的土木建筑工程、工地上的其他财物、保险事故后的场

地清理费等，均可以作为附件项目予以承保。安装工程险的第三者责任保险与建筑工程保险的第三者责任保险相似，既可以作为基本保险责任，亦可以作为附加保险责任或拓展保险责任。

同建筑工程保险一样，所有对安装工程保险标的具有保险利益的人均可以成为被保险人，均可以投保安装工程保险。安装工程保险的被保险人主要包括以下几方：工程所有人；工程承包人，包括主承包人和分承包人；供货人，即负责提供被安装机器设备的一方；制造商，即被安装机器设备的制造人；技术顾问；其他关系方，如贷款银行或其他债权人。如果供货人和制造人为同一人，或者制造人和供货人为共同被保险人，在任何条件下，安装工程险对制造人风险的直接损失都不予负责。

四、保额

为方便确定保险金额，安装工程保险保单明细表中列出的保险项目通常也包括物质损失、特种风险赔偿、第三者责任三个部分，后两项的内容和赔偿限额的规定均与建筑工程保险相同，不再赘述。

安装工程保险的物质损失部分包括以下几项：

（一）安装项目

这是安装工程保险的主要保险标的，包括被安装的机器设备、装置、物料、基础工程（如地基、座基等）以及为安装工程所需的各种临时设施（如临时供水、供电、通信设备等）。

安装项目保险金额的确定与承包方式有关。若采用完全承包方式，则为该项目的承包合同价；若由所有人投保引进设备，保险金额应包括设备的购货合同价加上国外运费和保险费（FOB合同）、国内运费和保险费（CIF合同）以及关税和安装费（包括人工费、材料费）。安装项目的保险金额一般按安装合同总金额确定，待工程完毕后再根据完毕时的实际价值调整。

（二）土木建设项目

这是指新建、扩建厂矿必需的工程项目，如厂房、仓库、道路、水塔、办公楼、宿舍、码头、桥梁等。

土木建筑工程项目的保险金额应为该项工程项目建成的价格，包括设计费、材料设备费、施工费、运杂费、保险费、税费及其他有关费用等。这些项目一般不在安装工程内附带投保。其保险金额不得超过整个安装工程保额的20%。超过20%时，则需单独投保建筑工程保险。

（三）场地清理费

保险金额由投保人自定，并在安装工程合同价外单独投保。对于大工程，一般不超过工程总价值的5%；对于小工程，一般不超过工程总价值的10%。

（四）为安装工程施工用的承包人的机器设备

其保险金额按重置价值计算。

（五）所有人或承包人在工地上的其他财产

指除上述四项以外的保险标的，大致包括安装施工用机器设备、工地内现成财产等。

保险金额按重置价值计算。

上述五项保险金额之和构成物质损失部分的总保险金额。

五、保险期限

安装工程保险的保险期限的起止与建筑工程保险相同。安装工程保险的保险期限一般包括一个试车考核期。在机器设备安装完毕和验收之前须经过试车考核，即机器设备通电加料后进行各种试运或操作试验，以考核其技术性能及生产能力是否达到合同规定的各种指标，只有在试车考核合格之后，工程才能移交。试车分为单机、联机试车（冷试）和投料试车（热试）两个阶段，一般为 1 个月至 3 个月。实践证明，试车考核期是安装工程中风险最大的一个阶段，损失频率和损失程度比安装期内高得多，而且多半与设计错误和原材料或工艺缺陷有关。因此，对试车考核期必须格外重视，必要时保险公司应派员查看。

安装工程险的保证期的保险内容与建筑工程险相同。

六、保险责任与免除责任

（一）保险责任

安装工程保险在保险责任规定方面与建筑工程略有区别。安装工程保险物质部分的保险责任除与建筑工程保险的部分相同外，一般还有以下内容：

(1) 安装工程出现的超负荷、超电压、碰线、电弧、走电、短路、大气放电及其其他电器引起事故。

(2) 安装技术不善引起的事故。

技术不善是指按照要求安装但没达到规定的技术标准，在试车时出现损失，这是安装工程保险的主要责任之一。承保这一责任时，应要求被保险人对安装技术人员进行技术评价，以保证技术水平能适应被安装机器设备的要求。

除安装工程保险有关物质部分的基本保险责任外，有时因投保人的某种特别要求或因工程有其特殊性质需要增加额外的风险保障，通常可在基本保险责任项下附加保险责任。物质部分的附加保险责任可供选择的条款一般有：罢工、暴乱、民众骚乱条款，工地外储存物质条款，有限责任保证期条款，扩展责任保证期条款，使用、移交财产条款等。安装工程第三者责任险的保险责任与建筑工程第三者责任险相同。若一项工程中有两个以上被保险人，为了避免被保险人之间相互追究第三者责任，由被保险人申请，经保险人同意，可加保交叉责任险。

（二）除外责任

安装工程保险物质部分的除外责任多数与建筑工程保险相同，所不同的是：建筑工程保险将设计错误造成的损失一概除外；而安装工程保险对设计错误本身的损失除外，对由此引起的其他保险财产的损失予以负责。

安装工程第三者责任险的除外责任与建筑工程第三者责任险的除外责任相同，在此不再赘述。

七、赔偿处理

对保险财产遭受的损失，保险公司可选择以支付赔款或以修复、重置受损项目的方式予以赔偿，但对保险财产在修复或重置过程中发生的任何变更、性能增加或改进所产生的额外费用，该公司不负责赔偿。

在发生本保险单物质损失项下的损失后，保险公司按下列方式确定赔偿金额：可以修复的部分损失，以将保险财产修复至其基本恢复受损前状态的费用扣除残值后的金额为准。但若修复费用等于或超过被保险财产损失前的价值时，则按下列第 2 项的规定处理。全部损失或推定全损，以保险财产损失前的实际价值扣除残值后的金额为准，但保险公司有权不接受被保险人对受损财产的委付；任何属于成对或成套的设备项目，若发生损失，保险公司的赔偿责任不超过该受损项目在所属整对或整套设备项目的保险金额中所占的比例；被保险人人为减少损失而采取必要措施所产生的合理费用，保险公司可予以赔偿，但本项费用以保险财产的保险金额为限。

保险公司赔偿损失后，由保险公司出具批单将保险金额从损失发生之日起相应减少，并且不退还保险金额减少部分的保险费。如被保险人要求恢复至原保险金额，应按约定的保险费率加缴恢复部分从损失发生之日起至保险期限终止之日止按日比例计算的保险费。

在发生本保险单第三者责任项下的索赔时：未经保险公司书面同意，被保险人或其代表对索赔方不得作出任何责任承诺或拒绝、出价、约定、付款或赔偿。在必要时，保险公司有权以被保险人的名义接办对任何诉讼的抗辩或索赔的处理；保险公司有权以被保险人的名义，为该公司的利益自付费用向任何责任方提出索赔的要求。未经保险公司书面同意，被保险人不得接受责任方就有关损失作出的付款或赔偿安排或放弃对责任方的索赔权利，否则，由此引起的后果将由被保险人承担；在诉讼或处理索赔过程中，保险公司有权自行处理任何诉讼或解决任何索赔案件，被保险人有义务向保险公司提供一切所需的资料和协助。

被保险人的索赔期限，从损失发生之日起，不得超过两年。

八、实务案例与分析

案例：某年 8 月 10 日，中国某保险公司以安装工程一切险保险单承保了 E 公司的两台德国 MANB/W 发电机组，在保险期间内，该发电机组在运行中发生重大事故，机组全部停机。经 E 公司、保险公司及保险人员聘请的检验师三方检验，确定两台机组的损失金额共计人民币 2 000 万元。被保险人 E 公司从德国方面获得了损失中 80%的赔付，但还有 400 万人民币的损失没有补偿。E 公司认为，400 万元人民币的损失不能从德国获得赔偿的原因之一是 E 公司操作人员的疏忽或缺乏操作经验引起本次事故。保险条款规定，保险责任范围包括安装技术不善，工人、技术人员缺乏经验、疏忽、恶意行为所引起的事故。被保险人要求保险公司赔付人民币 400 万元。

分析：考虑到保险人员虽暂时很难确定是什么原因导致保险事故，但可以肯定，操作人员在测试、判断机组运行是否正常方面经验不足，这是造成事故的原因之一。最后经协调，保险人赔付 E 公司人民币 300 万元，本保险赔偿案结案。

第四节 机器损坏险

一、含义

机器损坏险是专门承保各类已安装完毕并投入运行的机器因人为的、意外的或物理性原因造成的物质损失。

保险标的包括各类机器、工厂设备、机器装置，如发电机组（锅炉、滑轮发电机组）、电力输送设备（变压器和高低压设备）、生产机器和附属设备（机器设备、造纸机、织布机、抽水机），但主要是各类工厂、矿山的大型机械设备和机具。机器损坏险是对涉外财产保险的补充，它可以作为财产一切险的附加险投保，也可以单独投保。

二、保险责任

保险公司负责赔偿被保险机器及其附属设备因下列原因造成的物质损失或需要修理或重置的费用：

（一）设计、制造或安装错误，铸造或原材料缺陷

造成损失的这些错误或缺陷多半属于制造商或供应商的产品责任，但有时这在法律或合同中无明确规定，或索赔时效已过，保险公司可先行赔偿，然后根据情况和可能向责任方追偿。

（二）工人、技术人员操作错误、缺乏经验、技术不善、疏忽、过失、恶意行为

恶意行为仅限于被保险人不知道该破坏行为即将发生，而且也没有授意工人、技术人员这么干的情况，否则不予赔偿。

（三）离心力引起的断裂

这虽不是经常出现的损失原因，但有时也会对机器本身或周围财产造成严重损失。

（四）超负荷、超电压、电气短路等和其他电气原因

电气短路是指正负极相碰引起的短路。其他电气原因是指与使用电气有关的各种原因，如电压过高、绝缘不良、电流放电和产生的压力。这项保险责任包括引起事故的电器元件本身的损失及由此波及其他保险财产的损失。

（五）除“除外责任”规定以外的其他原因

三、免除责任

机器损坏保险对下列各项不负责赔偿：

（1）被保险人或其代表的故意行为或重大过失引起的损失或费用。

（2）被保险人及其代表已经知道或应该知道的被保险机器及其附属设备在本保险开始前已经存在的缺点或缺陷引起的损失或费用。

(3) 根据法律或契约应由供货方或制造商负责的损失或费用。

(4) 机器设备运转后必然引起的后果，如自然磨损、氧化、腐蚀、锈蚀、孔蚀、锅垢。

(5) 各种传送传送带、缆绳、金属线、链条、轮胎、印模、可调换的工具、印刻滚筒、玻璃、磁、陶及钢筛、网筛、毛毡制品，一切操作中的媒介物（如润滑油、燃料、催化剂等)。

这些物品都必须定期更换，属于正常的消耗。如果这些物品与主机一同毁损，可予以赔偿。

(6) 由于公共设施部门的限制性供应及故意行为或非意外事故引起的停电、停气、停水。

(7) 火灾、爆炸。

(8) 地震、海啸、雷电、飓风、台风、龙卷风、风暴、暴雨、洪水、冰雹、地崩、山崩、火山爆发、地面下陷下沉及其其他自然灾害。

(9) 飞机坠毁、飞机部件或飞行物体坠落。

(10) 机动车碰撞。

(11) 水箱、水管爆裂。

(12) 战争、类似战争行为、敌对行为、武装行为、武装冲突、恐怖活动、谋反、政变、罢工、暴动、民众骚乱。

(13) 政府命令或没收、征用、销毁或毁坏。

(14) 核裂变、核聚变、核武器、核材料、核辐射及放射性污染。

(15) 保险事故发生后引起的各种间接损失或责任。

(16) 保单中规定的应由被保险人自行负担的免赔额。

四、保额的确定

不论机器及其附属设备新旧程度，保险金额均按重置价值确定，即重新置换同一厂牌或相似的型号、规格、性能的新机器设备的价格，它包括出厂价格、运费、税款、可能支付的关税及安装费用，这是因为老机器的修理费用很高。如果分项或总的保险金额低于上述重置价值时，其差额应视为被保险人自保，发生损失时，按比例赔偿损失：

赔偿金额＝（保险金额÷全损时实际重置价值）×损失金额

如果被保险机器不止一项时，应分项列明保险金额。如果机器设备的底座、附件需要保险，应在保单中注明，并增加保险金额。

五、赔偿处理

（一）赔偿方式

保险公司的损失赔偿方式分为三种：用现金支付赔偿款，置换受损的机器设备，赔偿修理费用，对每部机器的赔偿金额不得超过其分项保额，全部赔款不得超过保单的总保险金额。如果被保险机器全部损毁，保险公司一般会根据其实际价值用现金赔偿。但是，在大多数情况下，机器设备都是可以修理的，保险公司会赔偿修理费用。

（二）修理费用的赔偿

如果被保险机器发生损失后可以修理，保险公司赔偿基本修复到原状的修理费用，包括损坏机器拆卸费用、重装费用、运费、税款等，但赔偿金额最高不超过受损金额的保险金额。

如果受损机器由被保险人车间自行修理，保险公司赔偿材料费用、为修理而支付的工资以及其他合理费用。

修理时需要调换零部件时，可以不扣除折旧，但残值应在赔偿金额中扣除。如经保险公司书面同意，还负责赔偿加班费、夜班费、公假时工作的费用以及快邮运费等额外费用，但对机器进行改造、更新或彻底进行检修所支出的费用，保险公司概不负责。如果临时修理费用构成最后修理费用一部分，并且没有增加总修理费用，保险公司也负责赔偿修理费用。

六、实务案例与分析

案例：某公司投保了机器损坏险后，一台配电柜负荷不稳定导致电柜起火，因火势较小，该公司管理员自行用灭火器将火扑灭，未报告消防部门处理。最后保险公司以该公司不能提供消防部门开具的火灾原因认定书拒绝理赔，该怎么办？

机损险的保险责任应该是：在保险期内，若本保险单明细表中列明的被保险机器及附属设备因下列原因引起或构成突然的、不可预料的意外事故造成的物质损坏或灭失（以下简称“损失”）。保险公司按本保险单的规定负责赔偿：（一）设计、制造或安装错误、铸造和原材料缺陷；（二）工人、技术人员操作错误、缺乏经验、技术不善、疏忽、过失、恶意行为；（三）离心力引起的断裂；（四）超负荷、超电压、碰线、电弧、漏电、短路、大气放电、感应电及其他电气原因。

分析：该公司的事故原因也并非火灾，而是电柜在超电压情况下产生电器短路着火，近因是电路短路，按照近因原则已按第四款确定为保险责任。所以该案中，保险公司不应该以火灾定性，更不应该要求提供火灾证明。

本章小结

工程保险在财产保险中是一个较新的险种，至今只有一百多年的历史。随着我国实行经济改革和对外开放政策，各种工程建设项目大量涌现。因此，我国保险公司先后开办了各种工程保险。近年来，国民经济持续快速增长，全社会固定资产投资激增，这给保险公司开展工程保险业务带来了丰厚的资源，为我国工程保险的发展提供了契机。

工程保险的优势在于其不但使工程在使用阶段的保修和赔偿得到保证，而且保险公司为了降低理赔风险，必然提前介入到工程前期勘察、设计和施工等过程，从而可以通过外力督促建筑工程参与方履行义务，落实工程质量和安全责任，有效防范和化解建筑工程质量和安全风险。

本章复习思考题

1. 名词解释

工程保险　建筑工程保险　安装工程保险　机器损坏险

2. 简述题

(1) 分析工程保险和传统的财产保险的区别。

(2) 分析建筑工程险和安装工程险的区别。

(3) 如何理解安装工程险的特点?

(4) 如何确定建筑工程险的保险标的和保险金额?

(5) 如何确定建筑工程险的保险的责任范围?

(6) 影响建筑工程保险费率的因素有哪些?

(7) 如何确定建筑工程险、安装工程险的保险期间?

第八章 农业保险

案例

人保玉米：赔付封顶受质疑

据了解，中国人民保险公司在河南省开办了一项新业务——给玉米上保险。一年后，玉米保险业务已圆满结束。2011 年 4 月，《农村金融时报》记者带着“玉米保险到底有多管用”的疑问采访了有关方面。

分析：从保险公司角度看，玉米保险给农民带来了一定的风险补偿。据该保险公司介绍，每亩玉米的保费是 11 元，农民需承担的费用是 2.2 元/亩，即保费的 20%，其余的 8.8 元是由各级政府承担的。同时，全国各省的玉米赔付标准是不一样的，河南的赔付标准定为每亩 190 元，也是一个封顶数字。但并不是大灾小灾都赔付 190 元，而是要根据玉米的生长阶段和受灾程度勘察定损，然后按照 40%、70%或 100%的比例合理赔付。

但从农民角度看，似乎情况并非如此。据当地农民介绍，该地区正常年景一亩玉米的种植成本包括购买种子、购买化肥、浇水再加上收获和秸秆还田的费用就超过了 200 元；每亩玉米少则收 1 000 斤，多则 1 300 斤，按现在每斤 0.8 元计算，每亩玉米的收入是约 1 000元。假若受灾了，保险公司每亩玉米只赔 190，还抵不上成本。当地农民表示，11 元的玉米保险的保费，应该赔到 500 元左右比较合适，至少能弥补成本，这样不用国家号召农民自己就会主动给玉米上保险了。

保险的赔付原则就是补偿，主要是降低参保人的意外损失，国家负担保费的大部分比例，是为了让农民得到实惠，也是调动农民的种粮积极性。但如果超额赔偿，保费赔付高于种植成本较多，确实容易出现“养懒汉”，就有可能产生道德风险。

第一节 农业保险概述

一、概念

农业保险是专为农业生产者在从事种植业、林业、畜牧业和渔业生产过程中，对遭受自然灾害、意外事故、疫病、疾病等保险事故所造成的经济损失提供保障的一种保险。

二、特点

农业保险不同于农村保险。农村保险是一个地域性的概念，是指在农村范围内所举办的各种保险。农村保险不仅包括农业保险、农业生产者的家庭财产保险和人身保险，还包括乡镇企业的各种财产、人身、责任等保险种类。农业保险仅仅是承保农业生产者和经营者在种植业和养殖业生产过程中，因自然灾害和意外事故所造成的经济损失的一种财产保险。由于农业生产在很大程度上受自然因素的影响，与其他财产相比，农业保险具有以下特点：

（一）地域性

各种有生命的动植物的生长和发育都要具备严格的自然条件，然而由于各地区的地形、气候、土壤等自然条件不同，再加上社会经济、生产条件、技术水平的不同，形成了动植物地域性的不同，从而决定了农业保险只能根据各地区的实际情况确定承保条件，而不应该强求全国统一。

（二）季节性

由于动植物生长受自然因素制约，具有明显的季节性，这就要求农业保险在整个业务操作过程中，必须对动植物的生物学特性和自然生态环境有正确的认识，掌握农业保险各种保险标的作为保险对象的财产及其有关利益或者人的寿命和身体的特点。

（三）连续性

动植物在成长过程中，是紧密相连不能中断的，并且是互相影响和互相制约的，因而，农业保险具有连续性。因此，农业保险的经营者要考虑动植物生长的连续性，要有全面和长期的观点，使农业保险业务稳步发展。

（四）政策性

由于农业保险具有上述特点，加之农村经济发展水平的不平衡，被保险人交费能力普遍有限。为了保障农业生产的稳定，促进农村经济发展，许多国家都把农业保险作为政策性保险业务。

三、种类

农业保险按农业种类不同分为种植业保险、养殖业保险。

（一）种植业保险

种植业保险包括农作物保险、收获期农作物保险、森林保险、经济林、园林苗圃保险。

（二）养殖业保险

养殖业保险包括牲畜保险、家畜保险、家禽保险、水产养殖保险、其他养殖保险。

四、作用

农业保险的发展，对保障农业再生产的顺利进行，推动农业的可持续发展无疑具有重要的理论意义和深远的现实意义。

（一）农业保险对农民个人的影响

农业保险可以使投保农户在遭受保险责任范围内的灾害后及时得到经济补偿，农业保险可以通过转移和分散风险，以赔偿支付的方式保障农民生活的稳定。

（二）农业保险对经济的影响

农业保险有助于保障农业生产过程的持续稳定。它可以使大额的不定的农业风险损失，转化为小额的固定的农业保险费的缴纳。

（三）农业保险对整个国民经济的影响

在我国，农业是国民经济的基础，其波动是引发国民经济周期波动的重要因素。因而农业保险在直接促进农业生产经营活动健康稳定发展的同时，也间接保证整个国民经济的协调发展。

（四）农业保险对农业生产的影响

农业保险的介入能够让农业生产正常进行，会使农产品的供求状况平衡。农业保险具有其存在的必要性，它是为国家的农业政策服务，为农业生产提供风险保障的根本保险。

五、我国农业保险的发展现状

当前农业保险发展取得了一些成绩，首先农业保险覆盖面不断扩大，2007 年到 2012 年，农业保险保费收入由 51 亿元增长到 240 亿元，平均增速 36%；承包主要农作物从 2.3 亿亩扩展到 9.7 亿亩，占我国主要农作物播种面积的 40%；目前我国开办农险区域覆盖全国所有省市，覆盖面从零起步发展到 40%。其次，农业保险对稳定农业生产、促进农民增收起到积极促进作用。2007 年到 2012 年，累计农业保险赔款支付 550 亿元。同时，农业保险财政支持力度不断增强，2007 年中央财政对农业保险实行补贴之后，从 6 个省扩展到全国，品种由 6 种变成 15 种。

（一）经营原则

1. 强制与自愿相结合原则

强制与自愿相结合原则有两层含义：一是指以不同险种为根据，对特定承保范围内的险种采取强制保险，对特定承保范围以外的险种采取自愿保险。二是指以同一险种的保额为根据，对特定承保范围内的同一险种的标的物的保额同时采取强制保险和自愿保险，即规定强制保险和自愿保险各占同一险种保额的一定比例。

2. 政府与市场相结合原则

政府与市场相结合原则既强调政府的参与、支持，又强调市场机制的发挥，它除了体现在保险费的多主体分担和保险基金的多渠道积累以外，还主要体现在农业保险多种经营主体和多层次风险分担机制两个方面。

3. 政府扶持原则

政府对农业保险的扶持体现在以下几个方面：一是提供必要的补贴；二是农业保险税收减免优惠政策；三是金融政策支持的方式；四是适当放宽农业保险经营机构业务范围；五是应建立国家政策性农业保险经营机构，为其他保险机构提供再保险。

4. 基本保障原则

农业保险的目标定位为保持农业可持续发展为宜，我国在设计具体制度时，应当坚持基本保障原则。一是限制保额。二是限额赔偿。基本保障原则还可以减少农民道德风险及逆选择的发生。

（二）经营模式

农业保险的经营模式分为政策性农业保险和商业性农业保险。

政策性农业保险是以保险公司市场化经营为依托，政府通过保费补贴等政策扶持，对种植业、养殖业因遭受自然灾害和意外事故造成的经济损失提供的直接物化成本保险。政策性农业保险将财政手段与市场机制相对接，可以创新政府救灾方式，提高财政资金使用效益，分散农业风险，促进农民收入可持续增长。我国很重视发展政策性农业保险，政策性农业保险业务已经在全国各地区全面起步。但总体看，中国政策性农业保险保费收入仅为农业产值的3.2‰，覆盖面积仅占我国耕地面积的1/4，发展模式还不成熟，对农业生产的保障能力相对有限。我国政策性农业保险的基本经营模式还是将业务委托给商业性保险公司来做，政府给予一定的补贴，这种运作模式仍处于试点阶段，相对比较粗放。再加上中国农村地区幅员辽阔，农业生产情况差异大，政策性农业保险经营模式在发展过程中需要继续完善。

第二节 种植业保险

一、生长期农作物保险

生长期农作物保险是以齐苗至收获前处在生长过程中的农作物为保险标的的保险。目前，我国开办的生长期农作物保险有小麦种植保险、水稻种植保险、玉米种植保险、棉花种植保险、烟叶种植保险、甘蔗种植保险等。

生长期农作物保险的保险标的一般为处于生长期的广义上的农作物，主要有三类，包括粮食作物、经济作物、园艺作物。

生长期农作物保险责任。从理论上讲，由于气候原因引起的自然灾害和病虫草危害引起的生物灾害损失都可以作为生产期农作物保险的保险责任，农作物保险承保的责任主要有单一责任、混合责任、一切险。

保险期限一般从作物出土定苗后起保，到成熟收割时止。

二、收获期农作物保险

收获期农作物保险是以开始收割（采摘）起到完成初级加工进入仓库之前这段时间的农作物为保险标的的保险。

收获期农作物保险标的指凡是收获期需在场院中进行晾晒、轧打、脱粒和烘烤等初步加工的各种夏秋粮食作物和经济作物，都可作为保险标的。

保险责任分为单项责任和综合责任。

保险期限一般从农作物收割（采摘）进入场院后开始起保，到完成初加工离场入库前终止。

三、经济作物、林木保险

经济作物保险指以生长期（或初加工）的经济作物为保险标的的保险，包括纤维作物保险（如棉花保险）、油料作物保险（如油菜保险、花生保险、芝麻保险）、糖类作物保险（如甘蔗保险、甜菜保险）、原料作物保险（如橡胶保险）、药用作物保险、其他经济作物保险（如烟草保险）等。我国试办的这类保险险种有棉花种植保险、烟草保险、油菜保险、甜菜种植保险、甘蔗种植保险、烤烟保险等。

林木保险是以林木生长期间因自然灾害、意外事故造成林木的损失为承保责任的保险。目前，这类保险险种主要是森林火灾保险。

四、森林保险

森林保险是以天然林场和人工林场为承保对象，以林木生长期间因自然灾害和意外事故、病虫害造成的林木价值或营林生产费用损失为承保责任的保险。

森林经营者（被保险人）按照一定的标准缴纳保险费以获得保险企业（保险人）在森林遭受灾害时提供经济补偿。投保可以是国有林业生产单位、集体所有制合作林场、林业股份制企业以及林业专业户、重点户等。

五、赔偿处理

（一）保成本两种赔偿方式

（1）逐日确定每亩的最高赔偿额方式。

（2）分阶段确定每亩的最高赔偿比例方式。

（二）保产量的两种赔偿方式

（1）保产量，以亩为单位按平均收获量的成数确定保险金额，按减收量确定赔付金额。

（2）保产量，以亩平均产量为标准换算成产值作为保额，分阶段确定最高赔付比例。

第三节 养殖业保险

一、生猪养殖保险

（一）保险标的

凡饲养的肉猪、公猪、种猪、母猪均可以成为保险标的。为了办好生猪保险，避免道德危险因素，还必须满足以下承包条件：

（1）无伤残、疾病，饲养管理条件适宜，并经兽医部门检验合格的生猪。

（2）仔猪从断奶分栏起保，未分栏前的不宜承保。

（二）保险期限

生猪的保险期限主要分为两种：

（1）母猪、公猪、种猪的保险期限均为 1 年，期满续保。

（2）肉猪保险期限从分栏饲养起至出栏宰杀或出售时止。如中途出售，保险责任即行终止，不退还保险费。

（三）保险责任

保险的生猪在保险期限内因下列原因所致死亡，保险人负赔偿责任：

（1）由于火灾、爆炸、地震、洪水、雷击、冰雹、龙卷风等灾害事故造成生猪的死亡。

（2）由于中毒、触电、固定物体倒塌等意外事故导致生猪死亡。

（3）因患病、瘟疫、阉割、胎产而造成的生猪死亡。

（4）为了防止传染病，经当地政府命令宰杀掩埋的生猪。

（四）免除责任

（1）被保险人及其家庭成员或饲养人员的故意行为。

（2）被盗、走失以及冻死、饿死是被保险人管理不善引起的，也不予负责。

（3）属于淘汰范围的宰杀。

（4）猪在出售、转让过程中，不论是由于装运不妥、管理不善还是由于交通事故所造成的挤压、碰撞、中暑等死亡事故，都不负责。

（5）其他不属于保险责任范围内的死亡。

（五）赔偿处理

生猪保险赔偿处理的要点是：一是被保险人在保险的生猪发生保险责任范围内的死亡后，应向保险公司提供保险单及兽医部门出具的死亡证明及其他有关证明。二是生猪发生保险责任范围内的死亡，保险人分别按下列方式赔付：（1）肉猪。按保险人规定的单价的 7 成赔偿，保险人对残值处理按其尸重以每 500 克某金额为绝对免赔额，从赔款中扣除；或者残体归被保险人，按有关规定自行处理，其残值按 7 成从赔款中扣除。（2）公猪、母猪。按定值赔付。

二、家禽养殖保险

家禽保险是指为经人们长期驯化培育，可以提供肉、蛋、羽绒等产品或其他用途的禽类提供的一种保险。由于家禽在饲养过程中一般采取高密度的规模养殖方式，因此，承保责任以疾病、自然灾害和意外事故等综合责任为主。

（一）保险标的

家禽养殖保险的保险标的是符合承保条件的鸡、鸭、鹅、火鸡等家禽。这些条件主要是符合卫生、防疫、科学饲养管理设施和技术条件的规模化饲养场。对承保的家禽也有年龄限制，特别是种禽。例如种鸡使用年限为 1～2 年，种鸭使用年限为 2 年，种鹅使用年限为 1～4 年。农户家庭散养的规模太小的家禽不宜作为保险标的。

（二）保险期限

家禽养殖保险的保险期限一般与家禽养殖的生产周期相一致。由于养殖对象种类很多，其生活习性、生长规律等发面各有特点，所以，家禽养殖保险期限不可能按自然年度或其他时间区间确定一个统一的期限，而需要根据标的的养殖周期或风险特点来确定。

（三）保险责任

家禽养殖保险标的面临的可保风险主要有三类：一是自然灾害。如火灾、洪水、地震、地陷、崖崩、暴风、台风、龙卷风、冰雹、冻灾、雷击、疾病、难产等。二是意外事故。如火灾、爆炸、摔跌、碰撞、互斗、窒息、野兽伤害、触电、建筑物或其他物体倒塌等。三是社会风险。为防止传染病蔓延，执行当地政府命令捕杀并掩埋或焚烧等。家禽养殖保险可以将以上风险（或其中一部分）所致的家禽死亡或残废损失综合起来作为保险责任，也可以单独承保其中一种风险责任。

（四）免除责任

（1）被保险人及其关系人故意行为、欺骗行为所致的损失。

（2）被保险人管理不善，或者违反经当地实践证明是合理的饲养技术，选择品种不当，无繁殖能力或自然淘汰、死亡。

（3）战争，军事行为，偷盗，被野兽、牲畜、禽类猎食造成的损失。

（4）市场价格跌落造成的损失。

（5）其他不属于保险责任范围内的损失。

（五）赔偿处理

家禽养殖保险的赔偿处理一般有三种方式：一是按单位账面价值投保的家禽，按账面价值扣除残值后赔付。二是由保险人与投保人双方协商评定保额的家禽，按承保的保额扣除残值后赔付。三是定额投保的家禽，即保险公司根据市场价格和家禽年龄分档次规定保额的，根据被保险人投保时选定的档次给予定额赔付，不扣除残值。

三、水产养殖保险

我国水产资源丰富，各地根据自已地区水产养殖的特点相继开办了各种水产养殖保险，如内塘养鱼保险、对虾养殖保险、蚌珠养殖保险等。

（一）保险标的

水产养殖保险的标的是商品性养殖的各种水产品，如鱼、对虾、螃蟹等。由于这些水产品受自然条件的制约，自然死亡率高，其产量随着养殖条件的改善、养殖技术的提高而增加，因此在承保时必须考虑养殖方法、养殖地点、水体环境、养殖人员的管理水平等因素。

（二）保险期限

水产养殖分为淡水养殖和海水养殖，其养殖的水产品有五大类，即鱼类、虾类、蟹类、贝类和藻类，而且每类又有许多不同品种。保险期限长短因保险标的而异，即使同一保险标的，还可能因地域和气候的不同、选种不同而在时间先后和长短方面有一定差距。

（三）保险责任

水产养殖的保险责任分为死亡责任和流失责任两大类：

1. 死亡责任

由于缺氧、疾病、他人投毒等灾害事故造成的水产品死亡。

2. 流失责任

由于台风、龙卷风、暴风、海啸、洪水等自然灾害造成鱼塘、虾池的堤坝倒塌所引起的水产品流失。

（四）免除责任

下列原因造成的水产品损失一般都作为除外责任：

（1）水产品在养殖过程中由于被保险人及其家庭成员、养殖人员的故意行为或重大失职造成的损失。

（2）水产品的自然死亡或损失。

（3）水产品在养殖过程中由于各种敌害捕食造成的损失。

（五）赔偿处理

水产养殖保险因确定保险金额的方法不同而采取不同的赔偿处理方法：

1. 按比例赔付方法

根据保险标的在保险期限内不同时期投入的成本不同，按保险办法中规定的不同赔付标准（不同时期的赔偿额占保额的最高比例）来计算赔款，残值从赔款中扣除。

2. 保产值的赔付方法

按实际损失赔偿，但以不超过保险金额为限，残值也从赔款中扣除。

四、其他养殖保险

其他养殖保险是指以商品性养殖的鹿、貂、狐等经济动物和养蜂、养蚕等为保险对象，承保在养殖过程中的因疾病、自然灾害和意外事故造成的死亡或产品的价值损失。养鹿、养貂等经济动物是死亡保险，其承保条件与牲畜保险基本相同。

特种养殖是近一些年在市场经济发展中兴起的经济动物饲养业。特种养殖的动物门类很多，如兽类（鹿、水貂、肉狗、果子狸等），禽类（肉鸽、鹌鹑、鸵鸟等），爬行类（蛇、鳖等），两栖类（牛蛙、蟾蜍等），节肢动物（蚯蚓等）。为这些饲养动物生产提供的保险服务就属于特种养殖保险。我国承办过的这类保险险种有：养鹿保险、鸵鸟养殖保险、养鳖保险、牛蛙养殖保险、肉鸽养殖保险等。

五、实务案例与分析

案例 1：某保险公司的小麦种植保险

某保险公司小麦种植保险每亩保险金额 500 元，保险费率 7%，每亩保险费 35 元。

1. 保险责任

在保险期间内，保险小麦由于冰雹、火灾、六级（含）以上风、暴雨形成的洪涝、倒伏造成减产形成经济损失，保险公司对受损小麦的投入成本的损失负赔偿责任。

2. 责任免除

在保险期限内，由于下列原因之一造成保险小麦遭受损失的，保险公司不负赔偿责任：因国家或其他形式征用、占用土地；被保险人及其家属、生产管理人员的故意行为或管理不善；盗窃、他人毁坏或畜、禽、兽所致的损失；病虫鸟害及施肥（药）不当；间作、套种的非保险标的和毁种复播的农作物的损失；其他不属于保险责任范围内的损失。

3. 赔偿内容

（1）全部损失。按每亩不同生长期赔偿标准的 100%计算赔偿。

（2）部分损失。结合损失率与不同生长期每亩赔偿标准计算赔偿。

（3）轻微损失。中度损失在有效保险金额的 30%以下赔偿；轻度损失酌情每亩在 50 元以下赔偿。

案例 2：某保险公司的奶牛养殖保险

1. 保险责任

在保险期限内，由于下列原因之一造成保险奶牛在保险单载明地址的固定圈舍内死亡或伤残，经畜牧兽医鉴定失去产奶能力的，保险公司负赔偿责任：

（1）自然灾害。如洪涝、雹灾、冻害、暴风、暴雨、雷击造成死亡。

（2）意外事故。如火灾、爆炸、触电、溺水、野生动物侵害、建筑物倒塌、空中物体坠落造成死亡。

（3）难产 48 小时内死亡或胎产造成子宫受伤所致伤残失去繁殖能力。

（4）病毒性传染病、细菌性传染病、寄生虫传染病和代谢性疾病造成死亡。

（5）根据国家有关规定，经畜牧兽医行政管理部门确认发生疫情，并且经县（区）级以上政府下封锁令，对于捕杀的奶牛，保险公司给予部分赔偿。

2. 责任免除

在保险期限内，由于下列原因之一造成保险奶牛遭受损失的，保险公司不负赔偿责任。

（1）被保险人及其饲养管理人员管理不善或故意行为造成死亡。

（2）未按强制免疫程序及时接种疫苗，或发病后不及时治疗，或发生疫情后不向防疫部门报告，或发生保险责任范围内事故后不采取保护与施救措施造成的损失。

（3）新购入或新增加的奶牛未办理加保手续的。

（4）摔跤、互斗、被盗、跑失、中毒、他人投毒及正常的淘汰、屠宰造成的损失。

（5）在观察期发生保险责任范围内事故的。

（6）其他不属于保险责任范围内的损失。

本章小结

我国是一个农业大国，也是世界上农业自然灾害最为严重的国家之一，面对突如其来的洪水、台风、禽流感等，我国广大农民深切呼吁农业保险，农业和农村经济的发展，迫切需要农业保险的支持和保护。农业保险是市场经济国家扶持农业发展的通行做法。通过政策性农业保险，代替直接补贴对我国农业实施合理有效的保护，减少自然灾害对农业生产的影响，稳定农民收入，促进农业和农村经济的发展。

分析我国的农业政策情况，可以发现加强农业的基础地位，持续加大支农惠农力度，将是今后一个时期的长期国策，而农业保险作为其中的组成部分，正迎来了发展的大好时机。

本章复习思考题

1. 名词解释

农业保险　政策性农业保险　种植业保险　养殖业保险

2. 简述题

（1）农业保险有何特殊性？

（2）政策性农业保险与商业性农业保险有何区别？

（3）种植业保险的保险期限如何确定？

（4）如何控制种植业、养殖业保险经营中的风险？

（5）你对发展我国农业保险有何看法？

第九章 责任保险

案例

旅行社责任保险的赔偿范围

案情：2009 年 8 月 1 日，某公司职工陈某与儿子董小某，随甲旅行社（组团社）的旅行团到武夷山大安源景区旅游，母子二人未听从现场管理人员的劝阻，越过黄色警戒线戏水时不慎落水，陈某被冲入下游深潭中，董小某被现场游客救起，陈某于当天下午被救起，经确认已经死亡。该事故经武夷山市政府“8·1”事故调查组确认，属于安全生产责任事故。陈某在本次事故中负事故直接责任，大安源景区承担事故主要责任，景区主要管理人员邱某承担现场管理责任。事故发生后，大安源景区、甲旅行社（组团社）、乙旅行社（地陪社）与死者陈某家属达成赔偿协议，三家单位共赔偿 40 万元整。2010 年 4 月 22 日，甲旅行社就该事故涉及的旅行社责任保险向法院提起保险合同纠纷诉讼，要求某保险公司按照合同支付 80 000 元保险金。

第一节 责任保险概述

一、含义

责任保险，是指以被保险人的民事法律赔偿责任或经过特别约定的合同责任为承保对象的保险。属于广义的财产保险范畴，适用于广义的财产保险的一般经营理论，但又独具自身经营和内容特点，是可以独成体系的一类保险业务。可从以下几个方面来理解：

首先，责任保险与一般财产保险具有共同性质，都属于赔付性保险。无论承保环节还是理赔环节，都需遵循财产保险的相应原则。若损失事故是由第三者导致，也同样适用代位追偿原则。

其次，责任保险承保的风险对象是被保险人的民事法律责任，也可以是经过保险客户的要求并经过特别约定的合同责任。这是与一般财产保险相区别的地方。

再次，责任保险以被保险人在保险期限内可能造成的他人的利益损失为承保基础。一般财产保险投保的是被保险人自己的现实利益所面临的风险，而责任保险的投保动机是转嫁保险期限内被保险人可能造成的他人的利益损失风险。

二、特征

（一）保险标的的特殊性

责任保险的保险标的与财产损失保险、即狭义的财产保险的保险标的不同，后者的保险标的是看得见摸得着的有形的实物财产，而责任保险的保险标的是无形的。这是由责任保险的承保对象所决定的，责任保险的承保对象是被保险人依法应承担的民事法律赔偿责任和经过特别约定的合同责任，是无形的。

（二）责任保险补偿对象的特殊性

在一般的财产保险或者人身保险实务中，保险人补偿或者给付的对象往往是被保险人本人或者受益人，而责任保险的补偿对象却是在保险事故中遭受损失的第三者。即责任保险的赔偿金直接的补偿对象是被保险人，但是真正的受益者是被被保险人伤害的第三方，也就是间接的受益方。因此，责任保险中有“双重赔偿对象”之说。

（三）承保方式的特殊性

责任保险的承保方式呈现多样化的特点。具有独立承保、附加承保或者与其他保险业务组合承保的多种方式。

1. 独立承保

独立承保方式下，保险人签发专门的责任保险单，是完全独立操作的保险业务。如公众责任保险、产品责任保险、雇主责任保险、职业责任保险等。独立承保方式的责任保险业务，是责任保险的主要业务来源。

2. 附加承保

附加承保方式下，保险人签发责任保险单的前提是被保险人必须参加了一般的财产保险，即一般财产保险是主险，责任保险在此是没有独立地位的附加险。如建筑工程保险中的第三者责任险。

3. 组合承保

在组合承保方式下，责任保险的内容既不必签订单独的责任保险合同，也无需签发附加或者特约条款，只需参加该财产保险便使相应的责任风险得到了保障。如综合家庭财产保险，保险人除了保障被保险人的物质财产外，同时承担起了该家庭对第三者的赔偿责任。再如船舶责任保险等。

（四）责任保险产生与发展基础的特殊性

法制的健全与完善是责任保险产生与发展的最直接的基础。健全、完善的法制是界定责任、明晰权益和义务的后盾。只有明晰的权利、义务的界定，才能让经济社会的各个层面的经营者、主体各负其责、各受其益，按照法律与各自的关系人、单位、团体等开展各自的经营活动，违法者要受到法律的制裁。责任划分清晰了，才可能为责任保险的产生与发展提供空间和市场，同时也是强有力的法制保障。

（五）赔偿处理的特殊性

与一般财产保险赔偿处理相比，责任保险的赔偿要复杂得多。

1. 理赔的前提条件

责任保险的赔案，无一例外，均以被保险人对第三者的损害并依法应承担的经济赔偿责任为前提条件。因此，赔案的处理必然要涉及保险当事人双方之外的第三方，而不像一般财产保险的赔偿案件那样只是涉及保险当事人双方。

2. 理赔处理依据

责任保险的承保基础是法律，其赔案的处理也是以法院的判决或者执法部门的裁决为依据。因而需全面运用法律制度。

3. 保险人有权参加责任保险事故的理赔过程

在责任保险赔案中，致害人是被保险人，受益者是受害的第三方。但是，第三方得到的赔偿款是保险人支付的。所以，责任保险的赔偿处理与保险人的利益休戚相关，因此，保险人必须要参与案件的赔偿处理过程，这是其拥有的权利。否则，若撇开保险人仅由致害的被保险人与受害的第三者处理赔偿事宜，保险人对处理结果不负赔偿责任。

4. 一次赔偿，双重保障

责任保险赔案中，虽然直接的被保障人是被保险人，但是真正的受益者却是间接得到保险保障的第三方受害人。保险人的一次赔付，得到保障的是被保险人和受害的第三者双方。即责任保险的赔偿使得被保险人和第三者双方受益。

三、承保方式

（一）期内发生式

这种承保方式是保险人仅对在保险期限内发生的责任事故引起的索赔案负责，而不论受害方是否在保险有效期限内提出索赔。

（二）期内索赔式

这种承保方式是指保险人仅对在保险期限内，受害人向被保险人提出的有效索赔负赔偿责任，而不论导致该索赔案的事故是否发生在保险有效期限内。

四、保险责任

（一）保险责任

（1）被保险人对受害的第三者遭受的财产损失或者人身伤亡依法应负的经济赔偿责任。

（2）因赔偿纠纷引起的、由被保险人支付的合理的诉讼费、律师费及其他事先经过保险人同意支付的费用。如损害估计费、鉴定费。

（二）免除责任

（1）被保险人的故意行为。

（2）战争、罢工、核风险（核责任险除外）。

（3）被保险人的家属、雇员的人身伤害或者财物损失（雇主责任险除外）。

（4）被保险人所有或由其照管、控制的财产损失。

（5）被保险人的契约责任，对未在契约中规定的、被保险人依法应负责的除外。

上述免除责任中，部分可经特约而加保。

五、理赔

责任保险的赔偿通常采用责任限额制，以责任限额为最高赔偿额度。有以下几种情形：

（1）每次责任事故或同一原因引起的一系列责任事故的赔偿限额，可分为财产损失赔偿限额和人身伤亡赔偿限额两项。

（2）保险期内累计的赔偿限额，可分为累计的财产损失赔偿限额和累计的人身伤亡赔偿限额。

（3）保险人将财产损失和人身伤亡合成一个限额，或者只规定每次事故和同一原因引起的一系列责任事故的赔偿限额而不是规定累计的赔偿限额。

责任保险通常有免赔的规定。

第二节 产品责任保险

一、含义

产品责任保险，是一种民事损害赔偿责任保险。主要承保制造商、销售商、修理商因其制造、销售或维修的产品有缺陷，致使消费者、用户或者公众，在使用的过程中遭受人身伤害或者财产损失，依法应由制造商、销售商、修理商承担的民事损害赔偿责任。例如，因汽车的制动系统缺陷，刹车失灵导致用户发生车祸、因为电热水器的设计、制造缺陷导致用户触电伤亡都属于产品责任事故。

美国是世界上产品责任保险最发达的国家。其产品责任法制最为严厉，对产品的责任事故处理原则最为严格，采用无过失产品责任，赔偿限额也是世界上最高的。其国内生产的各种产品都要求投保产品责任保险，不仅如此，各国出口到美国的产品也都以投保了产品责任保险为交易条件之一。

我国是产品责任事故的高发国家，但我国的产品责任保险发展的尚不尽如人意，发展滞后，尚未形成产品责任保险业务体系，但是发展潜力和空间广阔。

二、保险责任

（1）被保险人生产、销售、分配或者修理的产品发生事故，造成用户、消费者或其他任何人的人身伤害或财产损失，依法应由被保险人承担的损害赔偿责任，保险人在保险单规定的赔偿限额内予以赔偿。

（2）被保险人为产品责任事故支付的法律费用及其他经保险人事先同意支付的合理费用，保险人也负责。

三、免除责任

（1）被保险人承担的违约责任，除非经过特别约定。

（2）被保险人根据劳工法或者雇佣合同对其雇员及有关人员应承担的损害赔偿责任。这种责任应由劳工保险雇主责任保险承保。

（3）被保险人所有或照管或控制的财产损失。这种损失应由财产保险承保。

（4）产品或者商品仍在制造或者销售场所，其所有权尚未转移至用户或消费者之前的责任事故损失。这种损失应由公众责任保险承保。

（5）被保险人故意违法生产、销售的产品发生的事故责任损失。

（6）被保险产品或者商品本身的损失及被保险人因收回有缺陷的产品造成的费用及损失。这种损失由产品保证保险承保。

（7）不按照被保险产品说明书要求安装使用或在非正常状态下使用造成的责任事故损失。

四、赔偿处理

保险人的责任通常以产品在保险期限内发生事故为基础，而不论产品是否在保险期限内生产或者销售。

赔偿的标准，以保险双方在签订保险合同时确定的赔偿限额为最高额度。限额的标准有两种：既可以每次事故赔偿限额为标准，也可以累计的赔偿限额为标准。在此，生产、销售分配的同批产品由于同样原因造成多人的人身伤害、疾病、死亡或多人的财产损失均被视为一次事故造成的损失。

五、实务案例与分析

案例 1：煤气灶不合标准烧伤人

案情：2010 年 12 月的一天，广州市海珠区某花园一业主投诉称：其母亲开启位于厨房厨柜内的管道气旋塞阀门，离开厨房约 2 分钟后再返回厨房并打开灶具左方点火旋钮时，灶具右炉头突然窜出火苗，同时灶具下的橱柜窜出大火，造成其母亲双腿严重烧伤，脸、颈、左腋部、眼部轻度烧伤。

分析：根据事故现场的情况和相关检测报告显示，引发本次事故的原因是，开发商向用户提供没有安装熄火保护装置的不符合国家规定的家用灶具，未在橱柜底部留有必要的通风口，导致事故的发生。质监人士指出，开发商应对事故负主要责任。

最终结果：经过省质监局举报投诉中心多次调解，最后开发商进行经济补偿。

案例 2：产品质量法中的产品责任案例分析

案情：2010 年 5 月，某物流公司从上海某公司购买了一套升降机，并在该公司办公楼内进行了安装使用。2011 年 12 月，张某作为某劳务派遣公司的派遣工到该物流公司工作。2012 年 3 月 7 日 9 时许，当张某在该物流公司办公楼三楼刚进入升降机，尚未触动升降机内的任一按键，升降机却突然发生故障，猛烈坠落到一楼地面。张某当即被送往医院治疗，诊断为：左腿踝关节粉碎性骨折，右脚足弓断裂。共计住院 35 天，花去医疗费用 72 694.70元。出院后张某又在门诊治疗中花去医疗费 18 674.20 元。同年 7 月 13 日，张某被鉴定为七级伤残。后张某要求上海某公司赔偿，被拒绝。理由是升降机出现事故是由于质量问题还是操作不当造成已经无法认定。无证据证明升降机存在质量问题，且该公司仅仅是升降机的销售者，张某应当追究的是生产厂家的责任，张某索赔无果后，诉至法院。

分析：在本案中，张某因为升降机突然发生故障严重受伤，不能被看作乘坐升降机应面临的合理危险，升降机应该被认定缺陷产品。因此，升降机的销售商上海某公司虽然否认该事故是升降机质量问题所致，但是因为无法提交证据加以证实，所以其拒绝赔偿主张不能成立。根据《中华人民共和国产品质量法》第 41 条规定：因产品存在缺陷，造成人身、缺陷产品以外的其他财产损害的，生产者应当承担赔偿责任。本法第 42 条规定：由于销售者的过错使产品存在缺陷，造成人身、他人财产损害的，销售者应当承担赔偿责任。销售者不能指明缺陷产品的生产者也不能指明供货者的，销售者应当承担赔偿责任。该法第 43 条规定：因产品存在缺陷造成人身、他人财产损害的，受害人可以向产品的生产者要求赔偿，也可以向产品的销售者要求赔偿。属于产品的生产者的责任，产品的销售者赔偿的，销售者有权向产品的生产者追偿。属于产品的销售者的责任，产品的生产者赔偿的，生产者有权向销售者追偿。由此可见，产品的生产者和销售者之间是有明确的责任界限的，但面对缺陷产品的受害人时，该产品的生产者和销售者之间就存在着连带责任关系。生产者与销售者内部如何承担责任、如何追偿是他们内部的关系问题，但不得因此影响对受害人的责任承担，受害人可以选择其中之一承担侵权责任。

可见，法律赋予了受害人在行使诉权上的选择权，被诉者不得以无责而进行抗辩。因此在本案中，受害人张某有权选择向升降机的销售者上海某公司请求赔偿而不去追究生产厂家的责任，销售厂家赔偿了受害人张某后，如果认为属于生产厂家的责任，可以向生产厂家追偿，但不能以此为由拒绝对受害人的赔偿。因此，受害人张某并不一定向销售者上海某公司所说的那样，直接去追究生产厂家的责任。

《中华人民共和国产品质量法》第 44 条 1 款对人身损害赔偿作了具体规定："因产品存在缺陷造成受害人人身伤害的，侵权人应当赔偿医疗费、治疗期间的护理费、因误工减少的收入费用，造成残疾的，还应当支付给残疾者生活自助具费、生活补助费、残疾赔偿金以及由其抚养的人所必须的生活费用等费用；造成受害人死亡的，应当支付丧葬费、死亡赔偿金以及由死者生前扶养的人所必须的生活费等费用。"

因此本案中，受害人张某可以依据以上分析，向法院起诉要求被告进行相应的赔偿，赔偿范围如上述所列各项。其中的残疾赔偿金具有精神损害赔偿的性质。法院应当按照相关的法律规定确定具体的赔偿数额。

第三节 公众责任保险

一、含义

（一）公众责任

公众责任是指，致害人在公众活动场所的过错行为致使他人的人身或财产遭受损害，依法应由致害人承担的对受害人的经济赔偿责任。公众责任的构成，以在法律上负有经济赔偿责任为前提，其法律依据是各国的民法及各种有关的单行法规制度。

此外，在一些非公众活动场所，如果公众在该场所受到了应当由致害人负责的损害，也可归属于公众责任。例如各种公共设施场所、工厂、办公楼、学校、医院、商店、展览馆、动物园、宾馆、旅店、电影院、体育场以及工程建筑工地等，均存在公众责任风险。这些场所的所有者、经营者、管理者等均需通过投保公众责任保险来转嫁其责任。

（二）公众责任保险

又称普通责任保险、综合责任保险，是以被保险人的公众责任为承保对象的保险。是责任保险中独立的、适用范围最广泛的保险类别。

二、保险责任

公众责任保险的保险责任，包括被保险人在保险期内、在保险地点发生的依法应承担的经济赔偿责任和有关的法律诉讼费用等。

三、免除责任

（1）被保险人的故意行为引起的损害事故。

（2）战争、内战、叛乱、暴动、骚乱、罢工或封闭工厂引起的任何损害事故。

（3）人力不可抗拒的原因引起的损害事故。

（4）核事故引起的损害事故。

（5）有缺陷的卫生装置以及除一般食物中毒以外的任何中毒。

（6）由于震动、移动或者减弱支撑引起的任何土地、财产或者房屋的损坏责任。

（7）被保险人的雇员或者正在为被保险人服务的任何人所受到的伤害或其财产损失，他们通常在其他保险单下获得保障。

（8）各种运输工具的第三者或公众责任事故，由专门的第三者责任保险或其他责任保险险种承保。

（9）公众责任保险单上列明的其他免除责任。

四、公众责任保险的主要险种

（一）综合公众责任保险

综合公众责任保险是一种综合性的责任保险业务，承保被保险人在任何地点因非故意行为或活动所造成的他人人身伤害或财产损失，依法应承担的经济赔偿责任。

从国外类似业务的经营实践来看，保险人在该种保险中除一般公众责任外还承担着包括合同责任、产品责任、业主及工程承包人的预防责任、完工责任及个人伤害责任、交叉责任、停车场责任等风险。

（二）场所责任保险

场所责任保险承保固定场所因存在着结构上的缺陷或管理不善，或被保险人在被保险场所进行生产经营活动时因疏忽发生意外事故，造成他人人身伤害或财产损失，依法应由被保险人承担的经济赔偿责任。

场所责任保险的险种主要有宾馆责任保险、展览会责任保险、电梯责任保险、车库责任保险、机场责任保险以及各种公众活动场所的责任保险。

（三）承包人责任保险

承包人责任保险，专门承保承包人的损害赔偿责任，主要适用于承包各种建筑工程、安装工程、修理工程施工任务的承包人，包括土木工程师、建筑工、公路及下水道承包人、油漆工等。

（四）承运人责任保险

承运人责任保险，专门承保承担各种客、货运输任务的部门或个人在运输过程中可能发生的损害赔偿责任，主要包括旅客责任保险、货物运输责任保险等险种。依照有关法律，承运人对承运的货物和运送的旅客的安全负有严格责任，除非损害货物和旅客的原因是不可抗力的灾害事故或者军事行动及客户自己的过失等，否则，承运人均须对被损害的货物或旅客负经济赔偿责任。

与一般公众责任保险不同的是，承运人责任保险保障的责任风险实际上是处于流动状态中的责任风险，但因运行途径是固定的，从而也可视为固定场所责任保险业务。

（五）旅行社责任保险

旅行社责任保险是法定保险，是依法强制实施的公众责任保险类别，投保此险保障旅行社和旅客的切身利益。包括基本保障和附加保障。

1. 基本保障

以《旅行社责任保险管理办法》中列明的旅行社责任为基础，涵盖下列具体责任：

（1）旅行社对游客的赔偿责任。

（2）有责延误费用。

（3）无责救助费用。

（4）精神损害赔偿。

（5）随团导游领队保障。

（6）法律费用。

（7）扩展费用等七个方面的保障。

2. 附加保障

范围是：紧急救助费用、旅程延误、旅行取消损失、扩展费用。具体包括：

（1）因宗教原因，旅游者遗体需要遣返的费用。

（2）家属探望的往返交通及食宿费用。

（3）医务人员和旅行社工作人员前往处理事故的往返交通及食宿费用。

（4）发生事故后，随行老人和未成年人的送返费用。

（5）由于某一旅客的疾病导致其所在旅游团的旅程延误所发生的费用。

五、赔偿处理

（一）赔偿限额的确定

公众责任保险赔偿限额的确定，通常采用规定每次事故赔偿限额的方式，既无分项限额，又无累计限额，只规定每次公众责任事故的混合赔偿限额，这个限额只能约束每次事故的赔偿责任，对整个保险期内的总的赔偿责任不起约束作用。

（二）理赔程序

（1）保险人接到出险通知或索赔要求时，应立即记录出险的被保险人的名称、保单号码、出险原因、出险时间地点、造成第三者损害程度及受害方的索赔要求。

（2）进行现场查勘，调查核实责任事故的相关情况，并协助现场施救。

（3）根据现场查勘写出查勘报告，作为判定赔偿责任和计算赔款的依据。

（4）进行责任审核，看事故是否发生在保险期限内，是否属于保险责任范围，受害人是否向被保险人提出索赔要求或起诉。

（5）做好应诉准备，必要时可以被保险人的名义或者同被保险人一起出面应诉。

（6）以法院判决或者多方协商确定的赔偿额为依据，计算保险人的赔款。

（7）支付保险赔款。

六、实务案例与分析

旅行社责任保险的赔偿范围案例

案情：2009年3月31日，甲旅行社（组团社）与某保险公司签订《旅行社责任保险合同》，并出具了旅行社保险单。该保单规定：每次事故责任限额人民币300 000元，其中每人人身伤亡责任限额人民币80 000元，每次事故免赔额100元，年度累计责任限额200万元，保险费人民币2 125元，保险期限：自2009年4月1日零时起，至2009年12月31日24时止。合同订立后，甲旅行社及时依约交足保险费。

分析：2009年8月1日事故发生，2009年8月27日，甲旅行社（组团社）、乙旅行社（地陪社）与大安源景区三家为一方，与事故中死者陈某家属董某一方，两方达成协议书，前者三家共赔偿后者包括陈某死亡补偿金、丧葬费、被抚养人生活费等共计人民币40万元。根据责任大小，赔偿分担比例为：甲旅行社赔偿10万元，乙旅行社赔偿10万元，大安源景区赔偿20万元。2009年10月11日甲旅行社付清由其承担的10万元。

2010年3月2日，甲旅行社向保险公司申请理赔，同年4月8日，保险公司发出拒赔通知书，认为根据《旅行社保险责任条款》第5条和第7条第3款的规定，2009年8月1日发生在武夷山大安源景区的事故损失不属于保险责任范围。为此，甲旅行社于2010年4月22日诉至法院要求保险公司赔付保险金8万元和违约金3 688元。

经审理认为：保险公司与投保人（被保险人）甲旅行社签订的保险合同符合签约规定，符合法律规范，保险合同合法有效。根据旅行社责任保险条款第5条规定，在保险期限内，被保险人从事旅行社经营活动时，因疏忽或过失造成被保险人接待的游客遭受人身伤亡或者财产损失，依照中华人民共和国法律应由被保险人承担的经济赔偿责任，保险人按照本保险合同的约定负责赔偿。旅游期间，由于游客陈某与其儿子小董缺乏安全意识越过警戒线戏水，且不听现场管理人员的劝阻，发生意外时未能采取正确的抢救措施是导致事故发生的直接原因，大安源景区在临水区域为设立防护栏只是在临河的石壁上画了一道黄色警戒线，且现场管理人员发现游客越线戏水未能采取有力措施有效劝离，是该事故发生的主要原因，作为组团社的甲旅行社、地陪社乙旅行社因疏忽大意未对游客给予充分提醒、劝诫、警告，未采取合理预防措施，造成其接待的游客陈某死亡案件的发生。因此，二旅行社均有过失，均应负相应责任，两旅行社已经分别履行了各自的赔偿义务，各付赔偿金 10 万元。因此，保险公司的拒赔理由不足，不予采纳。判决保险公司履行保险合同约定，并于判决生效之日起十五日内支付给甲旅行社人民币 8 万元，对于甲旅行社提出的要求保险公司赔偿违约金人民币 3 688 元的请求，由于理由不足，不予支持。案件受理费人民币 946 元由被告保险公司负担。

宣判后，保险公司不服，提起上诉。二审经调查核实，一审判决有据合法，驳回上诉，维持原判。二审案件受理费人民币 1 892 元由上诉人保险公司承担。

第四节 职业责任保险

一、含义

职业赔偿保险是以各种专业技术人员在从事职业技术工作时，因疏忽或者过失造成合同对方或他人的人身伤害或财产损失而导致的经济赔偿责任为承保风险的责任保险。

二、特征

（1）职业责任属于技术性较强的工作导致的责任事故。

（2）职业责任不仅与人的因素有关，同时也与知识、技术水平及原材料等的欠缺有关。

（3）职业责任限于技术工作者从事本职工作中出现的责任事故。

三、主要险种

（一）医疗职业责任保险

也称医生失职保险。承保医务人员或其前任由于医疗责任事故而致病人死亡或伤残、病情加剧、痛苦增加等，受害者或其家属要求赔偿且依法应当由医疗方负责的经济赔偿责任。

医疗职业责任保险以医院为投保对象，普遍采用以索赔为基础的承保方式。

（二）律师责任保险

律师责任保险承保被保险人或其前任在职业服务中发生的一切疏忽行为、错误或遗漏过失行为所导致的法律赔偿责任。

律师责任保险的承保基础可以以事故发生或索赔为依据确定，通常采用主保单（法律过失责任保险）和额外责任保险单（扩展限额）相结合的承保方法。此外，还有免赔额的规定，其免除责任一般包括被保险人的不诚实、欺诈犯罪、居心不良等行为责任。

（三）会计师责任保险

会计师责任保险承保被保险人或其前任，因违反会计业务上应尽的责任义务，而造成他人遭受损失，依法应负的经济赔偿责任，但不包括身体伤害、死亡及实质财产的损毁。

（四）建筑、工程技术人员责任保险

建筑、工程技术人员责任保险，承保因建筑师、工程技术人员的过失而造成合同对方

或他人的财产损失与人身伤害，并由此导致经济赔偿责任的职业技术风险。建筑、安装以及其他工种技术人员、检验员、工程管理人员等，均可以投保该险种。

（五）公司董事及高级职员责任保险

2002年1月，中国平安保险公司与美国丘博保险集团合作推出“公司董事及高级职员责任保险”。

公司董事及高级职员责任保险，是一种对公司董事和高级职员在行使其职责过程中，由于过错行为导致第三者遭受经济损失，依法应由其承担的经济赔偿责任进行赔偿的保险。

此外，还有美容师责任保险、保险经纪人和保险代理人责任保险、情报处理者责任保险等多种职业责任保险业务，这些险种在发达国家保险市场上同样受欢迎。

四、赔偿处理

在职业责任保险的赔偿中，保险人的赔偿由两项构成：赔偿金和有关费用，有关费用即通常指法律诉讼费。

对于职业责任保险的赔偿金，通常规定一个累计的赔偿限额；法律诉讼费，是在保险人的赔偿金之外另行计算。如果保险人的赔偿金仅为被保险人应付给受害方的总赔偿金的一部分，那么法律诉讼费用应当根据各自所占的比例进行分摊。

第五节 雇主责任保险

一、含义

雇主责任保险，是以被保险人即雇主的雇员在受雇期间从事业务工作时，因遭受意外导致伤、残、死亡或患有与职业有关的职业性疾病而依法或根据雇佣合同的规定，应由被保险人承担的经济赔偿责任为承保风险的一种责任保险。

在雇主责任保险中，保险人主要承担被保险人（即雇主）的过失行为所致雇员的损害赔偿责任，许多国家也将无过失责任一并纳入承保的责任范围。无过失责任是指，只要雇员在工作中受到伤害，即使雇主并无过失，也要对雇员的伤害负经济赔偿责任。但是，对于被保险人雇主的故意行为所致的雇员的伤害，保险人并不负责，而是列为免除责任。

下列情况通常被视为被保险人雇主的过失或疏忽责任：

一是雇主提供危险的工作地点、机器工具、或工作程序；二是雇主提供不称职的管理人员；三是雇主本人直接的疏忽或过失行为，如对有害工种未提供相应合格的劳动保护用品等过失。

二、保险责任

（一）保险责任

雇主责任保险的责任范围是：在责任事故中雇主对雇员依法应负的经济赔偿责任和有

关的法律费用两部分。雇主对雇员的经济赔偿往往是由各种意外的工伤和职业病引起。

（二）免除责任

（1）战争、暴动、罢工、核风险等引起雇员的人身伤害。

（2）被保险人雇主的故意行为或者重大过失。

（3）被保险人对其承包人的雇员所负的经济赔偿责任。

（4）被保险人合同项下的责任。

（5）被保险人的雇员因自己的故意行为导致的伤害。

（6）被保险人的雇员由于疾病、传染病、分娩、流产以及由此而施行的内、外科手术所致的伤害等。

三、附加险

雇主责任保险的附加险包括：

（一）附加第三者责任保险

该附加险承保被保险人（雇主）因其疏忽或过失行为导致的雇员以外的他人人身伤害或财产损失的法律赔偿责任。此险实质上属于公众责任保险范围，但如果雇主在投保雇主责任保险时要求加保，保险人可以扩展承保。

（二）附加雇员第三者责任保险

该附加险承保雇员在执行公务时，因其过失或者疏忽行为造成的第三者的伤害、并且依法应由雇主承担的经济赔偿责任。

（三）附加医药费保险

该附加险承保被保险人的雇员在保险期间，因患有疾病等所需的医疗费用的保险。此险实质上属于普通人身保险或健康医疗保险的范畴。

此外，雇主责任保险还可以附加战争等风险的保险和附加疾病引起的雇员的人身伤亡的保险。

四、赔偿处理

赔偿基础

在雇主责任保险的理赔中，首先应该确认的是受害人与被保险人雇主的雇佣关系，这是保险人承担经济赔偿责任的前提基础。确定雇佣关系的标准是：

（1）雇主具有选择受雇人的权利。

（2）由雇主支付工资或者其他报酬。

（3）雇主掌握工作方法的控制权。

（4）雇主具有中止或者解雇受雇人的权利。

五、实务案例与分析

交通事故发生后，雇主方觉保险的重要性

案情：原告张欢诉称，2011 年 6 月 18 日下午 6 时许，其驾驶二轮摩托车沿徐州市铜

山区三堡镇街由南向北行驶至南头309县道交叉路口时与沿该道由东向西行驶的登记车主为被告王涛、被告赵佳驾驶的苏CP6298重型自卸车发生交通事故，致原告受伤，被送到徐州市第四人民医院住院治疗，经诊断为右下肢毁损伤，摩托车受损。该事故经铜山区交警大队新区事故组处理，被告赵佳承担事故的主要责任，后查明被告赵佳驾驶的肇事车在被告中国人民财产保险股份有限公司铜山支公司投了交强险。为维护原告的合法权益，故起诉到法院，请求判决被告赔偿原告各项损失57万余元。

被告赵佳是王涛的雇佣人员，并且在从事雇佣活动中导致原告张欢受伤，根据相关规定，应由雇主承担责任。肇事车辆在第三被告、即中国人民财产保险股份有限公司铜山支公司处投保交强险，保险公司应在交强险范围内承担责任。

被告王涛是肇事车车主，也是赵佳的雇主，事发后王涛已经支付伤者一万元费用。对原告的主张请法院依据事实和法律作出判决。

被告中国人民财产保险股份有限公司铜山支公司辩称，原告在计算残疾器具和维修费用的年限上不符合法律规定，按照同种情形同样对待的原则，应按照20年计算，而不应当按照当地人口的平均寿命计算。

法院经审理查明，上述情况属实。并认定铜山区交警大队新区事故组的责任认定处理（即：被告赵佳承担事故的主要责任，原告承担事故的次要责任的结论）真实有效。原告伤后即被送至徐州市中心医院治疗，经诊断原告为右下肢损毁伤，遂住院治疗，行右髋关节离断术，于2011年7月12日出院，共支付医疗费35 798.10元，另支付救护车费200元、拐杖费110元。原告出院医嘱为早期康复功能练习，配戴假肢。原告的伤情经徐州医学院司法鉴定所于2011年11月7日作出鉴定结论，认定原告的损伤构成五级伤残，需部分护理依赖。对原告安装残疾辅助器具的配置费用，经本院委托江苏省残疾人康复中心鉴定，该中心建议安装普通适用型髋离断假肢，价格为33 000元，此假肢一般可使用四年，每年维护费为产品总造价的5%。原告共支付鉴定费用3 100元。

以上事实，有交通事故认定书、医疗费票据、出院记录、住院病案、鉴定报告、户口本等证据及当事人的当庭陈述予以证明，法院予以确认。

法院认为，因被告驾驶的苏CP6298号重型自卸货车在被告保险公司投保了交强险和商业三者险，故应先由被告保险公司在交强险的医疗、伤残赔偿金的限额内对原告赔偿。因被告王涛是被告赵佳的雇主，且被告赵佳对事故的发生有重大过失，应当连带对原告超出交强险限额的合理的损失承担70%的赔偿责任。依照《中华人民共和国侵权责任法》第13条、第16条、第22条、第35条、第48条、《中华人民共和国道路交通安全法》第76条、《最高人民法院关于审理人身损害赔偿案件适用法律若干问题的解释》第17条、第18条、第19条、第28条的规定，判决如下：

1. 被告中国人民财产保险股份有限公司铜山支公司于本判决生效后十日内赔偿原告张欢庆医疗费10 000元、精神损害抚慰金30 000元、残疾赔偿金80 000元，合计120 000元。

2. 被告王涛、被告赵佳连带赔偿原告张欢庆医疗费18 275.67元、误工费2 500.4元、住院期间护理费588元、出院后护理费用63 826元、营养费168元、住院伙食补助费302.4元、交通费350元、残疾赔偿金62 728.12元、残疾器具及维修费138 600元、鉴定费2 170元，合计289 508.59元，已付10 000元，尚欠279 508.59元于本判决生效后十日内付清。

本案中雇主王涛，对于受害人张欢的交强险赔偿限额以外的赔偿，完全可以通过雇主责任保险附加雇员第三者责任险来转嫁，只是在教训之后方觉醒悟。

本章小结

1. 责任保险，是指以被保险人的民事法律赔偿责任或经过特别约定的合同责任为承保对象的保险。属于广义的财产保险范畴，适用于广义的财产保险的一般经营理论，但又独具自身经营和内容特点，是可以独成体系的一类保险业务。

责任保险属于赔付性保险业务，并适用代位追偿原则；责任保险承保的风险对象是被保险人的民事法律责任，也可以是经过保险客户的要求并经过特别约定的合同责任。这是与一般财产保险相区别的地方；责任保险以被保险人在保险期限内可能造成的他人的利益损失为承保基础。一般财产保险投保的是被保险人自己的现实利益所面临的风险，而责任保险的投保动机是转嫁保险期限内被保险人可能造成的他人的利益损失风险。

2. 责任保险有以下几个特征：(1) 保险标的的特征。责任保险的保险标的是无形的，承保对象是被保险人依法应承担的民事法律赔偿责任和经过特别约定的合同责任。(2) 责任保险补偿对象的特征。在一般的财产保险或者人身保险实务中，保险人补偿或者给付的对象往往是被保险人本人或者受益人，而责任保险的补偿对象却是在保险事故中遭受损失的第三者。(3) 承保方式的特征。责任保险的承保方式呈现多样化的特点。具有独立承保、附加承保或者与其他保险业务组合承保的多种方式。(4) 责任保险产生与发展基础的特征。法制的健全与完善是责任保险产生与发展的最直接的基础。(5) 赔偿处理的特殊性。

3. 责任保险的承保方式有期内发生式和期内索赔式。

4. 责任保险的保险责任由两部分构成。(1) 被保险人对受害的第三者遭受的财产损失或者人身伤亡依法应负的经济赔偿责任。(2) 因赔偿纠纷引起的、由被保险人支付的合理的诉讼费、律师费及其他事先经过保险人同意支付的费用。如损害估计费、鉴定费。

5. 责任保险的理赔通常采用责任限额制，以责任限额为最高赔偿额度。有 3 种情形：(1) 每次责任事故或同一原因引起的一系列责任事故的赔偿限额，可分为财产损失赔偿限额和人身伤亡赔偿限额两项。(2) 保险期内累计的赔偿限额，可分为累计的财产损失赔偿限额和累计的人身伤亡赔偿限额。(3) 保险人将财产损失和人身伤亡合成一个限额，或者只规定每次事故和同一原因引起的一系列责任事故的赔偿限额而不是规定累计的赔偿限额。

6. 责任保险的主要险种有产品责任保险、公众责任保险、职业责任保险和雇主责任保险。(1) 产品责任保险：是一种民事损害赔偿责任保险。主要承保制造商、销售商、修理商因其制造、销售或维修的产品有缺陷，致使消费者、用户或者公众，在使用的过程中遭受人身伤害或者财产损失，依法应由制造商、销售商、修理商承担的民事损害赔偿责任。(2) 公众责任是指，致害人在公众活动场所的过错行为致使他人的人身或财产遭受损害，依法应由致害人承担的对受害人的经济赔偿责任。公众责任的构成，以在法律上负有经济赔偿责任为前提，其法律依据是各国的民法及各种有关的单行法规制度。(3) 又称为职业赔偿保险。是以各种专业技术人员在从事职业技术工作时，因疏忽或者过失造成合同对方或他人的人身伤害或财产损失而导致的经济赔偿责任为承保风险的责任保险。(4) 雇主责任保险，是以被保险人即雇主的雇员在受雇期间从事业务工作时，因遭受意外导致伤、残、死亡或患有与职业有关的职业性疾病而依法或根据雇佣合同的规定，应由被保险人承担的经济赔偿责任为承保风险的一种责任保险。在雇主责任保险中，保险人主要承担被保险人（即雇主）的过失行为所致雇员的损害赔偿责任，许多国家也将无过失责任一并纳入承保的责任范围。

本章复习思考题及案例分析题

1. 名词解释

责任保险　产品责任保险　公众责任保险　综合公众责任保险
场所责任保险　承包人责任保险　承运人责任保险　旅行社责任保险
职业责任保险　医疗职业责任保险　律师责任保险　会计师责任保险
建筑、工程技术人员责任保险　公司董事及高级职员责任保险　雇主责任保险

2. 简述题

（1）责任保险的特征有哪些？
（2）责任保险的承保方式有哪几种？
（3）责任保险的承保责任由几部分构成？
（4）责任保险的赔偿限额有几种规定？
（5）公众责任保险的主要类别？
（6）职业责任保险的主要类别？
（7）雇主责任保险的附加险有哪几种？

3. 案例分析题

职业责任保险案例

案情：2012 年 5 月 12 日，湖南常德市民杨某因发烧、咳嗽到常德市某医院就诊，经治疗后病情无好转，5 月 16 日，转该院内三科住院继续治疗，病情反而愈加严重。从 5 月 12 日入院治疗至 5 月 28 日，半个月的时间内，杨某共计花费医疗费用 89 万多元。5 月 28 日，杨某转至中南大学湘雅医院，诊断为结核性脑膜炎，并患有严重的脑功能障碍，最终成为植物人。杨某的父母认为是医院医师的过失，诊断有误，延误了最佳治疗时间才导致这样的严重后果，一纸诉状将医院诉至法院，要求医院赔偿各项损失 396.33 万元。法院经庭审后认定，因为该医院的医疗过错行为造成杨某人身损害，应赔偿杨某经济损失。一审开庭判决由该医院赔偿杨某医疗费、残疾赔偿金、精神损害抚慰金等共计 341.19 万元。该医院投保了医疗职业责任保险，单次责任事故人身伤亡赔偿限额 50 万元。对于法院的判决结果，你认为保险公司和医院应该如何处理？

第十章 其他财产保险

案例

从神舟一号到神舟六号，飞船机身方面的财产方面都是没有投保的，仅仅是搭载飞船的一些商业性物品，如邮票、纪念册等有投保。例如，神舟 1 号发射时，参与了商业保险，但承保对象仅仅是飞船所搭载的物品，例如种子、国旗等。飞船机身方面没有投保商业性保险，但保险公司对宇航员的人身保险却没有忽视。据悉，早在 2003 年，中国人寿保险股份有限公司就中标获得宇航员的独家承保权。“神舟五号”升空后，中国人寿对外公布消息称，其为杨利伟个人提供了 500 万元的人身保险。此外，为所有入选的宇航员及其配偶子女提供了 1 000 多万元的人身保险，并且这份人身保险当时属于“友情赞助”的。在“神舟六号”发射时，中国人寿为聂海胜和费俊龙两位飞天宇航员独家提供了飞行期间的高额人身意外伤害保险。太平洋保险公司除为两位宇航员提供人身意外伤害险外，还为神六的书画长卷《和平颂》提供财产保险。

为何飞船机身没有投保商业性保险?

第一节 航天保险

一、概念

所谓航天保险（Space Insurance）是指保险人为航天器包括卫星、航天飞机、运载火箭等在制造、发射和运行中可能出现的各类风险提供风险保障的一种保险。它是对航天产品遭受灾害事故造成的财产损失和人身伤亡给予保险赔付的一种保险。

二、主要风险

航天保险的主要风险可以归纳为以下几个方面：

1. 爆炸

即航天产品在航天活动中发生爆炸事故并导致严重损失的风险。爆炸事故是发射阶段的主要风险，也是整个航天保险中造成损失最为严重的风险之一。例如，1986 年发生在美国的“挑战者号”航天飞机爆炸事件，使价值 20 多亿美元的航天飞机毁于瞬间，机上人员全部殉难，整个航天事业受到沉重打击。

2. 运行失常

如航天产品发射后未能进入预定轨道或未能按计划回收，这种运行失常同样会导致严重的损失，从而是航天保险中的又一类主要风险。1984 年由美国发射的两颗卫星未能进入预定轨道，不仅使卫星的所有人——美国西联电报公司和印度尼西亚政府的通讯事业发展计划遭到重大挫折，而且使这次发射活动的承保人英国劳合社付出了 1 800 多万美元的保险赔款。

3. 意外故障

它也是导致航天活动费用损失的事故风险，其后果虽然不是航天产品的毁灭性损失，但同样会造成严重的经济后果。例如，1992 年 3 月 28 日，中国西昌卫星发射中心在发射一颗卫星时，出现剧毒燃料不断渗漏的意外故障，虽经紧急关机保住了火箭、卫星及发射场，但仍造成了 3 人死亡和数百万美元的直接经济损失。

4. 其他风险

如气候因素、太空意外碰撞以及制造、运输、安装、发射过程中的疏忽或过失等，均有酿成重大损失的可能。综上所述，航天保险是高风险的科技工程保险。

三、主要险别

一般地，一个航天项目的进展分为 4 个不同的阶段，因此航天保险也根据这 4 个不同的航天项目进展阶段划分为：制造阶段保险、发射前保险、发射保险和在轨寿命保险。

制造阶段保险主要承保卫星和火箭等制造和安装过程的风险以及各零部件的测试风险。例如卫星与运载工具及其附属备件在生产厂房制造安装中的物质损失风险。具体包括卫星和火箭等的组装过程及相应的静态试车，在模拟发射环境下的各种试验过程，以及因其他意外原因所导致的卫星和火箭等的损失。制造阶段保险的保险方式与其他财产险相类似，主要承保的保险期限通常到卫星和火箭等吊装至运输工具上准备运往发射基地时终止。由于这些损失通常属于常规工程保险承保的范围，因此制造阶段的保险一般由卫星或火箭等的制造商投保。

发射前保险主要承保包括火箭和卫星从制造场地运送到发射基地阶段、在基地暂时的储存阶段、火箭和卫星的对接阶段、火箭和卫星的燃料加注阶段的风险以及意向点火后发动机紧急关机或意向点火后火箭未脱离发射架臂的风险。

发射保险主要承保从火箭点火起飞开始将卫星送入预定轨道和卫星定点后实现在轨道测试直至交付使用为止阶段的风险。根据被保险人的要求，保单通常规定保险期限可以从起飞开始至 180 天或 365 天或更长的时间。

在轨寿命保险承保卫星在轨道运营期间的风险直至卫星寿命结束。保单通常规定保险期限为 1 年，根据卫星在轨道运营的情况逐年续转保单。

航天保险承保的每个阶段风险的起止点往往根据被保险人与火箭和卫星制造商之间合同规定的风险的转移点而确定，他们之间的合同通常是指卫星所有人与火箭制造商之间签订的发射服务合同和卫星制造商之间签订的卫星制造合同。

四、保额的确定

航天保险的保险金额通常分阶段、按险种确定。具体地说，发射前保险是以制造、安装卫星及火箭的总成本为依据确定保险金额；发射保险是以卫星及火箭的市场价格加上发射等费用之和为依据确定保险金额；卫星寿命保险是以将卫星送上轨道的成本及有关费用并参照卫星的工作效率为依据来确定保险金额，其保险金额数量按年限递减。

五、再保险

再保险是整个保险体系中非常重要的一个环节，对于分散保险经营风险，扩大保险公司的承保能力，保证其稳定经营等具有非常重要的意义。随着我国航天事业的迅猛发展，航天保险业务也渐入佳境，参与航天保险业务的保险公司越来越多，呈现出可喜的局面。航天保险已经成为中国航天不可或缺的组成部分。再保险联合体是一种有效的再保险组织方式，可以加强成员之间的合作，提高承保能力，减少对外部市场的依赖，最大限度地防止保费外流。我国已成立了航天保险联合体。1997 年国务院指示由中国人民保险公司牵头成立中国航天保险联合体，并建立卫星保险基金，规定在保险基金积累到一定金额前，中国的卫星发射保险业务属于政策性业务。中国航天保险联合体负责承保国内所有与卫星发射有关的航天保险业务。在能够得到国际分保支持时，联合体成员公司自愿认购自己的净自留额，其余份额统一安排国际分保；在得不到国际分保支持时，联合体承担全部保险责任，成员公司按其各自资本金、公积金、准备金之和占总量的比例，确定每一笔业务的自留额。中国航天保险联合体的成员包括国内所有的中资财产保险公司和再保险公司，它们是中国人民保险公司、中国再保险公司、中国太平洋财产保险股份有限公司、中国平安保险股份有限公司、华泰财产保险股份有限公司、永安保险股份有限公司、大众保险股份有限公司、华安财产保险股份有限公司、水安财产保险股份有限公司、新疆兵团财产保险公司。中国人民保险公司为联合体主席单位及业务部所在地。

六、实务案例与分析

1995 年 1 月 26 日，“亚太二号”通信卫星发射失败，太平洋保险 50 天内赔款 1.62 亿美元，比国际惯例提前 50 天。2007 年 7 月 5 日，中国长征系列运载火箭的第 101 次发射获得圆满成功——长征三号乙运载火箭将中星 6B 通信卫星送上太空，开启了长征火箭家族第二个百次发射之旅。作为中星 6B 卫星发射及在轨保险项目的经纪公司，江泰公司组织国内 11 家财产保险公司承保了长征火箭的第 101 次发射，中国人民财产保险股份有限公司、中国再保险（集团）公司、中国太平洋财产保险股份公司等 11 家保险公司申报承保份额达 7 000 万美元，创造了我国航天保险史上申报承保份额最高的纪录。

第二节 航空保险

一、概念

航空保险是随着飞机制造业的发展，在海上保险和人身意外伤害保险的基础上发展起来的一个保险领域。

二、主要险别

航空保险主要由机身险、第三者责任险、旅客保险、战争险所构成。机身险包括飞机机身（零备件）一切险、机身免赔额保险、飞机试飞保险等。第三者责任险包括航空承运人综合责任险、其他相关责任险等。值得注意的是“第三者”不包括机上乘客、机组人员和航空公司雇用人员。旅客保险以乘客在乘坐或上下飞机时发生意外而致人身伤害或随身携带和已交运登记的行李、物件受损，以及对旅客、行李、物件在运输途中因延误而致损失，根据法律或合同规定由被保险人负担的赔偿责任为保险标的的保险。战争险，包括飞机机身（零备件）战争险、航空承运人综合责任战争险等。

三、飞机险的免赔额

为了减少小额赔款并促进被保险人加强责任感，飞机险一般也有免赔额的规定，由航空公司自负一部分责任，保险公司只负担超过免赔额的部分，在免赔额以下的由航空公司自负。

四、飞机险的退费

（1）停航退费。

（2）年终退费。

五、民用航空国际公约

第二次世界大战后，为解决战后民用航空发展中的国际性问题，1944 年 11 月 1 日至 12 月 7 日在美国芝加哥召开了有 52 个国家参加的国际民航会议，签订《国际民用航空公约》（简称《芝加哥公约》），并按国际民用航空临时协定设立了“临时国际民航组织”。1947 年 4 月 4 日公约生效，“国际民航组织”正式成立。同年 5 月成为“联合国”的一个专门机构。1990 年，已有 161 个缔约国。总部设在加拿大的蒙特利尔。1974 年 2 月 15 日，中华人民共和国政府函告国际民航组织，承认 1944 年 12 月 9 日当时的中国政府签署并于 1946 年 2 月 20 日交存批准书的该公约。该公约自 1997 年 7 月 1 日、1999 年 12 月 20 日起分别适用于香港、澳门特别行政区。

六、理赔处理

与其他保险一样，航空保险的理赔通常包括以下程序：

（一）受理报案

受理报案是指被保险人发生保险事故后必须及时向保险公司报案，保险公司应将事故情况登录备案。一般来讲，报案是保险公司理赔过程中的重要环节，它有助于保险公司及时了解事故情况，必要时可介入调查，尽早核实事故性质；同时保险公司又可以根据保险合同的要求及事故情况，告知或提醒申请人所需准备的材料，并对相关材料的收集方法及途径给予指导。

（二）立案受理

立案就是保险公司根据申请人提供的理赔申请材料进行审核，确定材料是否齐全、是否需要补交材料或保险公司确定是否受理的过程。在立案环节中，保险公司的立案人对提交的证明材料不齐全、不清晰的，会当即告诉申请人补交相关材料；对材料齐全、清晰的，即时告知申请人处理案件大致所需要的时间，并告知保险金的领取方法。

（三）调查和取证

调查和取证是保险公司通过对有关证据的收集，核实保险事故以及材料的真实性的过程。调查过程不仅需要相关部门及机关的配合，申请人的配合也是必不可少的环节，否则将影响保险金的及时赔付。

（四）审核和签批

审核就是指案件经办人根据相关证据认定客观事实、确定保险责任后，精确计算给付金额并作出理赔结论的过程。签批是指理赔案件签批人对以上各环节工作进行复核，对核实无误的案件进行审批的过程。

（五）通知和领款

案件经过签批环节后，对属于保险责任的，在与被保险人或者受益人达成有关赔偿或者给付保险金额的协议后十日内，履行赔偿或者给付保险金义务。保险合同对保险金额及赔偿或者给付期限有约定的，保险人应当依照保险合同的约定，履行赔偿或者给付保险金的义务。保险公司可以通知受益人携带相关身份证明及关系证明，前来办理领款手续。

（六）其他程序

航空事故发生后，通常会涉及为数众多的人员的人身损害或巨大的财产损失，再加上法律适用上的复杂性，许多航空保险案件往往需要依赖法院的司法程序才能确定保险责任。因此，司法程序经常成为了航空保险理赔案件的先行程序或前置程序。

七、实务案例与分析

2002 年初，青岛直升机航空有限公司（以下简称青岛公司）代春兰（集团）公司（以下简称春兰公司）从欧洲进口了一架 EC— 135 公务直升机，并负责对直升机进行执管。自 2002 年 5 月 30 日起，春兰公司就对飞机进行了连续投保。前两年，由人保财险独家承保。2004 年 6 月 21 日，春兰公司第三年投保，此次由三家保险公司共同承保，人保财险、中华联合和太保财险三家保险公司的共保比例份额依次为 50%、30%、20%。次日，三家保险公司向春兰公司联合签发了飞机保险单，保险险种涉及飞机机身一切险、法定责任险。其中飞机机身为定值保险，保险金额为人民币 3 000 万元；法定责任险分项投保旅客座位险和地面第三者责任险，旅客责任险按飞机五座旅客座位每名旅客责任限额 50 万元，地面第三者责任险为每次事故赔偿限额 500 万元。2004 年 9 月 2 日，浙江省宁波电视台因举办“活力宁波”宣传活动，在报经有关部门批准后，向春兰公司租用直升机进行空中拍摄。9 月 16 日，青岛公司驾驶员夏仁杰、王春驾驶直升机，搭载宁波电视台五名航拍人员执行航拍任务。不幸的是，当天下午 3 时前后，飞机在宁波失事坠毁，除机尾外机身全部烧毁。机上 5 名航拍人员 3 人死亡、2 人重伤；机组人员中副驾驶王春死亡，机长夏仁杰重伤。事故发生当日，春兰公司向保险公司提交了《事故情况报告》，要求保险公司启动理赔并预付保险金。可是，让春兰公司意想不到的是，保险公司既不作理赔，也不明确表示拒赔。针对保险公司的消极行为，2004年12月24日，春兰公司一纸诉状将三家保险公司推上了被告席，请求法院判令三家保险公司共同给付各项经济损失共计3 860余万元。三家保险公司与春兰公司对于双方存在保险合同关系，以及保险标的EC－135公务直升机在保险期间发生了坠毁事故并无争议，但对于因事故所造成的损失是否应当由保险人赔偿，双方发生了争执。保险公司提出，保单一览表载明的用途为“公务”，飞机适航证的使用范围是“公务飞行”，但“9.16”事故飞行执行的是“空中拍摄”，按照《通用航空经营许可管理规定》，“空中拍摄”与“公务飞行”是两种不同的经营项目，因此春兰公司飞机的用途不符合保单一览表的规定，所发生的坠机事故不在保单保障范围。保险公司还认为，春兰公司在本次投保前曾多次将飞机用于空中拍摄，但填写投保单时却故意隐瞒这一事实，仍将用途设定为公务飞行，从保险公司获取最低的保险费率，属于故意不履行如实告知义务。春兰公司在保险期限内改变飞机用途，将飞机租给宁波电视台执行危险程度高于公务飞行的空中拍摄，在此之前也有类似情况，这明显加大了保险标的危险程度，但春兰公司从未及时履行书面通知义务，对于所发生的保险事故，保险公司不承担赔偿责任。此外保险公司还提出，“9.16”事故飞行时飞机不适航状态。春兰公司将飞机用于空中拍摄，改变了适航证核定的“公务飞行”的使用范围，使飞机处于不适航状态。而且宁波 电视台进行空中拍摄期间，在飞机右前部加装机身外固定座椅，未经民航管理部门批准，造成飞机操纵难度加大，使飞机处于不适航状态。在诉讼中，春兰公司提出请求保险公司支付旅客责任险、第三者责任险在内的法定责任险保险金750万元。对于这一诉讼请求，保险公司表示不能接受。他们认为，责任险是以被保险人对第三者依法应负的赔偿责任为保险标的，只有在被保险人依据法律对第三者负有法律赔偿责任时，保险人才履行保险责任，且均为限额赔偿。春兰公司未提供任何证据证明地面第三人提出索赔请求，这方面的损失不存在，春兰公司要求保险公司支付750万元的责任险保险金于法无据。法院审理后认为，在当事人双方未以书面形式约定具体含义的情况下，保单中飞机的“公务”用途宜作宽泛理解，不应简单地等同于狭义的公务飞行，“空中拍摄”不应当被排除于保单用途“公务”范畴。保险公司关于“9.16”事故飞行不符合保单用途的观点，法院不予采纳。由于双方是三年的续保关系，春兰公司在首次投保后不久，就将保险标的用于空中拍摄并被媒体广泛宣传，在所在区域内已成为众所周知的事实。作为对保险标的负有密切关注义务的保险公司来说，对此应属明知或应当知道，其如果认为空中拍摄不属其承保风险，或虽可承保但应当增加保费的，完全可以及时提出变更或解除合同，或者在下一个年度前就此提出，以作出调整费率或不予承保的决定。但在此后的两个年度里，保险公司又向春兰公司签发了内容条件完全一致的保单。该行为足以认定为弃权，对保险公司应发生禁止抗辩的法律后果。保险公司指称直升机加装固定座椅，首先并无确凿证据证明；即便属实，按照1995年民航总局《民用航空器运行适航管理规定》，也不属于“改变航空器、发动机或螺旋桨型号设计”的重要改装，无需履行审批手续。据此，法院判决三家保险公司按各自承保的比例给付春兰公司飞机险保险金3 000万元，并赔偿春兰公司已支付的事故伤亡人员人道主义慰问金25万元和律师代理费39.1万元。

第三节 信用保证保险

一、概念

信用保证保险是以合同双方权利人和义务人约定的经济信用为保险标的保险。信用保证保险是一种担保性质的保险。它实际上是由保险人（保证人）为信用关系中的义务人（被保证人）提供信用担保的一类保险业务。在业务习惯上，因投保人在信用关系中的身份不同，而将其分为信用保险和保证保险两类。信用保险的投保人和被保险人都是权利人，所承担的是契约的一方因另一方不履约而遭受的损失。例如，货物出口方担心进口方拖欠货款而要求保险人为其提供保险，保证其在遇到上述情况遭受经济损失时，由保险人赔偿。保证保险的投保人是义务人，被保险人是权利人，保证当投保人不履行合同义务或有不法行为使权利人蒙受经济损失时，由保险人承担赔偿责任。例如，某工程承包合同规定，承包人应在签订合同后一年半内交工，业主（权利人）为能按时接收工程，要求承包人购买履约保证保险，假如在约定条件下承包人不能按时交付工程项目，给权利人造成经济损失，由保险人负责赔偿。综上所述，无论是信用保险还是保证保险，保险人所保障的都是义务人的信用，最终获得补偿的都是权利人。

二、特点

（1）信用保证保险承保的是一种信用风险。

（2）信用保证保险只是对权利人的担保。

（3）保险人经营信用保证保险业务只收取担保费而无盈利。

三、主要险别

目前，信用保证保险的主要险种有：

（一）雇员忠诚保证保险

雇员忠诚保证保险是指承保雇主因其雇员的欺骗和不诚实行为所造成的损失，由保险人负责赔偿。

（二）履约保证保险

履约保证保险是指承保签约双方中的一方，由于不能履行合同中规定的义务而使另一方蒙受的经济损失，由保险人负责赔偿。

（三）信用保险

信用保险是指承保被保险人（债权人）在与他人订立合同后，由于对方不能履行合同义务而使被保险人遭受的经济损失，由保险人负责赔偿。常见的有出口信用保险和投资保险等。

四、赔偿处理

赔偿处理是当承保标的的风险可能发生或已经发生时，被保险人填报可能损失通知书和索赔申请书索赔及保险人受理索赔的过程。它包括损失通知、被保险人的索赔、保险人的理赔和欠款的追讨等步骤。

（一）损失通知

被保险人一旦获悉或发现保险标的遭受损失，应立即通知保险人，进行损失通知，填报可能损失通知书。可能损失通知书是保险人缮制的，由被保险人获悉损失已经发生或引起损失的事实已经发生后，在保单规定时间内填写并报送保险人的书面文件，一般包括被保险人名称、保险单号码、保险人批准的该买方信用限额、支付方式、买方违约及处置方式等。可能损失通知书虽不是保险索赔的申请书，但它能起到协助保险人控制风险、尽量降低损失的重要作用。被保险人按照保险条款的规定填报可能损失通知书是其应尽的义务，一般国内信用保险条款规定，在被保险人未能履行此义务时保险人有权拒绝赔偿。国内信用保险人在接到可能损失通知书后，应立即要求并配合被保险人采取措施避免和减少损失，进行积极的损失控制。

（二）索赔

索赔又称提赔，它是在确认保险条款规定的保险标的遭受损失后，被保险人根据保险条款的规定，向保险人提出赔款要求的行为。被保险人的索赔要注重时效，即要快，从而避免被保险人因想尝试独立追偿或根本忘记有保险而导致延误向保险人索赔。损失一经确认，要立即向保险人提出索赔。及时无误的索赔，可使保险人根据损失发生的原因，有针对性地采取行动，把损失减小到最低程度。被保险人索赔时，首先要正确无误地填写索赔申请表。索赔申请表一般包括被保险人名称、地址、保单号、保单生效日、买方信用限额申请日、有效信用限额、造成损失的原因及被保险人采取了何种补救措施等。除递交索赔申请表外，被保险人还要提交保险人要求提供的与确认保险事故的性质、原因、损失程度等情况有关的其他证明材料的原件或原件的复印件。上述有关索赔文件的齐全、清楚、无误，有助于保险人迅速定损核赔。

（三）理赔

理赔是在保险标的遭受损失后，保险人根据保险条款的规定核定损失，向被保险人支付保险金的行为。国内信用保险的理赔程序包括以下步骤：（1）登记立卷。保险人收到被保险人索赔申请及有关单证后，根据保单号或其他标准进行登记立卷，以便随时查询。（2）进行核赔。审核索赔申请及有关单证是否合规、齐全、准确、清楚。合规指提交索赔申请的事件符合保单条款的规定；齐全指证明索赔人履行卖方义务、被保险人义务及证明承保标的遭受损失的有关文件齐全；准确指上述文件均为有效的证明文件；清楚指字迹、印章清楚。（3）确定损失原因。损失原因必须在保险条款所规定范围之内。（4）检查被保险人是否履行了保险合同下的应尽义务，如定期申报、按时交纳保险费、填报索赔申请等。（5）计算赔款金额。赔款金额由合同金额、实际损失金额、某一被保险人最高赔付额、有效信用限额、赔付比例等因素决定。一般来讲，赔款金额等于有效信用限额与赔付比例之乘积，并且，赔款金额＜实际损失金额≤出运金额≤合同金额；

对某一被保险人来讲，保险人支付其年赔款额一般小于其年实际损失余额的 1/4。(6) 赔款等待期的等待。(7) 等待期满后，划拨赔款。对于拒绝赔偿的案子，保险人应该书面通知被保险人。

(四) 欠款追讨

欠款追讨指在承保标的遭受损失后，在赔款等待期内，保险人或保险人接受被保险人委托后再委托他人（如追账公司），或被保险人向债务人（买方）或其担保人追收账款的行为；或在保险人向被保险人（卖方）支付赔款取得追偿权后，直接或委托追账公司向债务人（买方）或其担保人追收账款的行为。一般国内信用保险条款对被保险人在欠款追讨阶段应尽的义务有如下规定：被保险人应积极追讨或协助保险人追讨欠款；在保险人支付赔款前，应保险人要求出具追讨欠款委托书，并提供追讨所需相应文件；在保险人支付赔款后，将商务合同、保险合同项下被保险人的权益转让给保险人；按保险条款的规定比例承担追讨过程中发生的费用（包括佣金、律师费、诉讼费等）。

五、实务案例与分析

1998 年初，广州一家合资公司策划在上海某百货商场举办护肤用品专柜特卖活动月。该公司通过某人才市场的招聘，雇用了 5 名小姐担任此次活动的推销员。一天，该公司急需将 20 箱护肤用品，价值五万多人民币的货物从公司驻沪办事处运往商场。当时正值下午 4 时，公司送货车辆均已外出未归，活动现场又急等要货。为此，负责这次活动的业务员便安排推销员 A 叫一辆出租车送货，并再三吩咐其随车押货到指定的商场，同时联系商场专柜售货组派人在商场门口接货。但数小时过后，在商场门口接货的人员却始终未见随车押货的推销员 A 的踪影。业务员根据公司提供的手机号码与推销员 A 联系，可是一位回电话的男士声称是机主，却根本不认识业务员要找的推销员 A。由于公司招聘资料只有推销员 A 的手机号码及一般个人资料，该公司一时无法找到推销员 A 的下落。发现这批货物已遭不测后，该公司立即向当地派出所报了案。公安人员调查发现推销员 A 提供的手机号码与实际机主身份不符，同时，推销员 A 在人才市场所留下的身份证及姓名、地址也有不少疑点。对于此案，公安部门虽然对所有的线索作了进一步的追查，但终究没有明确的结果。

该公司事后根据投保的雇员忠诚保证保险向保险公司提出了索赔申请。保险公司需支付赔款吗?

保险公司接到受损公司的索赔申请后，立即向该公司的有关人员进行了调查取证，并根据保险单所列明的条款，要求被保险人提供雇用推销员 A 对其受雇前情况进行查询所获得的证明资料。但事实表明，该公司在雇用推销员 A 时，未对其受雇前情况作必要的查询。由于被保险人在使用其雇员前，未通过必要的查询来防范其雇员在忠诚信用方面所潜在的风险，因此，保险公司依据保单条款对此案作出了拒赔的决定。

本章小结

1. 航天保险（Space Insurance）是指保险人为航天器包括卫星、航天飞机、运载火箭等在制造、发射和运行中可能出现的各类风险提供风险保障的一种保险。它是对航天产品遭受灾害事故造成的财产损失和人身伤亡给予保险赔付的一种保险。

2. 航空保险是随着飞机制造业的发展，在海上保险和人身意外伤害保险的基础上发展起来的一个保险领域。

3. 信用保证保险是以合同双方权利人和义务人约定的经济信用为保险标的保险。

4. 信用保证保险特点：(1) 信用保证保险承保的是一种信用风险。(2) 信用保证保险只是对权利人的担保。(3) 保险人经营信用保证保险业务只收取担保费而无盈利。

本章复习思考题及案例分析题

1. 名词解释

航天保险　航空保险　信用保证保险

2. 简述题

(1) 航天保险的主要风险包括哪些?

(2) 飞机险的退费包括哪几种情形?

(3) 航空的基本险别及其内容有哪些?

(4) 信用保证保险特点有哪些情形?

3. 论述题

信用保证保险的赔偿处理有哪些情形?

4. 案例分析题

饭店起火引燃住宅，该责任应由谁来负?

案情：李某于2005年新购置一套新房，同时办理了银行贷款业务，在办理贷款时，银行并为李某办理了住房贷款保险，李某于次年3月份装修入住，李某新房是在该单元的四楼，而楼下一、二、三 楼却在7月份开了一家饭店，而在2007年大年初三晚上，楼下饭店突然起火，而李某当时并未在家，当知道消息赶回家时，家中的大火已被消防人员扑灭，后经消防人员对火灾的调查发现，该大火是由饭店的值班人员在寝室里用酒精锅炖菜，后来在火未全部熄灭的情况下，几个人便离开上楼打麻将，而楼下的酒精锅便将地毯给点着了，从而引发了这场大火，而在此次事故中李某家中的损失约为25万余元，而同时被波及的还有很多其他住户，当损失发生后大家便集体向该饭店负责人索赔，由于此次火灾发现的时间晚，造成的损失较为惨重，而该负责人也确实无力给大家赔偿，后来李某突然想起在办理贷款时并为该房屋办了一份保险，李某便来到保险公司报案，并要求索赔，理赔人员在接到李某报案后，经过调查确认李某当时在银行办理了一份个人贷款抵押房屋综合险，而通过对消防的核实认证，确定此次事故发生的全过程，保险公司最后认定，承担此次事故的全部损失，而由于李某报案的日期是事故发生后的第十二天了，由于现场已经被破坏，而李某所提供的损失清单中，有一些是根本无法查到的，保险公司最后经过对损失的调查认证，决定对李某赔偿13.2万元。保险公司同时取得了代位追偿的权利，保险公司将向饭店责任人提出对此次损失进行追偿，李某对保险公司的赔偿不满遂向法院提出了起诉。

李某认为：我报案的时间虽然晚了，但它并不影响事实发生的存在性，而消防部门也出具了相应的文件说明，而当时李某为了向饭店索赔，也照了很多当时房屋的照片，这些都能充分说明损失的发生，所以保险公司以未及时报案为由少赔偿了十多万是不合理的。

保险公司认为：虽然消防部门和李某提供了大量的证据，证明了事件发生的存在性和合理性，但并不能对屋内财产的损失进行一个准确的评定，因为现场已破坏，理赔人员根本无法对现场的损失进行核实，所以我们只能以李某所提供的能证明房屋内财产损失的部分进行赔偿。

请结合相关保险知识对上述案例进行分析，并总结你从中得到了哪些启示。

下篇

人身保险实务

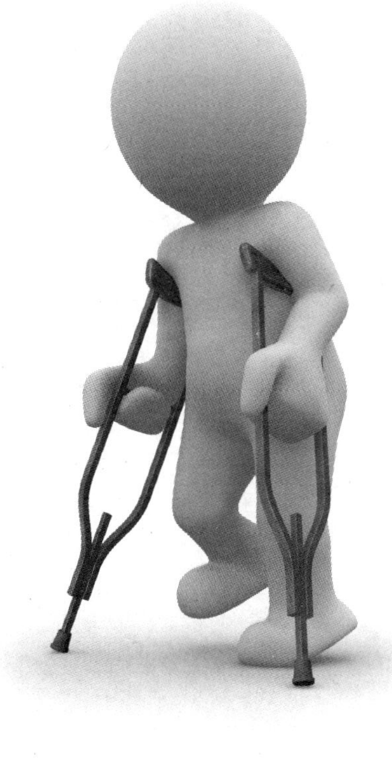

第十一章 人身保险概述

案例

保险合同交费生效条款的法律效力

已是而立之年的戴秉国，在上海从事外贸工作，年收入 15 万元，现为部门主管，未来收入还有上升空间。爱好旅游，没有特别擅长的投资渠道，也没有太多的时间打理钱财。目前存款 5 万元。他的太太 28 岁，年收入 10 万元，税务师，收入稳定。两人育有一子，3 岁半，正在上幼儿园。5 年前，他们通过按揭，购得房产一套，这几年通过几次提前还贷，还欠贷款 36 万元，月供为 3 000 元，基本上用单位的公积金可以覆盖。一家三口必要的生活开支每月需 4 000 元。夫妇俩均有社保，没有任何商业保险。

依据保险的“双十”原则，确定该家庭必要的保障额度为 250 万元，其中男主人的保障额度为 150 万元，女主人的保障额度为 100 万元。这 250 万元的家庭保障额度，可以由意外险、重疾险、养老和定期寿险等组成。建议男主人考虑 50 万元的终身重疾险，带分红，有病看病，无病养老。剩余 100 万元的风险缺口，在考虑意外险、养老等需求后，全部由定期寿险实现。比如 50 万元的定期寿险，可以覆盖房贷的风险。建议女主人考虑 30 万元的终身重疾险，可以考虑消费型或者返还型产品。剩余 70 万元的风险缺口，在考虑意外险、养老等需求后，也可全部由定期寿险实现。建议宝宝优先考虑 1 万元的意外险，然后是 10 万元的终身重疾险，再根据对宝宝未来的大学教育规划，确定教育险的年交费额度。

上述案例中，体现了一个完备的保险规划过程。

第一节 人身风险及管理

一、人身风险

人身风险是指个人在日常生活或者经济活动的过程中，生命或身体受到损害，造成经济生产能力降低或丧失甚至增加额外费用支出的风险，主要包括死亡、残疾、疾病、生育、年老等。

二、人身风险的特征

人身风险的特征主要有以下四点：不确定性、损失性、发展性、客观性。

（一）人身风险具有不确定性

人身风险必须是偶然的或不可预料的，也就是说风险发生与否不可预料，或风险必然发生，但发生的时间和损失程度不可预料。

（二）人身风险具有损失性

人身风险事故的发生会给个人或家庭带来不可避免的损失。

（三）人身风险具有发展性和客观性

在一定时期内，从个体上看人身风险具有发展性，从总体上看人身风险具有客观性。

三、人身风险的管理

（一）风险管理目标

人身风险管理的最大目标是以最小成本获得尽可能大的安全保障，满足个人或家庭的效用。

损前目标：在损失发生前，比较各种风险处理工具，并进行全面、细致的财务分析，谋求最经济、合理的处置方式，实现以最小的成本，获得最大的安全保障。

损后目标：采取及时有效措施予以抢救和补救，防止损失的扩大和蔓延，将已出现的损失后果降到最低限度。

（二）风险管理的流程

1. 人身风险回避

是指主动放弃或改变某种可能存在人身风险的活动，对可能出现风险的事件或活动避而远之，特别是向未成年人讲授安全和健康的知识，有助于防范各种人身风险事件的发生。

2. 人身风险抑制

可以采取加强安全自救措施的培训、普及医学常识避免疾病恶化等方式，使得损失发生后的损失程度尽量减小；另外通过家庭预留部分收入额，对付可能发生的收入损失和医疗费用支出。

3. 购买保险

通过购买保险来管理人身风险，避免风险发生时给个人、家庭生活带来冲击，达到财务自由的境界，使个人、家庭的生活不受风险事件发生的影响。

第二节 人身保险概述

一、人身保险含义

人身保险，是指以人的寿命和身体为保险标的的保险，当被保险人发生死亡、伤残、疾病等风险事故时或者达到合同约定的年龄、期限时保险人给付被保险人或其受益人保险金。人身保险是劳动者在遇有不幸事故，丧失劳动能力或家庭扶养人死亡时得到物质保证的形式之一，以解决其因病、残、老、死所造成的经济困难。人身保险具有保障和长期储蓄功能，可以用于为人们的生活进行长期财务规划。

案例：

国寿康宁定期保险

保险责任：

被保险人于本合同生效之日起 180 日后，初次发生并经确诊为本合同所指的重大疾病，本公司按基本保险金额给付重大疾病保险金，本合同终止；

被保险人身故，本公司按基本保险金额给付身故保险金，本合同终止；

被保险人身体高度残疾，本公司按基本保险金额给付高度残疾保险金，本合同终止；

被保险人生存至年满 70 周岁的年生效对应日，本公司按所交保险费给付满期保险金，本合同终止。

二、特征

（一）定额性保险

人身保险是一种定额性保险。人身保险的最突出特征是其标的即人的生命价值没有客观标准，因此，只能由投保人根据自己需要自报保险金额，保险公司按投保人的经济情况、工作性质、生活标准、缴付保费能力等因素加以衡量。在法律允许范围与条件下，与保险人协商确定，如果认为合理，即可接受承保；如认为金额过高，可以协商修改或拒保，人身保险合同经当事人协商可以附加意外死亡的双赔条款，被保险人非因一般疾病而是因意外伤害事故死亡时，可以得到双倍保额的保险金。

（二）储蓄性保险

人身保险不仅能提供经济保障，而且大多数人身保险还兼有储蓄性质。人身保险其纯保险费中大部分是用来提存准备金，这种准备金是保险人的负债，可用于投资取得利息收入，以其用于将来的保险金给付。正因为大多数人身保险含有储蓄性质，所以投保人或被保险人享有保单质押贷款、退保和选择保险金给付方式等权利。

（三）长期性保险

人身保险的保险期间都比较长，特别是人寿保险，其保险期间通常在五年以上，有的险种长达几十年甚至终生。

知识窗

保险利益的特殊性：保险利益是指投保人或被保险人对保险标的具有法律上承认的利益。

关于保险利益的相关法条：

中华人民共和国保险法（2014年修订）

第12条（第一款）　人身保险的投保人在保险合同订立时，对被保险人应当具有保险利益。

第31条　投保人对下列人员具有保险利益：

（1）本人；（2）配偶、子女、父母；（3）前项以外与投保人有抚养、赡养或者扶养关系的家庭其他成员、近亲属；（4）与投保人有劳动关系的劳动者。除前款规定外，被保险人同意投保人为其订立合同的视为投保人对被保险人具有保险利益。订立合同时，投保人对被保险人不具有保险利益的，合同无效。

三、分类

随着社会的发展，人们生活需求的不断变化，风险也不断变化，因此，人们购买保险特别是人身保险的需求也是日益旺盛。而人身保险的险种种类也随着需求而不断发展变化，产品纷繁多样。

（一）按保障范围可分为人寿保险和健康保险

人寿保险简称寿险，是一种以人的生死为保险对象的保险，是被保险人在保险责任期内生存或死亡，由保险人根据契约规定给付保险金的一种保险。人寿保险又可分为死亡保险、生存保险、两全保险、年金保险等具体险种。死亡保险是以保险期限内被保险人死亡为保险条件，由保险人给付保险金的保险。生存保险根据约定的保险期限满时，被保险人仍然生存为保险条件，从而由保险人对被保险人支付保险金的保险，如养老年金保险。两全保险以保险期限内被保险人死亡和被保险人仍然生存为共同保险条件，由保险人给付保险金的保险。如简易人身险。年金保险因其在保险金的给付上采用每年定期支付的形式而得名，实际操作中年金保险还有每季度给付、每月给付等多种形式。健康保险是以人的身体为保险标的，当被保险人因疾病或意外伤害而导致损失时，保险人对其因伤、病发生的费用或损失给予补偿的保险。健康保险则又可分为疾病保险、医疗保险、失能收入损失保险、护理保险等。

（二）按投保方式划分：个人保险和团体保险

个人保险，单个被保险人在自愿选择的基础上投保人身保险称为个人保险，保险对象为个人；团体保险是以一份总的保险合同承保某一机关、企业、事业单位或其他团体的全体或大多数成员的人身保险。

（三）按有无分红划分：分红保险和不分红保险

分红保险是指保险公司将其实际经营成果按照一定比例向保单持有人进行分配的人寿保险。与普通险种相比，分红保险增加了分红功能，但需要注意的是，其分红是不固定，也是不保证的，分红水平与保险公司的经营状况有着直接关系。通常来说，在保险公司经营状况良好的年份，客户可能分到较多的红利，但如果保险公司的经营状况不佳，客户能分到的红利就可能比较少甚至没有。

（四）按实施方式划分：自愿保险和强制保险

自愿保险是人身保险双方当事人在公平自愿的基础上，通过订立人身保险合同自愿缔结保险关系的一种人身保险形式，保险公司可以选择被保险人和保险标的，投保人可以自由选择保险公司、投保的险种、保险期限和保险金额。强制保险也称为“法定人身保险”，是国家通过立法规定强制实行的人身保险。

（五）按投保期限划分：长期业务、一年期业务、短期业务

长期业务是保险期限超过一年的人身保险业务；一年期业务以人身意外伤害保险居多，健康保险也可以是一年期业务；短期业务是保险期限不足一年的人身保险业务。

四、人身保险的作用

随着人们生活水平的提高，风险意识的增强，居安思危不仅体现在对物质补偿的需求上，而且发展到越来越多的人寻求养老的保障、死亡的抚恤、伤残的给付等。我国经济体制改革以来，个体经济、集体经济的发展，医疗、待业、住房、分配制度的改革等，都使人们对人身保险有了进一步的需求。

1. 开展人身保险是对国家社会保障措施的必要补充。根据实际需要设计不同形式的人身保险，可以满足人民的要求，促进社会安定。

2. 俗话说的好，人有旦夕祸福。人的一生中无法避免疾病、年迈和死亡，人身保险可以起到有备无患的作用，无论对家庭还是个人，都可以提供各种保障，解决经济上的困难，解除后顾之忧，使人民安居乐业。

3. 中国是世界上人口最多的国家，人身保险的潜力很大，将分散的、小额的保险费积少成多，并利用寿险资金长期性的特点加以充分运用，使一部分消费基金转化为生产基金，从而促进国民经济的发展。同时也为被保险人提供了可靠保障。因为通过资金运用，进一步壮大了保险基金。

五、实务案例与分析

案例 1：某县毛纺厂女工朱某，因恋爱受刺激，两次自杀未遂，经医生诊断为“抑郁性精神病”。治愈出院后的朱某，并无异常行为，只是变得比以前更加郁郁寡欢，常常独自苦苦思索，似有所想，偶尔流露出悲观厌世的情绪。一个厂休日，朱某乘母亲外出买菜之机，撕床单结成绳索，悬梁自尽。从失恋到死亡为时仅仅三个月。经查，三年前朱某投保了 20 年期简易人身险 10 份，保险金额 4 000 元，每月保险费由县保险公司委托毛纺厂的财会人员从工资中扣除，其间并无欠交保险费的纪录。朱某死后，她的母亲以受益人的身份向保险公司递交了索赔申请，要求给付 4 000 元的保险金。接到索赔申请后，保险公司进行了认真的讨论，认为：朱某是一个正常人，因为她能正常上班，有一点轻微的精神抑郁症，并不影响她的思维能力，否则，她就不会选择家中无人的时候自杀，并且作的有条不紊。朱某的这次自杀是前两次自杀的继续，是在总结前两次自杀未遂经验的基础上所进行的计划周密的第三次自杀，有明确结束自己生命的企图和动机，所以属于故意自杀。按照保险法的规定，以死亡为给付保险金的合同，被保险人自杀的，保险人不承担给付保险金的责任。按照简易人身保险合同条款规定，由于被保险人自杀所致的残废和死亡属除

外责任。本案朱某的死亡理应不予给付，但考虑到，朱某的自杀固然不应受到鼓励，但是对她的家庭来说，毕竟因此遭受了经济上和精神上的双重损失，且异常沉重。为了维护被保险人的利益，又避免产生“变相鼓励道德风险”的副作用，在《简易人身保险条款》中补充规定了：“自保险单生效之日起两年后的自杀，可以通融给付。”朱某是在参加保险三年后自杀的，她不可能在投保时就计划三年后自杀，她的自杀完全是因情而死，因恋而致，她是爱情的牺牲品，决非有意图谋保险金。所以保险公司应当承担死亡保险金的给负责任。

分析：涉及自杀方面的案子很多，且各具特色：有的是自杀，但保险公司必须承担保险责任，例如本案。有的是被保险人结束了自己的生命，但不属于自杀，保险公司当然要承担保险责任。例如：庄某，男，8周岁，系某小学一年级学生，在入学报名时参加了学生平安保险。在保险期内，因与哥哥吵架负气喝农药致死。小学生庄某系喝农药死亡，事实清楚，证据确凿，但属于非故意自杀，因为他喝农药的真正动机是想因此使哥哥遭致父母的责怪和打骂，以达到消气解恨的目的，也就是说庄某并不存在结束自己生命的意愿，所以并不构成法学上的自杀。有的既不是自杀，也不是他杀，而是被保险人防御措施失当造成其死亡，保险公司也应负保险责任。例如：1987年11月23日，是陕西省西川机械厂的休息日，厂区十分静谧。该厂14车间电工张萌早上5时半起床，对家人说跑步锻炼，身着针织运动衣走出家门，然而，直到下午还未回家。家人怕其发生意外，遂四处寻找，并向厂公安处和车间领导报告了情况，要求协助寻找。傍晚7时30分。人们发现张萌身着旦角戏装，浓妆艳抹，悬吊于屋梁之上，是自杀还是他杀？咸阳市公安局经过现场勘察，得出结论：死者张萌系“性窒息”死亡。张萌清晨离家出走，独自一人进入厂区所在车间电工室僻静处，从头到脚穿戴女士戏剧服装10余件，头戴戏剧旦角假发，插花戴钗，身着假乳房、耳坠、绣花裙、女长筒袜等，涂脂抹粉，画眉擦唇，脖颈上垫着秋衣秋裤，麻绳双折绕颈12圈悬吊空中，衣着姿容特殊，是典型的性心理和性行为的变态。其目的不是自杀，而是在窒息中求得性满足，死亡的发生是本人所采取的预防措施失效，导致吊绳负荷增大，引起“性窒息”身故。张萌曾于1986年8月参加简易人身险，保险金额为3 000元，指定受益人是其未满周岁的儿子。对于这起特殊类型的案件该不该负保险责任问题，保险公司进行了认真的讨论，认为这起事件是一种意外，不是自杀，在现实生活中也有类似的手枪走火、失足落水、误食中毒等引致自身死亡的，就不能一概地作为自杀而免责，另外，从调查了解的事实分析，被保险人没有故意为家属图谋保险金的行为。所以最后做出全额给付保险金的决定。

在人身保险条款中，世界各国都把自杀列为除外责任，但对自杀的规定却因自杀的原因不同而有所不同，条款的掌握也不一样，大体上有两种方式：一是采取“一刀切”的方法，即所有自杀，不论出于什么动机，也不论自杀时是否神志清醒，统统列为除外责任。还有一种“一刀切”，是不论被保险人在什么情况下自杀，保险公司一律负保险责任。二是对自杀作时间上的限制，即在保险起期或保险复效的若干年后（通常为两年），对自杀所致的死亡或残疾付给负责任，我国目前的做法属于这一种。

我国《保险法》第44条第1款明确规定，以死亡为给付保险金条件的合同，被保险人自杀的，保险人不承担给付保险金的责任。但对于合同成立之日或者合同效力恢复之日起满两年后，如果被保险人自杀的，保险人可以按照合同给付保险金。

该条款有条件地限制了将自杀作为除外责任。这样规定主要有以下几个原因：①预防人身保险中可能出现的道德风险，避免蓄意自杀者通过保险为家属图谋保险金，影响保险公司的经营核算；②自杀不是疾病，也不是意外伤害，而是可以人为控制的“不可保风险”，如果将自杀作为保险责任，有悖于保险的宗旨；③保险公司要避免“变相鼓励自杀”之嫌。目前世界各国都把自杀作为除外责任，但掌握程度有所不同。一种情况是，将所有的自杀均列为除外责任，理由是：风险的发生应该是非本意的，人为地故意造成的风险不能列为保险责任，自杀违反社会公德，不论出于什么动机都应该反对。另一种情况是，对自杀进行时间上的限制，即在保险单生效或复效的若干年后（通常为两年）对自杀所造成的死亡或残疾负给付责任，原因是：保险的目的是为了保护受益人或被保险人的遗属在被保险人死亡时的正常生活不受影响，如果对不是由于为图谋保险金的原因而发生的自杀一概不予给付保险金，将影响受益人的生活，也就失去了保险的意义，与保险的目的相违背。更何况人在特定情况下一时因挫折等原因产生自杀的念头是很容易的，但这个念头通常都不会维持太长时间，就算在投保当时有此想法，经过几年的时间，观点也会有所改变，也就不会轻易结束自己的生命。所以将自杀列为除外责任，但作一个时间上的限制，有效地防止了投保人以获取保险金为目的而投保，同时又兼顾了被保险人及其受益人的利益，对于稳定保险公司的经营，发挥保险的积极作用有重要的意义，同时又使保户的利益得到了最大限度的保护。

《保险法》第 44 条第 1 款明确规定：“以被保险人死亡为给付保险金条件的合同，自合同成立或者合同效力恢复之日起二年内，被保险人自杀的，保险人不承担给付保险金的责任，但被保险人自杀时为无民事行为能力人的除外。”这条规定说明，以死亡为给付条件的人身保险合同，可以约定自杀条款，也就是保险合同约定的被保险人在投保人交足二年保险费后自杀的，保险人应当承担给付保险金的条款。

自杀条款是指在保险合同生效后的一定时期内被保险人自杀死亡属于除外责任，保险人不给付保险金，仅退还所缴纳的保险费；而保险合同生效满一定期限后被保险人因自杀死亡，保险人要承担保险责任，按照约定的保险金额给付保险金。根据《保险法》的规定，我们可以将自杀条款的标准具体化为三条：

（1）行为资格标准。这是判别自杀者民事行为能力和健康状况的标准，包括年龄和智力两个因素。《民法通则》第 12 条和第 13 条规定，十周岁以上的未成年人是限制行为能力人，不满十周岁的未成年人是无民事行为能力人，不能辨别自己行为能力的精神病人是无行为能力人，不能完全辨认自己行为的精神病人是限制行为能力人。生理学认为，未满十周岁的未成年人属于幼年人，从心理学角度讲，幼年人身心发育尚未成熟，还不具备必要的辨别是非善恶的能力，未满十周岁的未成年人危害社会的行为可完全不负刑事责任，所以自杀对他们应属于保险责任。至于不能辨认自己行为能力的精神病人，自杀也属于保险责任。在我们所列举的小学生周某案中，周某年仅 8 岁，属于无民事行为能力人，其自杀理应属于保险责任，因此保险公司的赔付符合法律规定。

（2）行为过失标准。这是明确自杀者有无主观意图的标准。主观上有自杀意图的自杀行为是故意自杀，属于除外责任；主观上没有自杀意图的自杀行为属于过失自杀，属于保险责任。自杀条款针对的是故意自杀。

（3）时限免责标准。这是确定是否继续作为除外责任的时间标准。故意自杀作为除外责任有一个时间界限，超过这个时间界限，则除外责任成为保险责任。

朱某死亡时，保单生效已超过两年，无论按《保险法》的有关规定还是按简易人身保险条款的补充内容，保险公司都应对其死亡负给付保险金的责任。

案例 2：在保险代理人的反复动员下，张某以自己为被保险人和受益人向某保险公司购买了重大疾病终身保险，交费期为 20 年，保险金额为 1 万元。四年后，张某突发脑中风，随即住院，实施了脑开颅排除淤血手术，38 天后出院，病情基本上得到控制，没留下明显的后遗症。张某遂向保险公司请求支付疾病保险金，却遭到了保险公司的拒绝，理由是，张某的这种情况不符合保险条款上的赔付标准。张某感到非常生气，认为保险公司欺骗了他，当初购买时以为得上保险条款中所罗列的疾病就可以得到赔付，代理人也未对此说明，只是详细介绍了可能得到的权益，没想到还有这样苛刻的条件，早知如此，就不会上这份保险了。

案例评析：保险合同是保险赔付的基本依据，是否赔付、赔付多少都应用保险条款说话。

1. 本案的主要保险条款

（1）被保险人经医院确诊于保单生效一年后初次患“重大疾病”，本公司按保险金额给付“重大疾病保险金”。（2）保障的重大疾病包括：心脏病、恶性肿瘤、慢性肾衰竭、重要器官移植、四肢瘫痪、脑中风、冠状动脉搭桥术、严重烧伤、爆发性肝炎、主动脉手术。（3）脑中风是指因脑血管的突发病变导致脑血管出血，栓塞、梗塞致永久性神经机能障碍者。所谓永久性神经机能障碍，是指事故发生六个月后，经脑神经专科医生认定仍遗留下列残障之一者：①植物人状态。②一肢以上机能完全丧失。③两肢以上运动或感觉障碍而无法自理日常生活者。④丧失言语或咀嚼功能。言语机能的丧失是指因脑部言语中枢神经的损伤而患失语症。咀嚼机能的丧失是指由于牙齿以外的原因所引起的机能障碍，以致不能做咀嚼运动，除流质食物以外不能摄取食物之状态。所谓无法自理日常生活，是指食物摄取、大小便始末、穿脱衣服、起居、步行、入浴等，皆不能自己为之，经常需要他人加以辅助之状态。

2. 本案拒绝赔付符合保险条款的规定

尽管投保人对重大疾病有自己的理解，尽管投保人对重大疾病的理解符合人们的惯常思维，尽管投保人对重大疾病的理解可能与医学上的定义相一致，但是，决定是否赔付的终极标准是保险条款。被保险人患上保险条款中所列举的大病，又符合该种大病的鉴别标准，才能得到保险金给付。

本章小结

1. 人身风险是指个人在日常生活或者经济活动的过程中，生命或身体受到损害，造成经济生产能力降低或丧失甚至增加额外费用支出的风险，主要包括死亡、残疾、疾病、生育、年老等。

2. 人身风险的特征主要有以下四点：不确定性、损失性、发展性、客观性。

3. 人身保险，是指以人的寿命和身体为保险标的的保险，当被保险人发生死亡、伤残、疾病等风险事故时或者达到合同约定的年龄、期限时保险人给付被保险人或其受益人保险金。

4. 人身保险的分类：(1) 按保障范围划分：人寿保险、健康保险。(2) 按投保方式划分：个人保险和团体保险。(3) 按有无分红划分：分红保险和不分红保险。(4) 按实施方式划分：自愿保险和强制保险。(5) 按投保期限划分：长期业务、一年期业务、短期业务。

本章复习思考题及案例分析题

1. 名词解释

人身风险　人身保险　人寿保险　健康保险　个人保险　团体保险　分红保险

2. 简述题

(1) 简述人身保险的主要分类标准。

(2) 个人/家庭风险管理的目标是什么？流程有哪些？

(3) 简述人身保险的功能和作用。

(4) 简述人身保险的基本特征。

3. 论述题

人身风险的种类有哪些？选择一种风险向客户介绍。

4. 案例分析题

(1) 2004 年 9 月 16 日，北京市西城区赵某与当地某保险公司订立终身寿险合同，附加重大疾病、意外伤害、意外医疗，被保险人是其妻郑某。2011 年 10 月 20 日至 11 月 12 日，被保险人郑某因冠心病入院治疗。郑某出院后于 2011 年 11 月 17 日向保险公司提出索赔申请。保险公司经调查发现，被保险人郑某在投保前已经确认患有冠心病、高血脂症，但在投保时未如实告知，因此于 2011 年 12 月 7 日向郑某发出“不予赔付、解除合同、退还部分保费”的通知。郑某不服，诉至法院。请问该案如何处理？

(2) 2008 年 11 月中旬，投保人陈某向保险公司投保一份人寿保险，被保险人为陈某本人，每期保费为 12 220 元，缴费期为 2008 年 11 月 17 日至 2028 年 11 月 16 日，保险期限为终身。生存保险金受益人为陈某本人，身故保险金受益人为其妻童某，红利领取人为陈某本人。首期保费系以陈某信用卡支付，第二期保费系童某银行卡支付。2011 年 1 月陈某起诉至法院称，其妻童某在其不知情的情况下以其名义投保，保险单未由投保人亲自签名，故请求法院判决保险合同无效，并由保险公司退还已交全部保费 24 440 元，法院经调查代签合同属实。

请问该案如何处理？

第十二章 人身保险合同

案例

人身保险合同的成立与生效

河北省隆化县袁某于2009年7月15日在某农村信用合作社办理贷款业务时，花100元购买了一张该信用社代为销售的“幸福人生卡”。之后没有按照该卡的说明将卡激活。2009年8月8日袁某干活时被电钻锯伤左手食、中、无名指三指。受伤后袁某开通了此卡，保险期限为2009年8月19日零时起至2010年8月18日24时止。袁某开通此卡后，以被保险人身份向保险公司提出索赔。保险公司以保险合同尚未生效为由拒赔。袁某遂诉至法院。

第一节 人身保险合同概述

一、人身保险合同的含义

人身保险合同是以人的寿命和身体为保险标的，以被保险人在保险期限内发生伤亡、伤残、疾病、年老等事故，或生存至保险期满时由保险人给付保险金的合同。

《中华人民共和国保险法》第10条第1款规定：“保险合同是投保人与保险人约定保险权利义务关系的协议。”第12条第3款规定：“人身保险是以人的寿命和身体为保险标的的保险。”

二、人身保险合同的特征

与财产保险合同相比，人身保险合同也是双务有偿合同、射幸合同、格式合同。此外，人身保险合同还有其自身的特点，主要有以下几个方面。

（一）人身保险标的的特殊性

人身保险合同的保险标的是人的寿命和身体。人的身体和寿命不是商品，不能用货币来衡量、评估、确定它的价值。虽然人与人之间存在年龄、性别、从事行业、收入、职位等方面的差别，但是这些也不是衡量和区别它们价值大小、高低的标准，生命的尊严是平等的，人的健康更是无价的。虽然人身保险合同也是要确定保险金额的，但保险金额并不是被保险人身体和寿命的价值。其确定原则须遵循两点：一是被保险人及其家庭的经济需要，二是被保险人交付保险费的能力。

（二）保险金的定额给付性

由于人身保险合同的保险标的即寿命和身体不能用货币来衡量其价值，那么，当人身保险事故发生，无论是被保险人期满生存，还是期内发生病、残、死亡等情况，在理赔环节，保险人不必像财产保险合同那样考虑如何确定损失额度，只要保险合同中约定的事由发生，保险人即可按照保险单中约定的保险金额给付保险金。这种给付方式被称为定额给付。

而财产保险合同不同，保险事故发生后，需要查勘定损，是补偿性合同，要遵循损失补偿原则进行赔偿。

（三）人身保险合同期限的特殊性

人身保险中，大多数的保险合同都属于长期合同，短则几年，长则十几年、几十年，乃至终身，而且很多合同的年限不确定。比如终身保险合同中规定："当被保险人身故时给付身故保险金，保险合同终止"，或者"当被保险人罹患重大疾病时给付保险金，合同终止"。显然，这样的终止期限是不确定的。因此，人身保险合同具有长期性的特点，而且具有期限的不确定性。不像财产保险合同那样，是短期的，往往为一年期，到期可续保，期限起讫时间明确具体。人身意外伤害保险合同是短期的，多为一年期限。

另外，需要注意的是，人身保险合同的生效日与保险责任的开始日不一定一致，有时后者滞后于前者。比如，健康保险中的重大疾病保险合同，合同的生效日往往是签单的次日零时起生效，但是保险责任的开始日是自此日起的 180（或者更长的时间，如两年、三年等）天之后。这是因为疾病保险合同中"观察期"条款的约束。

（四）人身保险合同中保险利益的特殊性

在财产保险合同中，无论是签单时还是理赔时，都要求投保人（或被保险人）对保险标的具有保险利益。而人身保险合同中，要求签单时投保人对被保险人要有保险利益，但是，理赔时已经不再如此规定。如果涉及投保人作为受益人情况，无论此时投保人对被保险人还有没有保险利益关系，都不影响投保人作为受益人的受益权，因其故意行为导致被保险人亡故的除外。

（五）交费方式的特殊性

人身保险合同中，被保险人交付保费的依据是生命表，随着年龄的增长，人的死亡率、各种人身风险概率随之增长，因而保险费随年龄增长而提高，以此为标准计算的保费称为"自然保险费"。若长期性的人身保险合同依此原则收取保险费，势必出现投保人或被保险人随年龄的增长、创造收入能力的降低以及家庭负担的加重、甚至健康状况的下滑反而逐渐增加交付保费负担的局面，为了解决这一矛盾，长期性的人身保险合同采取"均衡保险费"的交费、收费方式。即在确定了保险金额的情况下，将投保人或被保险人应交纳的保险费总额，按照选定的交费期限，按年平均等额交付。这样，在交费期的前若干年，所交付保费会高于自然保费，多出的部分由保险人进行运用，生息增值，形成保险责任准备金，后期交费低于自然保费的部分，由前期超交部分和运用增值部分形成的责任准备金弥补。

（六）保险单的储蓄性

长期性的人身保险合同具有储蓄性。采用均衡保费的收、交费办法，无论是缴费前期若干年投保人或被保险人所交付的超过自然保费的部分，还是后期所交低于自然保费的部分，保险人都是要计算利息的。这种计息的标准应该满足的条件，正是均衡保费的收缴数额，恰好满足保险期限结束时，保险责任准备金为零，保险费收支相抵。

三 、人身保险合同的书面形式

与财产保险合同的书面形式相类似，人身保险合同除了有投保单、保险单、保险凭证、暂保单、批单等形式外，还有体检报告书、保费收缴凭证或营业发票等形式。

（一）投保单

与财产保险合同的投保单相同的是，人身保险合同的投保单也是要保书，是投保人向保险人提出人身保险要约的书面形式。同样，投保单经保险人签章后，保险合同即告成立，投保单成为保险合同的一部分。

人身保险的投保单由于合同条款的复杂性而内容丰富，投保人必须遵守最大诚信原则，由本人按所列项目如实逐一填写，保险人据此审核、决定是否接受投保人的投保请求。投保单经保险人签章后，视为保险人同意承保的表达，此时保险合同即告成立。投保单原件一般由保险人保存。

不同的寿险产品投保单的格式是不同的，但是一般都由以下几个部分组成：

1. 投保方资料

如投保人、被保险人、受益人的名称、住所、通讯方式、身份证号码、年龄、健康状况、职业、收入及相互关系等。

2. 投保事项

投保的主险和附加险、保险金额、保险期限、缴费期限、缴费方式、红利及保险金的领取方式等。

3. 告知事项

人身保险合同的告知事项比较复杂，包括投保人、被保险人健康状况的告知、财务告知和其他告知等。如是否拥有其他公司的保单、以往的拒保记录或索赔记录。

4. 投保人、被保险人的声明、授权、签字和签署日期

5. 人身保险个人投保单范本

人身保险个人投保单

编码：

<table>
<tr><td rowspan="7">投
保
资
料</td><td>姓　名：　　　　　　有效证件类型：□身份证 □军人证 □护照 □其他</td></tr>
<tr><td>证件号码：□□□□□□□□□□□□□□□□□□□□□□□□　出生日期：　　年　　月　　日　　周岁</td></tr>
<tr><td>性　　别：□男 □女　　婚姻状况：□已婚 □未婚 □离婚 □丧偶 □其他　　与被保险人关系：</td></tr>
<tr><td>住　　址：　　　　　　　　　　邮编：□□□□□□　　　电话：</td></tr>
<tr><td>收费地址：　　　　　　　　　　邮编：□□□□□□　　　电话：</td></tr>
<tr><td>工作单位：　　　　　　　　　　电话：</td></tr>
<tr><td>职业（工种）：　　　兼职：　　　职业代码：□□□□□□□□　　类别：</td></tr>
</table>

被保险资料	姓　名：　　有效证件类型：□身份证 □军人证 □护照 □其他
	证件号码：□□□□□□□□□□□□□□□□□□　出生日期：　年　月　日　周岁
	性　别：□男 □女　　婚姻状况：□已婚 □未婚 □离婚 □丧偶 □其他
	住　址：　　邮编：□□□□□□　　电话：
	收费地址：　　邮编：□□□□□□　　电话：
	工作单位：　　电话：
	职业（工种）：　　兼职：　　职业代码：□□□□□□□□　　类别：

家庭保单请填写					
配偶姓名		性别		出生日期	年　月　日
子女姓名		性别		出生日期	年　月　日
子女姓名		性别		出生日期	年　月　日
子女姓名		性别		出生日期	年　月　日

受益人资料	满期、生存保险金受益人：姓名：　　性别：□男 □女　　与被保险人关系：
	证件类型：　证件号码：□□□□□□□□□□□□□□□□□□　出生日期：　年　月　日
	身故保险金受益人：姓名：　　性别：□男 □女　　与被保险人关系：
	证件类型：　证件号码：□□□□□□□□□□□□□□□□□□　出生日期：　年　月　日
	若受益人超过一人，请在特别约定栏内注明，除另指定分配方式外，本保单之利益由相对应的所有受益人平均分配。附加家庭保单时，被保险人之配偶及子女身故受益人为被保险人本人。

投保事项	交别：　□年交　□半年交　□季交　□月交　□趸交
	保费交付方式：□自动转账：__________□自交　□人工收取
	开户银行：________________账号：□□□□□□□□□□□□□□□□□□□□
	利差返还方式（本项仅适用于“利差返还”型险种）： □抵交保费　　□储存生息　（本栏如未选择，本公司按“储存生息”方式处理）
	保险起期：自　年　月　日起 保险期限：□终身 □定期（ 年）交费期：　年　约定领取年龄：　周岁

主险	投保项目	保险金额或份数	投保档次	标准保费

元附险	投保项目	保险金额	保险费	投保项目	保险金额	保险费
	意外伤害保险	万元	元			
	意外伤害医疗保险	万元	元			
	住院医疗保险	档次：	元			
	住院安心保险	档次：	元			
	万寿两全保险	万元	元			

	保费合计：（大写）　拾　万　仟　佰　拾　元　角　分 ￥　　元

业务员姓名：　　投保单号码：　　业务员代码：

险　　别：　　营　业　部：　　暂收收据号：

业务员手机：

<table>
<tr><td rowspan="6">说明栏</td><td colspan="3">上述健康、财务及其各项告知，若答复“有”或“是”时，请注明序号及对象（投保人或被保险人），并在说明栏中详细说明。如有诊治，请告知原因、日期、医院名称及诊治结果；如有负债请告知债务情况。对本投保书及告知内容，本公司承担保密义务。</td></tr>
<tr><td>序号</td><td>说明对象</td><td>说明内容</td></tr>
<tr><td colspan="3"></td></tr>
<tr><td colspan="3"></td></tr>
<tr><td colspan="3"></td></tr>
<tr><td colspan="3"></td></tr>
</table>

<table>
<tr><td>特别约定：</td></tr>
</table>

<table>
<tr><td>投保声明栏</td><td>本人对投保须知及所投保险种的条款，尤其是保险人责任免除条款均已了解并同意遵守。如有告知不实，保险人有权解除保险合同，对于合同解除前发生的保险事故，保险人不承担保险责任。

投保人签章：　　　监护人签章：　　　被保险人签章：
日期：　年　月　日　　日期：　年　月　日　　日期：　年　月　日</td></tr>
</table>

（公司内部作业栏，客户无须填写）

<table>
<tr><td rowspan="5">业务员报告书</td><td>1. 投保人或被保险人有无身体缺陷或其他疾病？________________ □有 □无
（不涉及投保人保费豁免的，只回答被保险人）若“有”请说明：</td></tr>
<tr><td>2. 投保人、被保险人是否有危险嗜好或从事危险活动？□有 □无

若“有”请说明：</td></tr>
<tr><td>3. 您估计投保人的年收入约为__________万元，来源：</td></tr>
<tr><td>4. 投保人的家庭财产约__________万元。</td></tr>
<tr><td>业务员声明
所投保险种的条款、投保单各栏及询问事项确经本人如实向投保人说明，由投保人、被保险人亲自告知并签章。如有不实见证或报告，本人愿负法律责任。

营业部经理签名：　　业务员代码：　　业务员签名：　　年　月　日</td></tr>
</table>

核保意见栏	□标准体承保________□次标准体承保________□附加特别约定________ □延期________□拒保________□其他		
	核保要求	生调重点	核保结论
	核准保费：（大写） 拾 万 仟 佰 拾 元 角 分 ¥ 元 核保人签章： 日期：		

初审		暂收：	
		复核：	
预收		问题件处理	

编码：A001

健康告知（如保险条款中涉及投保人保费豁免事项，投保人栏必须填写）

投保人	被保险人	询问事项
有 无	有 无	
□ □	□ □	1. 近期体况： 最近6个月内是否有新发的或以往既有的任何身体不适症状或体征？如反复持续头痛、眩晕、胸痛、咯血、气喘、腹痛、便血、紫斑、消瘦（体重短期内下降超过5公斤）、视力下降。
□ □	□ □	2. 近期诊治： 最近6个月内是否接受过医师的诊察、治疗、用药，对其结果医师是否提出检查、治疗、住院或手术建议？
□ □	□ □	3. 2年内健康检查： 过去2年内接受的健康检查（如血压、尿液、血液、肝功能、肾功能、心电图、X光、B超、CT、核磁共振、脑部等）检查结果有无异常情形或被医师建议接受其他检查？
□ □	□ □	4. 住院史：过去5年内曾否住院？

□ □	□ □	5. 过去曾否患有下列疾病？ 霍乱、肺结核、脊髓灰质炎、肝炎病毒携带；癌症、肿瘤、何杰金氏病、囊肿、结石；甲状腺疾病、糖尿病、甲状旁腺疾病、肾上腺疾病、高脂血症、痛风；贫血、血友病、紫癜、脾脏疾病；精神疾患、抑郁症、神经官能性疾患、儿童多动症；脑膜炎、脑炎、脊髓炎、神经麻痹、癫痫、脑部疾病、脊髓疾病、白内障、青光眼、视网膜或视神经病变；风湿热、风湿性心脏病、高血压病、继发性高血压、冠心病、肺心病、心肌炎、传导阻滞、心律失常、心脏病、脑中风、血管疾病、下肢静脉曲张；肺炎、支气管炎、肺气肿、哮喘、支气管扩张、肺大泡、胸膜炎、气胸；慢性胃炎、肠炎、消化道溃疡或出血、疝、肠梗阻、肝炎、脂肪肝、肝肿大、肝硬化、肝功异常、胆石病、胰腺疾病；肾炎、肾病、肾衰竭、肾盂积水、多囊肾、性病；红斑狼疮、脊椎疾病、类风湿性关节炎、风湿病、肌肉、骨骼、关节疾病；结缔组织疾病；自体免疫性疾病；先天性疾病、遗传性疾病；脑外伤后综合症、内脏损伤、中毒。
□ □	□ □	6. 身体残障情况： 有无智能障碍；有无失明、聋哑、跛行或小儿麻痹后遗症；有无语言、咀嚼、视力、听力、嗅觉、四肢及中枢神经系统机能障碍；有无脊柱、胸廓、四肢、五官、手指、足趾缺损或畸形？
□ □	□ □	7. 您或您的配偶是否曾接受验血而得知为艾滋病毒阳性反应？
□ □	□ □	8. 妇女栏（女性请填写）： ①目前是否怀孕，若有，怀孕__________周？ ②目前是否有乳房肿块、疼痛、血性溢乳等不适感觉及异常发现？ ③目前是否有阴道不规则流血、白带异常、下腹痛等不适感觉及异常发现？ ④过去曾否患乳房、子宫、子宫内膜移位、卵巢等的疾病而接受医师的诊察、治疗、用药和住院手术？ ⑤过去曾否因异常妊娠、分娩而住院治疗或手术（包括剖腹生产）？
□ □	□ □	9. 少儿栏（2 周岁以下填写） ①出生时体重__________千克，有无难产、窒息、先天性疾病或畸形？ ②有无体重不增或增长缓慢？有无肺炎、抽搐、腹泻等疾病？
□ □	□ □	10. 不良嗜好及过敏史： 过去有无使用镇静安眠剂、迷幻药及其他违禁药物或吸食有机溶剂、毒品、或有酒精中毒、药物中毒？有无对某物过敏的历史？
□ □	□	11. 有无职业病，如尘肺、慢性铅中毒等？
□ □	□ □	12. 有无参加飞行、潜水、拳击、赛车等危险运动或嗜好？
□ □	□ □	13. 被保险人有无吸烟习惯？每天　支，约有　年历史。
□ □	□ □	14. 被保险人有无饮酒习惯？（若有，请在说明栏内说明酒的品种、酒精度数、每周饮酒数量及历史）
□ □	□ □	15. 被保险人有无机动车驾驶执照？

□ □	□ □	16. 家族史： 被保险人的双亲、子女、兄弟姐妹是否患有心脏病、中风、高血压、肾脏疾病、癌症、血友病、糖尿病、甲状腺疾病、高脂血症、风湿性疾病、精神病患、肺结核、哮喘、病毒性肝炎、性病、艾滋病等遗传性疾病？
□ □	□ □	17. 家庭栏：被保险人配偶及子女是否有以上 1～12 项情况？（附加家庭保单时，请告知）
身高体重栏：被保险人身高________厘米，体重________千克。		

财务及其他告知

□ □	□ □	18. 有无负债？
万元	万元	19. 每年固定收入约：
□ □	□ □	20. 主要收入来源：（请填写：工薪、个体、私营、房屋出租、证券投资、银行利息，其他请说明）
□ □	□ □	21. 目前是否有人身保险单或已在申请本保险以外的人身保险？
□ □	□ □	22. 过去两年内是否曾被保险公司解除合同或申请人身保险而未被承保、延期或附加条件承保？
□ □	□ □	23. 过去有无人身保险金的索赔？

（二）暂保单

也称临时保单。是正式保单签发之前的临时保险凭证。暂保单与正式保单具有相同的法律效力，持有暂保单期间发生保险事故，保险人负赔偿责任。但是暂保单有效期限较短，大多由保险人具体规定。正式保单签发后，暂保单失效。另外，暂保单不是签发正式保单之前的必经程序。

（三）体检报告书

体检报告书是由保险公司指定的医疗机构对被保险人的身体进行检查后出具的关于被保险人健康状况的书面证明。体检报告书是保险人决定是否承保以及保险费率高低的依据，也是人身保险合同的重要组成部分。由于体检报告书上记录的被保险人身体健康状况属于个人隐私，所以保险人有义务替被保险人保密。

体检报告书并不是每份人身保险合同的必备形式，对于年金保险等生存保险产品，并不需要检查被保险人的身体。人身意外伤害保险中意外事故发生的概率与被保险人的身体健康状况也无关系，因而往往也不需要体检。而寿险和健康保险产品则非常重视被保险人的健康状况。通常对于保额较低、被保险人年龄在 40 岁以下的一般由保险公司抽检，而保额较高或年龄超过 40 岁以上的则通常要求体检。

（四）保险单

保险单是在人身保险合同成立后，由保险人向投保人签发的保险合同的正式书面凭证，也是当事人双方主张权利和履行义务的依据。在保险单中完整、详尽地列明了人身保险合同的内容。人身保险合同的保险单一般由承保表、保险条款、条款释义、现金价值表构成。当保险事故发生后，被保险人或受益人凭保险单向保险人索赔。

（五）保费收缴凭证或营业发票

在人身保险合同中，投保人缴纳保险费是合同生效和持续有效的前提条件。投保人缴纳保费后，保险人开具保费收缴凭证或营业发票。此凭证或发票是投保人已经履行合同缴费义务的证明，也是人身保险合同的组成部分。在被保险人或受益人索赔时，最后一期缴费凭证或营业发票是索赔的必备依据。

（六）保险凭证

保险凭证也称小保单。是保险人签发给投保人、用来证明保险合同已经生效的凭证。保险凭证是保险单的简化形式，文本内容较为简单，一般不印载详尽的保险条款，只记载投保人和保险人约定的主要保险内容，如保险金额、保险费、保险有效期等。凡是保险凭证未记载的事项，都以同险种保单内容为准，二者相抵时，以保险凭证内容为准，且与保险单具有相同的法律效力。

与暂保单不同的是，保险人出具和交付了保险单后，保险凭证依然有效。

在人身保险实践中，最具有代表性的保险凭证：一是人身意外伤害保险凭证。比如公众服务业中，旅客运输、旅游观光等行业，消费者来往频繁，保险人不可能以订立保险单的形式与消费者订立保险合同，一般是将保险的简要内容印载于飞机票、车船票及门票上，在消费者购票时，一并交纳保险费。这些票证同时也具有了保险凭证的作用。二是团体人身保险凭证。在团体人身保险合同中，保险单（主单）一般由团体代表保管，团体成员手中的保险证明就是保险人另行出具的保险凭证。

（七）批单

也称“背书”。是保险人应投保人或被保险人的要求出立的修订、更改、补充、删减保单内容的证明文件。《保险法》第 20 条第 2 款规定：“变更保险合同的，应当由保险人在保险单或者其他保险凭证上批注或者附贴批单，或者由投保人和保险人订立变更的书面协议。”批单的法律效力优于原保单的同类条款。当批单的内容与保险单不一致时，保险人应以批单所规定的内容为准，如多次批改，应以最后批改为准。

第二节 人身保险合同的要素

与财产保险合同一样，人身保险合同也由主体、客体和内容三大要素构成。

一、人身保险合同的主体

人身保险合同的主体，是人身保险关系中享有权利或承担义务的人，包括当事人、关系人和中介人。

（一）当事人

人身保险合同的当事人是指签订保险合同的人，包括投保人和保险人。

1. 投保人

也称要保人，是指向保险人提出投保申请、并与保险人签订保险合同、按照保险合同的约定负有支付保险费义务的人。投保人可以是自然人也可以是法人，但都必须对保险标的具有保险利益。

作为投保人必须符合法定资格的要求。必须具有完全民事权利能力和完全民事行为能力。未取得法人资格的组织，即为无权利能力和行为能力，不能成为保险合同的投保人；不具备完全民事行为能力的自然人也不能成为投保人。否则，即使合同已经订立，也是无效合同。

2. 保险人

人身保险合同的保险人，是指经营人身保险业务、与投保人签订保险合同、收取保险费、按照合同约定承担给付保险金责任的保险公司。

我国法律规定，保险人经营保险业务，必须事先取得政府有关部门的批准，保险公司的业务范围由保险监督管理机构依法核定，保险公司只能在被核定的业务范围内从事保险经营活动。

人身保险业务涉及大量社会群体利益，各国对经营人身保险业务的保险人都有特殊规定。我国《保险法》第 89 条第 1、2 款规定："保险公司因分立、合并需要解散，或者股东会、股东大会决议解散，或者公司章程规定的解散事由出现，经国务院保险监督管理机构批准后解散。经营有人寿保险业务的保险公司，除因分立、合并或者被依法撤销外，不得解散。"《保险法》第 92 条规定："经营有人寿保险业务的保险公司被依法撤销或者被依法宣告破产的，其持有的人寿保险合同及责任准备金，必须转让给其他经营有人寿保险业务的保险公司；不能同其他保险公司达成转让协议的，由国务院保险监督管理机构指定经营有人寿保险业务的保险公司接受转让。转让或者由国务院保险监督管理机构指定接受转让前款规定的人寿保险合同及责任准备金的，应当维护被保险人、受益人的合法权益。"

（二）关系人

与人身保险合同有经济利益关系，而不直接参与保险合同订立的人。包括被保险人和受益人。

1. 被保险人

我国《保险法》第 12 条第 5 款规定："被保险人是指其财产或者人身受到保险合同保障，享有保险金请求权的人。投保人可以为被保险人。"在人身保险合同中，被保险人只能是自然人，是以其生命或者健康为保险标的，当保险事故发生时，享有保险金请求权的人。

被保险人与投保人的关系有两种情况：当投保人以自己的身体、生命及财产作为保险标的投保时，他既是投保人也是被保险人；若投保人以他人的身体、生命或者财产为保险标的向保险公司投保、并签订保险合同时，则投保人和被保险人是不同的行为主体。法律对被保险人并无特别限制。但是，在人身保险合同中，对被保险人的年龄、健康状况和职业是有约定条件的。

为了保护未成年人的合法权益，各国保险法禁止以未成年人为被保险人订立死亡保险合同。我国《保险法》第 33 条规定："投保人不得为无民事行为能力人投保以死亡为给付保险金条件的人身保险，保险人也不得承保。父母为其未成年子女投保的人身保险，不受前款规定的限制。但是，死亡给付保险金额总和不得超过监管部门规定的限额。”

2. 受益人

我国《保险法》第 18 条第 3 款规定：“受益人是指人身保险合同中由被保险人或者投保人指定的享有保险金请求权的人。投保人、被保险人可以为受益人。”

在人身保险合同中，受益人只享有保险金请求权，不承担保险费的交付义务。但是当保险事故发生后，受益人有义务及时通知保险人，并为索赔提供单证。

《保险法》第 39 条规定：“人身保险合同的受益人由被保险人或者投保人指定。投保人指定受益人时须经被保险人同意。投保人为与其有劳动关系的劳动者投保人身保险，不得指定被保险人及其近亲属以外的人为受益人。被保险人为无民事行为能力人或者限制民事行为能力人的，可由其监护人指定受益人。”第 40 条规定：“被保险人或者投保人可以指定一人或者数人为受益人。受益人为数人的，被保险人或者投保人可以确定受益顺序和受益份额；未确定受益份额的，受益人按照相等份额享有受益权。”

保险合同生效后，被保险人或者投保人可以中途变更受益人。《保险法》第 41 条规定：“被保险人或者投保人可以变更受益人并书面通知保险人。保险人收到变更受益人的书面通知后，应当在保险单或者其他保险凭证上批注或者附贴批单。投保人变更受益人时须经被保险人同意。”

我国保险法对受益人的资格并无限制，受益人可以是自然人，也可以是法人，可以是有民事行为能力人，也可以是无民事行为能力人或限制民事行为能力人。在国外，未出生的胎儿也可以被指定为受益人，若出生时为死体，受益资格自然消失。当受益人犯罪被剥夺政治权利时，其享有的受益权依然存在。

受益人行使受益权在被保险人死亡之后，并以被保险人死亡时尚生存为条件。若受益人先于被保险人死亡，受益权回归被保险人，而不是由受益人的继承人继承受益权；若被保险人先死亡，受益人之后死亡，则受益权由受益人的继承人继承；若被保险人和受益人同时死亡，又无证据证明谁先死亡的情况，国际上通行的惯例是“共同灾难条款。”该条款规定，受益人和被保险人共同遇难无法判断死亡顺序时，推定为受益人先死亡，保险金作为被保险人的遗产处置。

《保险法》第 42 条规定：“被保险人死亡后，有下列情形之一的，保险金作为被保险人的遗产，由保险人依照《中华人民共和国继承法》的规定履行给付保险金的义务：（一）没有指定受益人，或者受益人指定不明无法确定的；（二）受益人先于被保险人死亡，没有其他受益人的；（三）受益人依法丧失受益权或者放弃受益权，没有其他受益人的。受益人与被保险人在同一事件中死亡，且不能确定死亡先后顺序的，推定受益人死亡在先。”

《保险法》第 43 条第 2 款规定：“受益人故意造成被保险人死亡、伤残、疾病的，或者故意杀害被保险人未遂的，该受益人丧失受益权。”

（三）人身保险合同的中介人

保险合同的中介人也称为辅助人。是指在保险合同的订约、履约过程中起辅助作用的人。人身保险合同中的中介人主要包括保险代理人和保险经纪人。

1. 保险代理人

保险代理人是指保险人的代理人。我国《保险法》第 117 条第 1 款规定：“保险代理人是根据保险人的委托，向保险人收取佣金，并在保险人授权的范围内代为办理保险业务的机构或者个人。”

保险代理人在授权范围内代表保险人办理保险业务，帮助保险人招揽客户、开展业务。如签订保险合同、解决保险合同争议、代理理赔检验工作等，保险人则以手续费或者佣金的形式给予保险代理人一定的劳务报酬。我国《保险法》规定，保险代理人包括个人代理人、兼业代理人和专业代理人三类。

《保险法》第125条规定，个人保险代理人在代为办理人寿保险业务时，不得同时接受两个以上保险人的委托。

保险人委托保险代理人代为办理保险业务，应当与保险代理人签订委托代理协议，依法约定双方的权利和义务。保险代理人根据保险人的授权代为办理保险业务的行为，由保险人来承担责任。

2. 保险经纪人

我国《保险法》第118条规定："保险经纪人是指基于投保人的利益，为投保人与保险人订立保险合同提供中介服务，并依法收取佣金的机构"。

保险经纪人与保险代理人不同，他是基于投保人的利益，向保险人或其代理人洽订保险合同，但保险经纪人并不代订保险合同，保险合同仍需投保人自己订定，除非得到投保人的特别委托。在订立保险合同之后，经纪人的佣金由保险人支付。

《保险法》第128条规定，保险经纪人因过错给投保人、被保险人造成损失的，依法承担赔偿责任。

二、人身保险合同的客体

保险合同的客体是指保险合同当事人双方权利和义务所共同指向的对象。人身保险合同的客体是投保人对被保险人所具有的合法的利益关系，即保险利益，也称可保利益。

三、人身保险合同的内容

人身保险合同的内容，即保险条款。

（一）基本条款

1. 保险人的名称和住所

保险人即为获准经营人身保险业务的保险公司。其名称必须与保险监督管理机构批准和工商行政机关登记的名称一致。其住所为保险公司或者分支机构的主营业场所。

2. 投保人、被保险人、受益人的名称与住所

当投保人、受益人为法人时，其名称必须与工商行政机关登记的名称一致。其住所为主要办事机构或主营业场所。当投保人、被保险人、受益人为自然人时，须使用真实姓名，其住所为户籍所在地或经常居住地。

被保险人的年龄、性别、健康状况、职业、家族病史、与投保人的关系等事项必须如实填写。

3. 保险金额

保险金额是保险人计算保险费的依据和所负赔偿或给付保险金责任的最高限额，是投保人向保险人实际投保的金额。人身保险的保额根据被保险人的实际需要及其交付保费的能力而定。还可以参照生命价值法、家庭需求法、收入置换法等方法来确定。

4. 保险责任和免除责任

保险责任是指，当人身保险合同约定的某些保险事故发生后，保险人应当承担保险金给付义务的责任范围。免除责任也称除外责任，是指保险人依照法律规定或合同约定，不承担保险责任的范围。不同险种责任范围及免除责任也不同。

5. 保险期间

保险期间即指保险合同的有效期，是保险人和投保人按照合同规定享有权利和承担义务的期间。人身保险合同的保险期间长短不一，短则几小时或者更短，长则几年、十几年、几十年甚至终生。保险责任开始时间，即为保险人开始承担向被保险人提供保险保障责任的时间。一般从签单日的次日零时开始。规定了免赔期限的险种除外。例如健康保险的免责期一般为6个月。

6. 保险费及其支付方式

保险费是投保人为取得保险保障而按照合同约定向保险人支付的费用。如期交纳保费，是投保人应该履行的基本义务，是使保险合同生效或者效力存续的必要条件。保费的高低取决于保额的大小、时间的长短以及保险费率的高低。

人身保险保费的支付方式有一次性缴清、分期缴清、限期缴清等。

7. 保险金赔偿或者给付方法

人身保险合同首先需要约定的是定额给付还是适用补偿原则。对于给付性的人身保险金，投保人可以约定一次性现金给付，或是年金方式给付，或是其他方式给付等。

8. 违约责任和争议处理

违约责任是指人身保险合同的当事人因过失不履行或者故意不履行合同规定的义务所应承担的法律后果。在我国的人身保险合同中，违约责任主要表现在：投保人未履行如实告知义务、出险通知义务、缴费义务；保险人未履行说明义务、及时签发保险单证义务、按照合同规定给付保险金义务以及为投保方保密义务。

关于争议的处理方法主要有四种：协商、调解、仲裁和诉讼。

9. 订立合同的年、月、日

订立合同的年、月、日，是指投保人与保险人洽商达成合同协议的时间，即合同成立的时间。

对于有现金价值的保单，其现金价值表也同保险单一并交予被保险人。

（二）附加条款

是指保险人和投保人为满足特殊需要，在保险合同基本条款的基础上，增加补充内容的条款。附加条款一般采用在保险单上加批注或者批单的形式使之成为人身保险合同的一部分。附加条款是对基本条款的修改或变更，增加或限制了双方当事人的权利和义务，其效力优于基本条款。

（三）保证条款

是指投保人或者被保险人就特定事项担保的条款。即保证某种行为或事实的真实性条款。例如，人身保险合同的投保人保证其申报的被保险人年龄真实。保证条款一般由法律规定或同业协会制定，是投保人或者被保险人必须遵守的条款，如有违反，保险人有权解除合同或拒绝给付保险金。

第三节 人身保险合同的常用条款

一、不可争条款

不可争条款也称不可抗辩条款。基本内容是：自人身保险合同订立时起，满 2 年后，保险人不能以投保人或者被保险人在投保时违反最大诚信原则、未履行如实告知义务等为由主张合同自始无效。不可争条款也用于保单失效后的复效，即对于申请复效的保单，才可以成为不可抗辩的合同。

若保险人在合同订立后两年内发现投保人或者被保险人违背了诚信原则，可以解除合同。但我国《保险法》第 16 条规定：自保险人知道有解除事由之日起，超过三十日不行使而消灭。自合同成立之日起超过二年的，保险人不得解除合同；发生保险事故的，保险人应当承担赔偿或者给付保险金的责任。

规定不可争条款的目的主要是为了保护受益人的利益，如果被保险人已经死亡，受益人很难对保险人提出的争议进行解释。但是，此条款也规定了一些例外情况。保单生效 2 年后，保险人仍然可拒付保险金的情况有：受益人怀有谋害被保险人的意图取得保险单；由他人代被保险人进行体检；在取得保单时不存在可保利益。不可争条款作为人身保险合同的标准条款，被世界上绝大多数国家所采用。

二、年龄误告条款

我国《保险法》第 32 条第 1 款规定：投保人申报的被保险人年龄不真实，并且其真实年龄不符合合同约定的年龄限制的，保险人可以解除合同，并按照合同约定退还保险单的现金价值。

《保险法》第 32 条第 2 款规定："投保人申报的被保险人年龄不真实，致使投保人支付的保险费少于应付保险费的，保险人有权更正并要求投保人补交保险费，或者在给付保险金时按照实付保险费与应付保险费的比例支付。"

《保险法》第 32 条第 3 款规定："投保人申报的被保险人年龄不真实，致使投保人支付的保险费多于应付保险费的，保险人应当将多收的保险费退还投保人。"

但是，自合同成立之日起逾 2 年的除外。

三、宽限期条款

对于分期支付保险费的人身保险合同，投保人首期保费交付后，由于种种原因未按约定日期交付续期保费的，规定一个 30 天或 60 天的宽限期，在宽限期内完成续期保费交付的，保险合同依然有效，宽限期内发生保险事故的，保险人依然负责，但是要从保险金中扣除所欠的保险费和利息。宽限期内交付续期保险费时，并不计收逾期利息。若宽限期结束依然未交续期保费的，保险合同效力中止，但是自中止日起 2 年内可以申请复效。

宽限期的时间计算为：自应交纳保险费之日算起，一般为 30 天或 60 天。我国《保险法》规定，若无其他特约，人身保险合同的宽限期为60天。

四、自动垫缴保险费条款

对于分期缴付保险费的合同，若在宽限期满时投保人仍未交付保险费，保险人可以用保单项下积存的现金价值垫缴投保人欠缴的保险费，保险合同继续有效。当垫缴的保险费及利息达到保单积存的现金价值时，若投保人尚未补交，保险合同效力终止。对于此项垫缴保费，投保人要偿还并支付利息。

在垫缴保费期间，如发生保险事故，保险人要从应付的保险金中扣还垫缴的保费及利息。规定自动垫缴保险费条款，目的是避免在这期限内的非故意的保单失效。为了防止过度使用这种贷款，有些保险公司以限制使用次数加以约束。

自动垫缴保费条款的设计目的是为了维持保险合同的效力，当合同存在现金价值，并列有自动垫缴保费条款时，保险人在投保人逾期不缴纳保费的情况下，才启动自动垫缴程序。

五、中止和复效条款

《保险法》第36条规定："合同约定分期支付保险费，投保人支付首期保险费后，除合同另有约定外，投保人自保险人催告之日起超过三十日未支付当期保险费，或者超过约定的期限六十日未支付当期保险费的，合同效力中止，或者由保险人按照合同约定的条件减少保险金额。

被保险人在前款规定的宽限期内发生保险事故的，保险人应当按照合同约定给付保险金，但可以扣减欠交的保险费。"

《保险法》第37条规定：合同效力依照本法第三十六条规定中止的，投保人在合同效力中止后的2年内可以申请复效，复效申请须经保险人审查，并与投保人达成协议，在投保人补交保险费及利息、并提交适保健康证明后，合同效力恢复。但是，自合同效力中止之日起满二年双方未达成协议的，保险人有权解除合同。但应当按照合同约定退还保险单的现金价值。

复效后的保险合同，依然适用不可争条款。

六、红利任选条款

如果投保人购买了分红保险，在红利的分配方式上，可有多种选择。可供投保人选择的红利分配方式如下：

（1）现金领取。即直接以现金方式领取保单红利。

（2）抵交保费。即用当年红利交纳续期保费，投保人只需将不足差额部分补齐。

（3）积累生息。即将红利寄存在保险人处，由保险人运用以产生利息，待合同期满，一次领取。

（4）增加保额。即把红利作为一次交清的保险费，购买与原保险单剩余保险期限相同的同种保单，使原保险单的保额增加。

（5）提前满期。即在生存保险中把红利并入责任准备金内，使被保险人可以提前领取保险金。在生存保险中，当保单的责任准备金积累到与保险金额相等的时候，就是保单满期的时刻。如果在未满期责任准备金内加入一笔资金，就可以使责任准备金的数额提早达到和保险金额相一致，此时，使保单提前满期。

七、自杀条款

《保险法》第 44 条规定："以被保险人死亡为给付保险金条件的合同，自合同成立或者合同效力恢复之日起二年内，被保险人自杀的，保险人不承担给付保险金的责任，但被保险人自杀时为无民事行为能力人的除外。

"保险人依照前款规定不承担给付保险金责任的，应当按照合同约定退还保险单的现金价值。"

但若保险期限满 2 年以后被保险人自杀死亡的，保险人要承担保险责任，按照合同约定的保险金额给付保险金。

设定自杀条款的目的是为了避免蓄意自杀者通过保险方式谋取保险金，防止道德风险的发生。

八、不丧失现金价值条款

长期性的人寿保险合同的投保人享有保单现金价值的权利，不因保险合同效力终止而丧失。

现金价值实际上是寿险公司在投保人退保时应退还的部分责任准备金，这基本上是由均衡保费制下投保人早期超交的保费、保费累计所生的利息、生存者利益（即在保险期限内死亡的被保险人放弃的保费及利息，由生存的被保险人来享受）三项来源构成。在保险实务中，除定期死亡保险外，每一张长期保险单在积累保费一段时间后，都会形成现金价值。我国《保险法》规定，缴费满 2 年的人身保险合同即产生现金价值。若 2 年后解除保险合同的，要退还保单现金价值；若保险合同成立 2 年以内的，解除合同时，保险人扣除手续费后退还保费，但是，退保金是少量的。

九、保单贷款条款

人寿保险保单具有现金价值，一般规定在保险单经过两年后，可将保单质押给保险人申请贷款，贷款金额以该保单的现金价值为限。实际操作中，一般贷款额度不超出保单现金价值的一定比例，比如 80%。因贷款会影响保险人的资金运用，有可能使保险人减少资金收益，因此投保人需承担合同约定的贷款利息。贷款利率一般参考市场利率而定。投保人应按期归还贷款并支付利息。当贷款本息达到保单现金价值时，投保人应按照保险人通知的日期归还款项，否则保单失效，合同终止。如果在归还贷款本息之前发生了保险事故或退保，则保险人将从保险金或退保金中扣除该款项后支付。保单贷款期限一般为 6 个月，时间短、额度小、笔数多，一般贷款净收益低于保险人投资收益，所以该条款是保险人向投保人的优惠行为。此条款的设定，为投保人提供了融通资金的机会，提升了人寿保险单的使用价值，激励投保人投保．对保险人而言，保单质押贷款举措既有一定的利息收益，同时也维持了保单续保率．因而，具有储蓄性的人身保险合同大多设定了保单贷款条款。《中华人民共和国保险法》并没有规定此条款，是一些保险公司的规定。

十、保单质押转让条款

人寿保单的投保人，为了融通资金，可以将保单的某些权益转让给银行或者其他债权人作为担保，这就是保单的质押转让。是寿险保单发挥有价证券功能的又一种方式。

保单质押转让后，受让人取得保单一定的权利，如在被保险人死亡时获取以债权金额为限的那一部分保险金的转让权益；若投保人行使退保权利，债权人则取得相应金额的退保金或现金价值。

人寿保险单的转让仅仅是一种民事权利义务关系的转让，并不改变保险人。但保单转让时，必须书面通知保险人，否则不产生法律效力。有的保险条款还规定，保单持有人须将转让文件的复制本存放于保险公司存档备案，且订明保险公司对转让保单的有效性不负任何责任。在寿险保单的质押转让中，投保人的义务并不改变，仍有继续交纳保费的义务。另外，为了保障被保险人的生命安全，我国《保险法》规定，包含死亡保险金支付条件的人寿保单转让时必须经过被保险人的同意。对于受益人，一般规定在质押转让表上必须有受益人的签字认可，以防事后受益人与债权人对死亡保险金发生争议，也使得债权人在行使未到期保单权利时，不必征求受益人的同意。

十一、保费豁免条款

保费豁免条款，是在保险合同规定的某些特定情况下，保险公司同意可以豁免投保人缴纳未到期保险费的义务，而保险合同继续有效的一种保险条款。这一条款彰显了保险对保户的关爱和人性化的光辉。保费豁免最早出现在少儿保险中，当作为投保人的父母因遭遇不幸丧失工作能力时，没有经济收入的孩子仍可继续获得保险的保障。对成年人而言，如果投保人因为意外、疾病等原因导致重度残疾或者完全丧失工作能力，投保人可以不再缴纳后续保费，保险合同仍然有效。保费豁免功能，相当于为保单再加了一份保险，目前市场上多数保险公司的大部分险种都可以附加保费豁免条款，甚至有的保险本身就拥有保费豁免功能，无须再单独附加。但不同公司、不同保险产品对于保费豁免条件的设定是存在一定区别的，而且，针对成人给儿童投保、成人间互相投保等不同情况，保费豁免的限定条件也不尽相同。

十二、实务案例与分析

保费豁免条款的实际应用

案情： 2009 年 3 月，王女士的丈夫付先生在太平人寿购买了一份保险，被保险人是王女士，投保人则是付先生。投保时，付先生为保单附加了一份保费豁免条款。2013 年，付先生不幸遭遇车祸，头部严重受伤。在开颅手术后，付先生完全丧失行为能力，日常生活无法自理。

由于付先生在投保后并未告知王女士保单附加有保费豁免条款，因此，在他遭遇车祸后，王女士一直没有联系保险公司，尽管家庭经济出现困难，但保障意识很强的王女士仍然在此后持续缴纳了两年保费。近日，王女士偶然发现丈夫为自己购买的保险可以申请保费豁免，于是向太平人寿报案，理赔服务人员第一时间驱车前往客户家中调查情况。

分析：在确认付先生的现状符合条件后，太平人寿及时做出保费豁免决定。这意味着，王女士的保单，从2012年付先生丧失行为能力后，就不需要再缴纳任何费用了，而保险保障仍然有效，直至保险合同终止。在豁免此后15年保险费的同时，太平人寿将事故发生后王女士所缴纳的两年保费也退还给了她。

第四节 人身保险合同的订立、变更与终止

一、订立

人身保险合同，是以人的寿命或身体为保险标的的保险合同。与财产保险合同的订立程序相同，人身保险合同的订立也分为投保人提出投保要求、保险人同意两个阶段，同样体现为保险实践中的要约和承诺。

（一）要约

也称为“投保”或“要保”。《合同法》第14条载明：要约是希望和他人订立合同的意思表示。在保险实践中，投保人的要约体现为投保单的填写，投保单多为保险公司印制的标准格式。填写投保单时必须遵守最大诚信原则，按照所列事项逐一、如实填写。若填写不实，保险合同无效，保险人可单方面解除合同，或拒绝承担赔偿责任。

同样，一个有效的要约应具备以下要件：

（1）要约必须向相对人提出。

（2）要约应明确合同的主要内容。

（3）要约应明确表示缔约愿望。

（4）要约在有效期内对要约人具有约束力。

要约具有一定的法律意义，要约生效后，要约人不得撤回或变更其要约。因为在要约有效期内，受约人可能因接到要约而拒绝他人的要约，或已为履行合同做了某些准备，如果要约人随意撤回或变更其要约，受约人可能会因此而蒙受损失。要约生效后，受约人即获得承诺的权利，但是受约人没有必须承诺的义务。要约发出后，在下列情形下可以不再受要约的约束：要约被受约人拒绝；承诺期限已过；要约在其发生效力之前可由要约人撤回。

人身保险实践中的要约同样体现为投保人填写投保单，只要保险人同意承保，人身保险合同即成立。同时，人身保险合同的要约内容比一般合同的要约更为具体和明确。投保人要遵循最大诚信原则逐项如实填写。投保人有特殊要求的，也可与保险公司协商，约定特约条款。有些国家也承认口头形式的投保。

为了使投保险种更符合投保人及其家庭实际需求，在投保前，投保人一定要明确几个问题：一是自己或者家庭究竟需要何种保障，面临的风险有哪些，通过咨询保险业务员，明确欲投保险种；二是要选择经营稳健、信誉良好的保险人；三是提出投保要求，如实填写投保单，同时可以要求保险人提供有关保险条款，并要求其详细、明确说明条款含义。

（二）承诺

《合同法》第21条规定："承诺是受要约人同意要约的意思表示。"在保险合同中，承诺表现为承保，是保险人接受投保人提出的保险要约的意思表示，即保险人接受投保人在投保请求书（投保单）中提出的全部条件，并将于保险事故发生后履行赔偿或给付义务。承诺一般要具备下列条件：

（1）承诺必须由受约人本人或有订立合同代理权的人向要约人作出。

（2）承诺的内容应当与要约的内容完全一致。

（3）承诺必须在要约规定的期限内作出。

（4）承诺必须以要约要求的形式予以答复。

承诺的法律效力表现为要约人收到受约人的承诺时合同即告成立。承诺和要约一样，准许在送到之前或者同时撤回，但是迟到的撤回承诺的通知不发生撤回承诺的法律效力。

人身保险合同一般由保险人予以承诺，在投保人提出投保要约后，保险人在审查被保险人是否符合投保要求及其主要风险情况的基础上，认为符合承保要求的，一般予以接受，并做出承保承诺，保险合同成立。但人身保险合同的签订过程中双方当事人往往有一个协商的过程。如果投保人对保险人提出要约，保险人对投保人的要约提出修改意见或者需附带一些条件的话，此时保险人的行为就被认为是提出新的要约，原要约人与受约人的法律地位互换，投保人为新的受约人，保险人成为新的要约人。若投保人无条件接受新要约后，投保人即为承诺人，人身保险合同随之成立。可见，人身保险合同的订立过程也可以是一个反复要约、直至承诺的过程。人身保险合同成立后，保险人应及时签发保险单或其他保险凭证。

二、人身保险合同的效力

（一）人身保险合同的生效

人身保险合同的成立与生效是两个不同的法律概念。其中，人身保险合同的成立是指保险人作出承诺时成立，而人身保险合同的生效是指人身保险合同对双方当事人发生约束力，即合同条款产生法律效力。一般而言，合同成立时即生效，但是人身保险合同多约定为附条件生效合同，通常各家寿险公司在人身保险合同条款中都约定以保险人签发保险单、投保人缴纳了首期保险费为人身保险合同生效的条件。所以，人身保险合同一般是在合同成立后的一段时间才生效。

（二）人身保险合同的有效

人身保险合同的有效是指人身保险合同是由当事人双方依法订立，对双方具有约束力，并受法律保护。在我国，只要人身保险合同具备我国法律及《保险法》所规定的人身保险合同的有效要件，如当事人有相应的权利能力与行为能力，双方意思表示真实，合同内容不违反法律或者社会公共利益，投保人对被保险人有保险利益，以死亡为给付条件的合同的订立得到了被保险人的同意并认可保险金额的等，就可以认定合同有效。

如前所述，人身保险合同有效和生效是两个法律概念，有效是生效的前提条件，在此前提下，只要所附条件成立，人身保险合同就生效；若在人身保险合同无效的情况下，即使所附条件成立，人身保险合同也不生效。

（三）人身保险合同的无效

不发生法律效力、法律不予保护的保险合同即为无效保险合同。

根据无效的程度，保险合同的无效分为全部无效和部分无效两种。全部无效是指违反国家禁止性规定而被确认无效后，不得继续履行的保险合同。如违反国家利益和社会公共利益的保险合同；保险标的不合法的保险合同等。部分无效是指保险合同某些内容无效，但是保险合同的其他部分内容有效，如善意地超出法定限额的保险其超额部分无效，而非超额部分依然有效。

按照保险合同无效的性质，分为绝对无效和相对无效两种。绝对无效是指保险合同自订立时起就不发生法律效力。如行为人不适格、采取欺诈或者胁迫手段订立的保险合同、违反保险利益原则的保险合同等。相对无效是指因重大误解和显失公平等引起的无效。

保险实践中，导致合同无效的原因主要有以下几种：保险合同的当事人不具有行为能力；保险合同的内容不合法；保险合同的当事人意思表示不真实；保险合同违反国家利益和社会公共利益；未成年人父母以外的投保人为无民事行为能力人订立的以死亡为保险金给付条件的保险合同；未经被保险人以法律认可的方式同意并认可保险金额者。合同是否有效的确认权归法院和仲裁机构。

三、人身保险合同的变更

人身保险合同的变更，是指在保险合同有效期内，合同的主体、客体和内容的依法修改或补充。保险合同具有法律效力，一旦成立，双方当事人都应当严格履行合同义务，不得擅自变更合同内容或者解除合同。但是，随着时间的推移和主客观情况的变化，人身保险合同的主体、客体和内容会产生变更的需要。我国《保险法》第 20 条规定：“投保人和保险人可以协商变更合同内容。变更保险合同的，应当由保险人在保险单或者其他保险凭证上批注或者附贴批单，或者由投保人和保险人订立变更的书面协议。”

（一）人身保险合同主体的变更

人身保险合同主体的变更是指当事人（保险人或投保人）和关系人（被保险人或受益人）的变更，一般情况下，在人身保险合同中保险人一方是不允许变更的。保险人的变更主要是因为保险公司破产、解散、合并、分立等原因导致保险人所承担的全部保险合同责任转移给其他保险人或政府有关基金承担而产生的变更。在人身保险合同中，常见的主体变更更多地表现为投保人、受益人和被保险人的变更。

1. 投保人的变更

只要新的投保人具有法律规定的保险利益，无须经保险人同意，但应通知保险人。如果是以死亡为保险金给付条件的保险合同，必须经被保险人本人书面同意。

2. 受益人的变更

只要投保人、被保险人指定变更，无须经保险人同意，但须告知保险人，并办理变更手续。若是投保人变更受益人的，须经被保险人同意。

3. 被保险人的变更

在人身保险合同中，被保险人的变更属于保险标的的变更，一般导致保险合同终止。在个人人寿保险中，被保险人是不允许变更的。因为不同的人健康状况、年龄、职业等情况均不同，适用的交费标准也各异。所以变更被保险人，视为重新投保。在人身保险合同中，被保险人的变更通常出现于团体人身保险中，主要是由于员工的流动而导致的被保险人的变更。

（二）人身保险合同客体的变更

人身保险合同中，客体的变更表现为投保人对保险标的保险利益的变更。投保人投保了与之有保险利益关系的他人的寿险时，若随着时间的推移，投保人与被保险人之间这种合法的保险利益关系发生变化时，也要通知保险人。

（三）人身保险合同内容的变更

人身保险合同内容的变更，是指保险合同主体的权利和义务的变更，表现为保险合同事项发生变化。例如人身保险合同中，被保险人的职业、保险金额、缴费方法等发生变化。人身保险合同内容的变更，一般由投保人提出。有两种情况：

(1) 投保人根据自身主观需要提出变更保险合同的内容。例如，增加或减少保额，延长或缩短保险期限等。

(2) 投保人根据客观情况的变化提出变更保险合同的内容。在保险合同履行过程中，由于某些客观情况的变化，如被保险人的职业发生变化，投保人必须根据合同规定及时通知保险人。

四、人身保险合同的终止

人身保险合同的终止，是指合同双方当事人之间的权利义务关系的灭失。有以下几种情况：

（一）人身保险合同的解除

保险合同的解除，是指在保险合同有效期限尚未届满前，当事人双方依照法律或合同约定，解除原有法律关系的行为。有两种形式：

1. 法定解除

法定解除是法律赋予合同当事人的一种单方解除权。大部分国家的保险法都规定，在一般情况下，保险合同成立后，投保人可以提出解除保险合同。我国《保险法》第 15 条规定：“除本法另有规定或者保险合同另有约定外，保险合同成立后，投保人可以解除合同，保险人不得解除合同。”

在人身保险合同中，保险人一般不享有合同解除权。其有权解除保险合同的情形主要是在投保人违反合同基本义务时才会享有。如投保人因故意或过失未履行如实告知义务，足以影响保险人决定是否承保或者以何种价格承保的情形；投保人申报的被保险人的年龄不真实，并且其真实年龄不符合合同约定的年龄限制的，保险人在合同成立之日起 2 年内有解除权。我国《保险法》第 16 条第 1、2 款规定：“订立保险合同，保险人就保险标的或者被保险人的有关情况提出询问的，投保人应当如实告知。投保人故意或者因重大过失未履行前款规定的如实告知义务，足以影响保险人决定是否同意承保或者提高保险费率的，保险人有权解除合同。”人身保险合同中保险人可以解除保险合同的情形有：投保人逾期不缴纳分期保险费并超过中止复效期限的情形；保单贷款欠还本金及利息超过保单现金价值的情形；保险欺诈行为发生的情形等。

2. 协议解除

协议解除是指当事人双方经协商同意解除保险合同的一种法律行为。保险合同当事人在不违反法律强制规定或者公序良俗的前提下，可以在合同中约定，在特殊情况发生时，一方或双方可以协议解除保险合同，同时，还可以约定其解除权的行使期间。

（二）人身保险合同因期限届满而终止

订明期限的人身保险合同，在保险期限届满时，保险人的责任即告消失，保险合同效力终止。若被保险人另办续保手续，则属于新合同的开始。

（三）人身保险合同因被保险人的非保险事故原因死亡而终止

如果由于非保险事故发生导致被保险人死亡，保险标的已不存在，人身保险合同就此终止。例如，在人身保险合同中，被保险人在合同成立 2 年内自杀身亡的情形。

（四）人身保险合同因完全履行而终止

在人身保险合同有效期限内，若合同约定的保险事故发生，保险人在履行全部赔偿或者给付义务后，保险合同终止。例如，在人身意外伤害保险中，被保险人因遭遇合同约定的意外事故而死亡，保险人支付全额保险金后，保险合同终止。

五、实务案例与分析

案例 1：保险合同的成立与生效

案情：本章篇头案例：河北省隆化县袁某于 2009 年 7 月 15 日在某农村信用合作社办理贷款业务时，花 100 元购买了一张该信用社代为销售的“幸福人生卡”。之后没有按照该卡的说明将卡激活。2009 年 8 月 28 日袁某干活时被电钻锯伤左手食、中、无名指三指。受伤后袁某开通了此卡，保险期限为 2009 年 8 月 19 日零时起至 2010 年 8 月 18 日 24 时止。袁某开通此卡后，以被保险人身份向保险公司提出索赔。保险公司以保险合同尚未生效为由拒赔。袁某遂诉至法院。

分析：本案焦点在于保险合同的生效时间。

首先，确认本案合同的有效性。合同是典型的双方法律行为，是双方当事人相对应的意思表示达成一致而成立的法律行为。我们知道，保险合同的成立需要经过要约和承诺两个步骤，一方要约，一方承诺，保险合同即告成立。在保险合同的订立过程中，通常是由投保人提出要约，保险人作出承诺，从而达成保险合同的成立。在特殊情况下，如果保险人发出的保单内容具体明确，则构成要约，投保人同意签收即为承诺，保险合同成立。本案中，袁某在信用社购买了由信用社代理的“幸福人生卡”，应当认定为订立保险合同的承诺。而且，袁某对保险合同如何生效的条件（本案中要求的生效条件是：开卡激活）也是了解和认可的。因此，可以认定袁某与保险公司之间保险合同关系是成立的，是有效合同。

其次，确认袁某发生意外伤害事故时保险合同是否已经生效。我国《保险法》第 13 条规定：“投保人提出保险要求，经保险人同意承保，保险合同成立。保险人应当及时向投保人签发保险单或者其他保险凭证。保险单或者其他保险凭证应当载明当事人双方约定的合同内容。当事人也可以约定采用其他书面形式载明合同内容。依法成立的保险合同，自成立时生效。投保人和保险人可以对合同的效力约定附条件或者附期限。”可见，依法成立的保险合同原则上自成立时起开始生效，但是双方当事人可以对合同的生效时间和生效条件作出相应的约定。保险合同的成立和有效并不等于保险合同的生效，二者是不同的法律概念。本案中保险合同是自助式保险卡，生效是附加了条件的，即投保人袁某必须将卡激活、开通才能成为有效的索赔凭证。在袁某购买该卡时，信用社代理人已经将该卡的激活方法和生效条件告知袁某。但是，持卡人袁某在保险事故发生之前并没有做到激活保险卡，所以认定事故发生时袁某持有的保险卡属于未生效合同。因此，法院判决袁某不能获得保险理赔，被告保险公司不承担保险责任。

案例 2：体检不能免除投保人如实告知义务

案情：2008 年 11 月 10 日，山东省济南市李某通过某保险代理公司购买了某保险公司的两全保险、附加重大疾病保险、豁免保费重大疾病保险，并随同该保险代理公司人员去医院进行了体检。体检报告显示李某各项指标正常，保险公司予以承保并签发保单。2009 年 5 月 20 日，李某因肝癌死亡，李某之妻向保险公司提出索赔。经保险公司调查发现，李某在投保前患有严重的肝病，且在 5 家保险公司投保了 50 万元余保额的保险，投保时未如实告知病情，遂予以拒赔，李某之妻诉至法院。

分析：李某投保后短短半年时间因重大疾病身亡，此情形非常罕见。经被告保险公司调查，李某属于恶意带病投保。确凿证据来源：2007 年 2 月李某于蓬莱市人民医院就诊，诊断为慢性肝病。2008 年 7 月 21 日李某在蓬莱市人民医院复诊，相关检查结果显示明显异常。所以李某投保时已经明确知晓自己患上了严重的肝病，然而却故意隐瞒这一事实。根据《保险法》第 16 条规定：订立保险合同，保险人就保险标的或者被保险人的有关情况提出询问的，投保人应当如实告知。投保人故意或者因重大过失未履行前款规定的如实告知义务，足以影响保险人决定是否同意承保或者提高保险费率的，保险人有权解除合同。投保人故意不履行如实告知义务的，保险人对于合同解除前发生的保险事故，不承担赔偿或者给付保险金的责任，并不退还保险费。

另外，保险公司调查发现李某投保体检时未按照保险公司的指定由陪检人初某陪同，而是换了林某陪同，体检报告存在瑕疵。

故法院认为保险公司拒赔合法有据，驳回原告诉讼请求，案件受理费 1 920 元减半收取，由原告负担。

本章小结

1. 人身保险合同是以人的寿命和身体为保险标的，以被保险人在保险期限内发生伤亡、伤残、疾病、年老等事故，或生存至保险期满时由保险人给付保险金的合同。《中华人民共和国保险法》第 10 条第 1 款规定："保险合同是投保人与保险人约定保险权利义务关系的协议。"第 12 条第 3 款规定："人身保险是以人的寿命和身体为保险标的的保险。"

2. 人身保险合同的特征主要有以下几个方面。（1）人身保险标的的特殊性。人身保险合同的保险标的是人的寿命和身体。人的身体和寿命不是商品，不能用货币来衡量、评估、确定它的价值。人身保险合同确定保险金额的原则是：一是被保险人及其家庭的经济需要，二是被保险人交付保险费的能力。（2）保险金的定额给付性。由于人身保险合同的保险标的即寿命和身体不能用货币来衡量其价值，在理赔环节，保险人不必像财产保险合同那样考虑如何确定损失额度，只要保险合同中约定的事由发生，保险人即可按照保险单中约定的保险金额给付保险金。这种给付方式被称为定额给付。(3) 人身保险合同期限的特殊性。人身保险中，大多数的保险合同都属于长期合同，短则几年，长则十几年、几十年，乃至终身，而且很多合同的年限不确定。(4) 人身保险合同中保险利益的特殊性．人身保险合同中，要求签单时投保人对被保险人要有保险利益，但是，理赔时已经不再如此规定。(5) 交费方式的特殊性。长期性的人身保险合同采取“均衡保险费”的交费、收费方式。(6) 保险单的储蓄性。长期性的人身保险合同具有储蓄性。采用均衡保费的收、交费办法，无论是缴费前期若干年投保人或被保险人所交付的超过自然保费的部分，还是后期所交低于自然保费的部分，保险人都是要计算利息的。这种计息的标准应该满足的条件，正是均衡保费的收缴数额，恰好满足保险期限结束时，保险责任准备金为零，保险费收支相抵。

3. 人身保险合同的书面形式有投保单、保险单、保险凭证、暂保单、批单、体检报告书、保费收缴凭证或营业发票等形式。

4. 人身保险合同也由主体、客体和内容三大要素构成。人身保险合同的主体，是人身保险关系中享有权利或承担义务的人，包括当事人、关系人和中介人；人身保险合同的客体是投保人对被保险人所具有的合法的利益关系，即保险利益，也称可保利益；人身保险合同的内容，即保险条款，由基本条款、附加条款和保证条款三大部分构成。

5. 人身保险合同的常用条款主要有：(1) 不可争条款。基本内容是：自人身保险合同订立时起，满 2 年后，保险人不能以投保人或者被保险人在投保时违反最大诚信原则、未履行如实告知义务等为由主张合同自始无效。不可争条款也用于保单失效后的复效，即对于申请复效的保单，才可以成为不可抗辩的合同；(2) 年龄误告条款。年龄误告有三种情况：①投保人申报的被保险人年龄不真实，并且其真实年龄不符合合同约定的年龄限制的，保险人可以解除合同，并按照合同约定退还保险单的现金价值；②投保人申报的被保险人年龄不真实，低于实际年龄的，致使投保人支付的保险费少于应付保险费的，保险人有权更正并要求投保人补交保险费，或者在给付保险金时按照实付保险费与应付保险费的比例支付；③投保人申报的被保险人年龄不真实，致使投保人支付的保险费多于应付保险费的，保险人应当将多收的保险费退还投保人，但是，自合同成立之日起逾 2 年的除外。(3) 宽限期条款。对于分期支付保险费的人身保险合同，投保人首期保费交付后，由于种种原因未按约定日期交付续期保费的，规定一个 30 天或 60 天的宽限期，在宽限期内完成续期保费交付的，保险合同依然有效，宽限期内发生保险事故的，保险人依然负责，但是要从保险金中扣除所欠的保险费和利息。宽限期内交付续期保险费时，并不计收逾期利息。若宽限期结束依然未交续期保费的，保险合同效力中止，但是自中止日起 2 年内可以申请复效。(4) 自动垫缴保险费条款．对于分期缴付保险费的合同，若在宽限期满时投保人仍未交付保险费，保险人可以用保单项下积存的现金价值垫缴投保人欠缴的保险费，保险合同继续有效。当垫缴的保险费及利息达到保单积存的现金价值时，若投保人尚未补交，保险合同效力终止。对于此项垫缴保费，投保人要偿还并支付利息。(5) 中止和复效条款．合同约定分期支付保险费，投保人支付首期保险费后，除合同另有约定外，投保人自保险人催告之日起超过三十日未支付当期保险费，或者超过约定的期限六十日未支付当期保险费的，合同效力中止，或者由保险人按照合同约定的条件减少保险金额。被保险人在前款规定的宽限期内发生保险事故的，保险人应当按照合同约定给付保险金，但可以扣减欠交的保险费。在合同效力中止后的2年内可以申请复效，复效后的保险合同，依然适用不可争条款。（6）红利任选条款。如果投保人购买了分红保险，在红利的分配方式上，可有现金领取、抵交保费、积累生息、增加保额、提前满期等多种选择。（7）自杀条款。《保险法》第44条规定："以被保险人死亡为给付保险金条件的合同，自合同成立或者合同效力恢复之日起二年内，被保险人自杀的，保险人不承担给付保险金的责任，但被保险人自杀时为无民事行为能力人的除外。保险人依照前款规定不承担给付保险金责任的，应当按照合同约定退还保险单的现金价值。"但若保险期限满2年以后被保险人自杀死亡的，保险人要承担保险责任，按照合同约定的保险金额给付保险金。（8）不丧失现金价值条款。长期性的人寿保险合同的投保人享有保单现金价值的权利，不因保险合同效力终止而丧失。（9）保单贷款条款。人寿保险保单具有现金价值，一般规定在保险单经过两年后，可将保单质押给保险人申请贷款，贷款金额以该保单的现金价值为限。实际操作中，一般贷款额度不超出保单现金价值的一定比例，比如80%。（10）保单质押转让条款。人寿保单的投保人，为了融通资金，可以将保单的某些权益转让给银行或者其他债权人作为担保，这就是保单的质押转让。是寿险保单发挥有价证券功能的又一种方式。（11）保费豁免条款。保费豁免条款，是在保险合同规定的某些特定情况下，保险公司同意可以豁免投保人缴纳未到期保险费的义务，而保险合同继续有效的一种保险条款。这一条款彰显了保险对保户的关爱和人性化的光辉。

6. 人身保险合同的成立与生效是两个不同的法律概念。其中，人身保险合同的成立是指保险人作出承诺时成立，而人身保险合同的生效是指人身保险合同对双方当事人发生约束力，即合同条款产生法律效力。一般而言，合同成立时即生效，但是人身保险合同多约定为附条件生效合同，通常各家寿险公司在人身保险合同条款中都约定以保险人签发保险单、投保人缴纳了首期保险费为人身保险合同生效的条件。所以，人身保险合同一般是在合同成立后的一段时间才生效。

7. 人身保险合同有效和生效是两个法律概念，有效是生效的前提条件，在此前提下，只要所附条件成立，人身保险合同就生效；若在人身保险合同无效的情况下，即使所附条件成立，人身保险合同也不生效。

8. 人身保险合同的无效。不发生法律效力、法律不予保护的保险合同即为无效保险合同。根据无效的程度，保险合同的无效分为全部无效和部分无效两种。

9. 人身保险合同的变更，是指在保险合同有效期内，合同的主体、客体和内容的依法修改或补充。保险合同具有法律效力，一旦成立，双方当事人都应当严格履行合同义务，不得擅自变更合同内容或者解除合同。我国《保险法》第20条规定：" 投保人和保险人可以协商变更合同内容。变更保险合同的，应当由保险人在保险单或者其他保险凭证上批注或者附贴批单，或者由投保人和保险人订立变更的书面协议。"

本章复习思考题及案例分析题

1. 名词解释

人身保险合同　　不可争条款　　年龄误告条款　　宽限期条款

自动垫缴保费条款　保单贷款条款　　终止和复效条款　　保单质押转让条款
保费豁免条款　　　不丧失现金价值条款　　红利任选条款

2. 简述题

（1）人身保险合同的特征有哪些？

（2）人身保险合同的书面形式有哪些？

（3）人身保险合同终止的情形有哪几种？

3. 案例分析题

以死亡为给付保险金条件的保险合同的成立与生效

案情：上海某打包托运服务部于2007年4月7日以其员工许某的名义与保险公司签订某人身保险合同，投保人、被保险人均为许某，保险期限为终身，交费期限20年，年缴保费739元，由服务部代缴保费。2009年12月26日，该单位员工钱某持单位介绍信和签署许某姓名的委托书前往保险公司称，受许某委托（诉讼过程中保险公司发现委托书系伪造）向保险公司申请解除保险合同，并领取解约金。2011年12月17日许某起诉保险公司，要求确认解约无效。

请根据学过的保险法规、条款和原理分析：（1）本案保险合同的有效性。（2）在这个案件中保险公司有无过错？（3）若是无效合同，所交保费及利息应返还给谁？是许某还是打包托运服务部？

第十三章 人寿保险

案例

境外出险 253 万元保险赔案

张女士是泰康人寿辽宁分公司"泰康金满仓两全保险（分红型）"险种的投保客户。2013 年 2 月 9 日，张女士前往马尔代夫旅游，不幸溺水身故。接到报案后泰康人寿辽宁分公司积极与国家外事部门取得联系，经过大量走访工作，在较短的时间内便确认了保险事故，并完成了对境外医疗机构出具病例的鉴定、认证工作，最终确认赔付张女士身故保险金 253.767 49 万元，并在第一时间打到受益人账户。

第一节 人寿保险概述

一、人寿保险的含义

人寿保险简称寿险，是以人的寿命为保险标的，以被保险人在保险期限内死亡或者被保险人生存至保险合同期限届满为保险金给付条件的保险。其中，生存保险金的受益者为被保险人本人，死亡保险金的受益者为指定受益人或者法定继承人。

人寿保险是人身保险中产生最早、最基本、最主要的险种。无论国内国外，人身保险业务中人寿保险都是占有绝大比重的险种。

二、人寿保险的特征

（一）风险的特殊性

人寿保险保障的风险从整体来讲具有一定的稳定性；而从个体而言，又具有变动性。

1. 风险的稳定性

（1）大数定律。大数定律是个数理概念。是指随机事件在一次独立试验中发生的这种偶然性在大量的重复试验中将呈现为事件发生发展的某种必然的规律性。它说明了大量的随机现象由于偶然性相互抵消所呈现的必然数量规律，是保险经营的重要数理基础。

（2）生命表。又称为死亡表，是对一定时期某一国家或地区的特定人群自出生直至全部死亡这段时间内的生存和死亡情况的记录。它刻画了处于整数年龄的人在整数年内生存或死亡的情况。

生命表是寿险精算的基础，在保险费厘定和责任准备金计算时，都是以此为基础计算的。生命表中记载的整岁人的生存数、死亡数、生存率、死亡率，就是根据大数定律原理制定的。是在跟踪、调查、统计了大量的人群多年的生存、死亡的数据资料之后，经过科学的数学计算得出的规律性的结论。结论表明：根据大数定律原理，使单个保险标的保险事故发生率的不确定性转化为整个保险标的群体的事故发生率的确定性的数量关系。即，对于单个投保人或者被保险人而言，保险事故的发生具有偶然性，但对于大量的投保人或者被保险人的整个社会群体来说，保险事故发生的概率是必然的、规律性的、可估测的，因而风险的发生具有稳定性。

因此，在保险实务中只要争取尽可能多的保户参加保险，就能进行合理的费率厘定，实现稳健经营。

2. 风险的变动性

生命表记载显示，人类死亡的概率是随着年龄的增长而逐年增大的，这一现象呈明显的规律性展现。因而每一年龄人口的死亡率各不相同，逐年上升，而且变化幅度在不同的年龄段有所不同，到了老年后，死亡率大幅上升。这正是人寿保险自然费率随人的年龄增长而逐年上升的原因。

可见，从人的年龄变化意义上来讲，人寿保险的风险具有变动性。

（二）长期性

与财产保险、人身意外伤害保险相比，人寿保险的期限多属于长期合同，短则几年，长则十几年、几十年，乃至终身，这与人寿保险的保险标的的特殊性密切相关。寿险精算的基础生命表载明，人的死亡率随年龄增长而不断上升，如果人寿保险的期限也像财产保险、人身意外伤害保险那样设计成1年期，到期续保形式，那么必然意味着投保人或者被保险人随着年龄的增长，逐年增大保费的支出额度，这势必导致投保人年老体衰、收入能力减弱时还要承担越来越重的缴纳保险费的负担。为了解决这一矛盾，人寿保险的保险期限大都设计的比较长，而且采用均衡保费形式，这是符合生命规律的。

（三）储蓄性

长期性的人寿保险具有储蓄性。人寿保险采用均衡保费办法，无论是缴费前期若干年投保人或被保险人所交付的超过自然保费的部分，还是后期所交低于自然保费的部分，保险人都是要计算利息的。

投保人每年交纳的保费分为两个部分：纯保险费和附加保费。以预定保险事故发生概率为基础进行精算而得出的保险费，称为纯保险费。附加保费则用于保险经营过程的一切费用开支。

其中，人寿保险的纯保费由危险保费和储蓄保费两部分构成。危险保费用于当年发生的死亡给付，储蓄保费则由保险人储存、利用起来，用于以后年份发生的死亡给付或期满生存给付。储蓄保费相当于投保人存放于保险人处的资金，保险人加以运用增值，所以，对于这笔资金，保险人理应计算利息回报投保人。保险人历年所收取的储蓄保费及其所生利息形成未来责任准备金。这样，对于投保人或者被保险人来说，当领取退保金或者保险金时，所领取数额往往高于其历年所交保费之和，其差额就是利息。这就是人寿保险的储蓄性。

此外，现今人寿保险的险种，多为死亡和生存责任结合设计，意味着保险金的给付成为必然。即无论被保险人期内死亡或者期满生存，都会领取到保险金的。这是人寿保险的返还性。

有利息有返还，恰恰是储蓄的特征。

（四）计算技术的特性

如前所述，生命表是寿险精算的基础，保险费的厘定和责任准备金的计算，都是以生命表为基础计算的。而生命表又是根据大数定律和概率论原理制定的，因此形成了人寿保险专用的计算技术——寿险精算。这与财产保险和人身意外伤害保险的计算截然不同。财产保险和人身意外伤害保险的费率计算基础是一定时期内的保险金额损失率，年末应提存的责任准备金的计算，则是当年保费收入的一定比例。

第二节　人寿保险产品

一、传统人寿保险

（一）死亡保险

死亡保险是指在保险期限内，以被保险人的死亡为保险金给付条件的人寿保险。死亡保险是人寿保险中最基本的保险险种。

生命的状态只有两种：生存或者死亡。人类对死亡的恐惧由来已久。人们曾经认为死亡是最大的人身风险，因而早期的人寿保险主要是为死亡提供保障，最初的人寿保险专指死亡保险。

1. 定期死亡保险

（1）含义。定期死亡保险，习惯上称为定期寿险。是指被保险人若在保险合同约定的期限内死亡，则保险公司给付受益人合同约定的保险金额；若保险期限届满被保险人健在，则保险合同效力自然终止，保险公司不给付保险金，并且不退回保险费。

定期寿险的保险期限有1年、5年、10年、15年、20年，或到50岁、60岁等约定年龄等多项选择。其中，期限为1年、5年、10年的定期寿险期满时可以展期，而且不必提供可保性证据。即，被保险人不必进行体检，不论健康状况如何都可以把保险单展期。但是，在每次展期时要根据被保险人所达到的年龄提高费率。

（2）特征。①与相同保额的终身寿险和相同期限的两全保险相比，定期寿险具有费率低、保障高，不具备储蓄因素、没有现金价值等特点。②大多数定期寿险单还具有可以变换的特征。即保单所有人具有把定期寿险单变换为终身寿险单或两全保险单的选择权，也无须提供可保性证据。这种变换的选择权一般只允许在一个规定的变换期内行使，如只允许在60岁以前变换。大多数定期寿险单只有少量的准备金，在变换时保险公司把它折成一个变换值。变换的方法有两种：

一是按被保险人所达到的年龄变换。保险公司在变换日期时出立一份终身寿险单或两全保险单，该份新保险单的费率是根据被保险人所达到的年龄确定的。

二是按被保险人投保时的年龄变换。这是一种具有追溯效力的变换方法，在变换日期出立的一份新的终身寿险单或两全保险单的费率是根据被保险人在定期寿险单中的投保年龄时就已取得这份保单的方式来确定的。

（3）定期寿险适合的人群有四类：

一是收入不高而保障需求较高的人；二是事业刚刚起步的年轻人；三是新兴企业的员工；四是私人企业的合伙人。

2. 终身死亡保险

（1）含义。终身死亡保险，习惯上称为终身寿险。终身寿险的保障期限为终身，无论被保险人因意外事故或疾病导致身故，保险人均给付保险金的人寿保险。

终身寿险意味着“可保一生”，这也是与定期寿险最大的区别。人固有一死，因此，终身寿险只要维持保险合同有效，受益人终将得到保险人给付的身故保险金。这一险种比较适合主要经济来源的家庭成员，用来弥补其身故后带来的家庭收入的减少，保证家人的正常生活。

（2）特征。①投保范围：凡16～65周岁、身体健康的人均可作为被保险人，由本人或对其具有保险利益的人作为投保人投保。②保险责任。在保险合同有效期内被保险人身故，保险人给付受益人或法定继承人保险单上载明的保险金额数额的身故保险金，合同终止。③免除责任。下列原因造成的被保险人的死亡保险公司不负责任：投保人、受益人对被保险人的故意伤害；被保险人故意自伤；被保险人吸食或注射毒品；战争等军事行为；核辐射、核爆炸；合同生效或者复效两年内自杀；被保险人酒后或无证驾驶；被保险人患艾滋病。

（3）终身寿险适宜的人群。除了定期寿险的适宜人群外，还包括下列人群：

①希望把资产留给下一代的人，以达到资产转移、合理避税目的的人。对于一些私营企业主，保险也是规避债务的方式，因为指定了受益人的保险金可以不作为被保险人生前债务的偿债来源。②购买分红投资保险的人，想达到理财目的的人。一般情况下，保险的理财增值功能较弱，保险的增值，最主要的决定因素是时间，而非回报率。终身分红保险，可以最大限度利用时间的因素，获得保险复利递增的效应。

投保终身寿险，投保时年龄不能过大，比如，不能超过65岁。因为若被保险人年龄过大，该年龄段人群的死亡率已经达到较高比例，因而需要投保人交纳较高数额的保费，加重经济负担。在保险实务中，被保险人生存至生命表上的最高年龄之后，即便被保险人依然健在，保险人也给付死亡保险金。因为，终身死亡保险的保险费，是按照被保险人生存至生命表上的最高年龄时死亡率为100%计算的。

（二）生存保险

1. 生存保险的含义

生存保险是指以被保险人生存至保单规定的保险期满为领取保险金条件的人寿保险。若被保险人在保险期内死亡，则保险人不能给付保险金，也不退还已交保险费。

2. 特征

（1）生存保险是以被保险人满一定时期仍然生存为保险金给付条件，如果被保险人在保险期限内死亡，则没有任何给付，也不退还保险费。因此，保险公司给付期满生存者的保险金，不仅包括其本人所缴纳的保险费和利息，而且包括在满期前死亡者所缴纳的保险费和利息。

（2）投保生存保险的主要目的，是为了满足被保险人一定期限之后的特定需要，例如子女的教育资金、婚嫁金或被保险人的养老金等。

（3）生存保险具有很强的储蓄性。生存保险除了一般的定期生存保险如子女教育金、婚嫁金保险外，其主要类型是年金保险。

（三）生死两全保险

1. 含义

生死两全保险也称生死合险，是指被保险人无论在保险期内死亡还是保险期满生存，保险人都给付保险金的人寿保险。两全保险是定期人寿保险与生存保险两类保险的结合，这类保险是目前保险市场上最常见的商业人寿保险业务。

两全保险的保险期间，可以特定的年数或特定的年龄来表示，如 5 年、10 年、20 年或到被保险人 60 周岁、70 周岁。由于生命非生即死，两全保险的被保险人不是在期内死亡，就是期满生存，二者必居其一，所以，与终身寿险类似，受益人必将获得一笔保险金。

2. 特征

（1）责任全面。两全保险属于普通寿险业务，既可以保障被保险人的生存需要，又可以解决由于被保险人死亡给家庭经济生活带来的困难。

（2）费率高。

两全保险既保障生存又保障死亡，一旦投保，给付必然要发生。两全保险的保险费既有保障因素，又有储蓄因素，而且更突出储蓄性质。因此，除了长期两全保险与终身寿险的费率差别不大外，短期两全保险比其他寿险的费率要高得多。实际上两全保险的保费等于定期寿险与生存保险的保费之和。所以，这种寿险不适宜低收入群体投保。

（3）保险金额。

两全保险的保险金额分为两部分：保障保额和储蓄保额。保障保额随保单年度的增加而减少，直至期满消失；而储蓄保额随年度的增加而增加，期满时全部为储蓄。所以，两全保险的保额变化规律是：“保障递减，储蓄递增”。

3. 类别

（1）普通两全保险。

普通两全保险，即一种单一保额的两全保险。无论被保险人在保险期内死亡还是期满生存，保险人给付的保险金均相同。

例如，某人投保了保额为 10 万元、保险期限为 20 年的两全保险，则无论被保险人在 20 年内死亡，还是到 20 年期满日依然生存，他的受益人或者本人都可以领取 10 万元的保险金。

（2）期满双倍两全保险。

期满双倍两全保险条款规定：若被保险人保险期内死亡，保险人按保单规定的保险金额给付保险金；若被保险人生存至期满，保险人给付两倍保险金额的保险金。

（3）两全保险附加定期寿险。

这种寿险合同条款规定：如果被保险人生存至保险期限届满，保险人按保单规定的保险金额给付保险金；若被保险人期内死亡，则保险人按照保险金额的多倍给付保险金。显然，这种寿险侧重于对被保险人家属经济生活的保障，因此适宜家庭生计的主要承担者群体投保。

（4）联合两全保险。

这种保险承保两人或者两人以上的被保险人，在约定的期限内，任何一人最先死亡，保险人给付全部保险金，保险合同终止。若期满时联合投保人全部健在，也给付全部保险金。这种保险适宜家庭投保。

二、年金保险

（一）年金保险的含义

1. 年金

年金是指每隔相等的期限、收付一定款项。间隔期限可以是一年、半年、一个季度、一个月等。

2. 年金保险

个人或企业、机构是保险人以年金的方式向被保险人支付保险金的一种生存保险。在被保险人生存期间，保险人按照合同约定的金额、方式，在约定的期限内，有规则地、定期地向被保险人支付保险金。

年金保险保险金的支付周期同样是多样化的，有一年、半年、一个季度、一个月等间隔。多以年为周期进行支付，年金保险也由此而得名。

（二）年金保险的特点

（1）年金保险是生存保险的特殊形态，保险人采取年金方式支付保险金，而不像其他险种那样是一次性给付。

（2）年金保险单有现金价值，且现金价值随保单年度的增加而增长，至缴费期结束时，现金价值达到最高值。

（3）年金保险有积累期（即缴费期）和清偿期（即给付期）的规定，有的年金保险还有等待期的规定。顾名思义，积累期即指年金保险资金积累的期间，或者就是投保人分期缴纳保险费的期间。清偿期是指保险人向年金受领人有规律地给付保险金的期间。等待期是指缴费期结束后至开始领取保险金的间隔期。

（三）年金保险的类别

1. 按年金给付开始期划分

（1）即期年金保险。是指自投保人缴纳所有保费且保险合同成立生效后，保险人立即按期给付保险年金的年金保险。通常即期年金采用趸缴方式缴纳保费，但是一次性缴清年金现价需要的数额较大，一般投保人难以负担，因而，实务中即期年金保险业务量较小。

（2）延期年金保险。是指投保人投保后，被保险人并不立即领取年金，而是当被保险人到达一定年龄或经过一定时期后，保险人才开始向生存的被保险人给付年金的年金保险。

例如，用于养老目的的年金保险，如果投保人在投保时年龄尚轻，一般都采用延期年金领取方式。待年老时（如年龄达到55岁、60岁时）再开始领取年金。若投保人投保时年龄已届老年，则一般采用即期年金方式。

2. 按交费方式划分

(1) 趸交年金。是指一次交清保险费的年金保险，即年金保费由投保人一次全部交清后，于约定的时间开始由年金受领人按期领取年金。

(2) 期交年金。是指在年金给付日开始之前，分期交付保险费的年金保险，即保险费由投保人采用分期交付的方式，然后于约定给付开始日期起，由年金受领人按期领取年金。

3. 按给付是否有保证划分

(1) 有保证年金保险。是为了防止被保险人在领取年金的早期死亡所带来的损失而设计的年金保险种类。具体分为两种：①期间保证年金。是指无论被保险人寿命长短，年金的给付都有一个保证期，即便被保险人在保证期内死亡，保险人仍继续向其受益人给付年金，直至保证期限届满时为止。②金额保证年金。是指如果被保险人死亡时，其所领年金数额不足所缴的年金现价，差额部分由其受益人领取。

(2) 无保证年金保险。是指年金的给付以被保险人的生存为条件，直至其死亡为止。

4. 按被保险人人数划分

(1) 个人年金保险。是指被保险人只有一人的年金保险，通常这种年金保险的被保险人也是年金受领人。

(2) 联合生存者年金。是指两人或者两人以上的被保险人联合投保的年金保险。这种年金保险的给付条件是联合被保险人都生存，只要这个前提存在，保险人就按期支付保险金，直至其中任何一个被保险人死亡为止。

(3) 联合最后生存者年金保险。也是指两人或者两人以上的被保险人联合投保的年金保险。在约定的给付开始日，只要有一个被保险人生存，保险人就全数给付保险金，直至被保险人全部死亡为止。

5. 按年金金额是否变动划分

(1) 定额年金保险。是指在年金给付周期中，年金受领人每期领取的年金数额都相等，领取金额不随投资收益水平的变动而变动，也不因为通货膨胀的存在而变化，与银行储蓄性质相类似。

(2) 变额年金保险。属于创新型寿险产品，是年金与变额保险相结合的产物。在年金给付周期中，年金受领人每期领取的年金数额随着账户投资业绩的变化而变动。在通货膨胀时期，物价上涨会使定额年金的货币购买力下降，为了克服通胀的影响，变额年金在20世纪50年代应运而生。

购买变额年金保险主要是一种投资。在风险波动较大的经济环境下，人寿保险市场也体现出时局的特点，为投保者提供一种稳定的货币购买力的产品成为保险人的时务之需。毕竟以消费者需求为导向的创新是保险业发展的正道和方向。

三、特种人寿保险

(一) 简易人寿保险

简易人寿保险，是一种小额、免体检、适合低工资收入者的人寿保险。其保险责任主要为两全保险附加意外伤害保险。19世纪50年代起源于英国，20世纪三四十年代发展至鼎盛。该险种是我国恢复人身保险业务时开设最早的险种，曾经占我国寿险业务相当大的比重，随着人们对保险产品多层次的需要和保险市场的变化，目前我国的简易人寿保险几乎处于停滞状态。

简易人寿保险，有固定的保险期限，兼有保险和储蓄的双重性质，被保险人在保险期限内因病或者意外伤害事故导致伤残或死亡，或者保险期满依然生存，保险人按保险合同的规定承担给付全部或部分保险金的责任。简易人寿保险的保险费交满一定年限，被保险人可凭保险单向保险人借款，也可申请中途退保，领取保险合同载明的退保金。

（二）简易人寿保险的特点

1. 被保险人可免于体检

2. 低保额

因为面向低收入群体设计，所以保险金额比较低，投保人只需少量的保费支出。

3. 内容简单，采用标准化格式，易于投保人接受

简易人寿保险属于两全保险，保险期限分为5年、10年、15年、20年、25年和30年六档，投保人可根据自己的情况自由选择。保费按等额份数计收，保险金额根据被保险人所处的年龄段和选择的期限而定，不分男女，实行保额分组化经营管理。

4. 交费频繁

简易人寿保险交费频繁，一般按月缴付，甚至按周。多由保险代理人上门收取，或者由被保险人单位于发放工资时代为扣缴。工作繁琐，费用开支大。

5. 保险费高于定期寿险

简易人寿保险的保费高于定期寿险。原因是：被保险人未经体检，又是工作、生活环境和条件相对较差的群体，死亡率较高。经办保险员工工作量大，费用开支大于一般寿险，保单续保率较低，因而保险费高于定期寿险。

（三）儿童保险

1. 儿童保险含义

也称少儿保险，是专门为少年儿童设计的，用于解决成长过程中所需要的教育、创业、婚嫁等费用，以及应对孩子可能面临的疾病、伤残、死亡等风险的保险产品。

儿童保险是以未成年人作为被保险人的保险，由其父母或者合法的抚养人作为投保人。儿童保险开展之初是两全保险形式，现今多为终身寿险形式。

2. 儿童保险的特点

（1）以生存为保险金给付条件。

投保儿童保险的目的是使子女将来有一笔相当数额的保险金，用以解决他们接受教育、婚嫁、创业等方面的费用。以生存作为保险金给付条件是儿童保险设计的宗旨。为了防范道德风险、保障未成年人的安全、健康，在经营儿童保险业务时我国规定了许多具体措施，如：被保险人若在21岁前死亡，给付保险金额的50%；22岁至25岁死亡，给付保险金的100%；还有的保险条款规定，若被保险人死亡，只退还已交保险费。

（2）控制保险金额。

为避免道德风险，几乎所有的国家都对儿童保险的保险金额加以限制。有的直接规定投保的最高限额，有的采用保额递增式，在保险期内保险金额逐年上升，保费保持不变。

我国《保险法》第33条规定："投保人不得为无民事行为能力人投保以死亡为给付保险金条件的人身保险，保险人也不得承保。父母为其未成年子女投保的人身保险，不受前款规定限制。但是，因被保险人死亡给付的保险金总和不得超过国务院保险监督管理机构规定的限额。"我国法律规定为5万元（京沪穗等少数经济发达城市是10万元）。但含寿险责任的重大疾病保险保额不受此限制。

（3）保费豁免条款。

若作为儿童保险投保人的父母或者合法的抚养人，在缴费期内死亡或全残，尚未交付的保险费可以豁免，保单继续有效。

（4）保险期限的规定。

有的儿童保险的保险期限从投保到被保险人成年（21岁或22岁）终止，是两全保险性质；有的则从投保到被保险人死亡为止，即终身寿险性质。

四、新型人寿保险

（一）分红保险

1. 分红保险的含义

分红保险是指保险公司将其实际经营成果优于定价假设的盈余，按一定比例向保单持有人进行分配的人寿保险新产品。

2. 分红保险的历史和现况

分红保险最早出现在1776年的英国，当时是为了抵御通货膨胀和利率波动而推出的。它兼具保障和投资功能，因此一经推出，立即受到市场的普遍欢迎。到二十世纪六十年代，西方发达国家的寿险公司又在此基础上，进行了多样化的开发。

近年来，分红保险更是成为世界保险市场的主流产品。分红保险作为目前国际保险市场流行的险种，其作用在于客户不仅能享有充分的保障，还能从保险公司经营的利润中获得较高的投资回报。

分红类寿险是东南亚地区最受客户欢迎的产品之一；在北美地区，80%以上的产品有分红功能；在德国，分红保险占该国人寿保险市场85%；在香港，这一数字更高达90%。

3. 分红保险的特点

（1）具有保障和投资双重功能。

①保障功能没有削弱，这是对客户基本需求的承诺。投保人除了可以得到传统保单规定的保险保障外，还可以享受保险公司的经营成果，即参加保险公司投资和经营管理活动所得盈余的分配。

分红保险提供给客户的保障与非分红保险没有差别，如身故保障、生存保险金给付等，其保障内容、保险金额、保单的价值、保险费都是投保时在合同中明确约定的，这部分是我们常说的"保底"，即，不论经营状况如何，出现保险责任事故或保险期满时，保险公司都要履行其保障责任。

②投资功能。传统寿险产品都有一个固定的预定利率，利益分配基本是固定不变的，分红保险则除了保证预定利率之外，每年还可以根据分红保险业务的经营情况，决定红利分配。若保险公司盈利高，客户收益也随之"水涨船高"，上不封顶；保险公司盈利低，客户收益也低。

（2）投保人不承担投资风险，是“零风险”投资。

投保人投保分红保险，在享有传统寿险所有保障功能的前提下，参与保险公司的分红，高收益高分享，低收益低分享，但是客户不承担投资亏损的风险，保户承担的唯一风险是可能没有红利分配。因此分红寿险不但为客户提供了保障、承担了风险，而且为客户扩展了更大的获利空间。

（3）为保险金保值稳定其购买力，保障被保险人及其家属的生活质量。①分红保险理财方式更稳健，优于普通投资。分红保险为保户提供了分享保险公司经营成果的机会，有效地避免利率波动和通货膨胀给客户和保险公司双方带来的风险。尤其是在金融市场变化莫测的情况下，普通客户投资者受各方面因素的制约，很难对市场变化作出专业的分析和预测，而保险公司由于拥有一支经验丰富的专业投资和风险控制团队，比起一般客户投资者，能更有效地克服市场波动可能造成的损失，保户所分享的红利是对市场波动对保险金价值影响的弥补，为保险金保值乃至增值。②专家理财优势。享受保险公司机构投资优势和专家理财服务，保险公司是金融市场上最大的机构投资者，与其他投资方式相比，保险公司占据资金规模大、投资渠道宽、既可投资基金，又可以投资债券；既可以在一级市场运作，又可以在二级市场运作，投资渠道通畅，投资方式相当灵活。此外，保险公司专业人才多、投资经验丰富、信息通畅快捷，投资账户独立，有效控制投资风险，降低成本，集中捕捉获利机会，客户高枕无忧，因此，分红保险为客户有效规避风险、获取最大利益提供了良好的机会。

（4）产品具有较高的透明度。与传统寿险产品相比，分红保险具有较高的透明度，表现在公司每年至少向保单持有人寄送一次分红业绩报告。

（5）分配红利的领取方式灵活多样。目前，国际上流行的红利派发方式大致有以下几种：①现金红利。客户将所得红利直接以现金方式领取。②累积生息。红利留存于保险公司，按保险公司每年确定的红利累积利率，以复利方式储存生息，并于本合同终止或投保人申请时给付。③抵交保费。红利用于抵交下一期的应交保险费，若抵交后仍有余额，则用于抵交以后各期的应交保险费。④购买交清增额保险。依据被保险人的当时年龄，以红利作为一次交清保险费，按相同的合同条件增加保险金额。

中国人寿保险公司采取前两种，即现金红利与累积生息的方式派发红利。

根据保监会规定，保险公司至少应将当年度分红保险可分配盈余的70%分配给客户，保险公司最多只能留存30%。

4. 红利的来源

分红保险的红利来源于利差益、死差益和费差益所产生的可分配盈余。

（1）利差益，是指保险公司实际的投资收益率高于预计的投资收益率时所产生的盈余。（2）死差益，是指保险公司该险种被保险人的实际死亡人数小于预定死亡人数时所产生的盈余。（3）费差益，是指保险公司实际的经营费用低于预计的经营费用时所产生的盈余。其中，利差益是红利的主要来源。

由于人寿保险具有保险期限长、风险发生的不确定性等特点，保险公司在厘定费率时主要考虑三个因素：预定死亡率、预定利率（预定投资回报率）、预定费用率，而费率一经厘定，不能随意改动。但寿险保单的保障期限往往长达几十年，在这样漫长的时间内，实际发生的情况显然不可能同预期的情况完全一致。一旦实际情况好于预期情况，就会出现以上利差益、死差益或费差益（反之称为利差损、死差损或费差损），保险公司将利差益、死差益和费差益产生的利润按一定的比例分配给客户，称作“三差分红”，这就是红利的来源。

从国内的情况来看，前几年利率调低对保险市场产生冲击时，不少专家曾呼吁尽快推出分红保险产品。如今，经过保险业这些年来的发展，一方面国内保险公司已具备经营分红保险产品的能力，另一方面在市场发展中逐步成熟起来的客户，已产生了与保险公司“风险同担、利益共享”的愿望和心理准备。另外，国内各大保险公司的各类分红保险面市以来，销售情况一直呈现良好势头。

所以，无论从海外的发展趋势，还是从当前国内寿险市场的总体形势来看，分红保险作为大众投资理财的重要工具，将成为中国保险市场的主导产品。

5. 实务案例与分析

高空坠落身故280万元保险赔偿案

案情：华女士2010年11月在太平人寿福建龙岩中心支公司投保了“卓越人生定期寿险附加卓越人生两全分红保险”。2013年8月2日，不慎意外高空坠落身故，8月13日，保单受益人提出理赔申请。尽管案件涉及金额大、理赔风险高，但太平人寿福建龙岩中心支公司仅用了10天时间就完成了事故调查及理赔责任核定，并于8月26日给付受益人身故保险金280万元。

分析：本案例案情简单明了，不存在争议，但是给人们以启示：成功的商业人士，在积累财富的同时，已经越来越多的关注风险的防范和风险发生时的保障，有效地为自己和家人未来的疾病风险、意外风险做好防范和保障的准备。要做到这一点，最好的产品，就是购买寿险类产品。

附：中国人寿分红保险精选

国寿鸿运少儿两全保险（分红型）

国寿鸿运少儿两全保险（分红型）是一种为少儿提供的分红型人寿保险，为您的孩子提供成人保险金、创业保险金以及婚嫁保险金，解决您在资金紧张时大额资金要求。同时，该产品为您提供可观的周年红利，让您分享职业化投资和专业化经营成果。

险种特色

- 宝宝也分红，全家乐融融
- 伴随成长，关爱无限
- 专家理财，增值无忧
- 享有保单借款，组合方便

投保范围

凡出生三十日以上、十四周岁以下，身体健康者均可作为被保险人，由其父母作为投保人向中国人寿保险股份公司（以下简称本公司）投保本保险。

保险责任开始

本合同自本公司同意承保、收取首期保险费并签发保险合同的次日零时开始生效。除另有约定外，本合同生效的日期为本公司开始承担保险责任的日期。

保险期间

本合同的保险期间为本合同生效之日起至被保险人年满二十五周岁的年生效对应日止。

保险责任

在本合同有效期内，本公司负以下保险责任：

（1）被保险人生存至年满十八周岁的年生效对应日，本公司按基本保险金额的50%给付成人保险金。

（2）被保险人生存至年满二十二周岁的年生效对应日，本公司按基本保险金额的50%给付创业保险金。

（3）被保险人生存至年满二十五周岁的年生效对应日，本公司按基本保险金额的50%给付婚嫁保险金，本合同终止。

（4）被保险人于本合同生效后至其年满十八周岁的年生效对应日前身故，本合同终止，投保人已交足二年以上保险费的，本公司退还本合同的现金价值；投保人未交足二年保险费的，本公司在扣除本合同的手续费后退还保险费。被保险人自其年满十八周岁的年生效对应日起至本合同保险期满前身故，本公司按保险单载明的保险金额给付身故保险金，本合同终止。

责任免除

因下列任何情形之一导致被保险人身故，本公司不负保险责任：

（1）投保人或受益人对被保险人的故意杀害或伤害；

（2）被保险人故意犯罪或拒捕；

（3）被保险人服用、吸食或注射毒品；

（4）被保险人在本合同生效（或复效）之日起二年内自杀；

（5）被保险人酒后驾车、无有效驾驶执照驾驶或驾驶无有效行驶证的机动交通工具；

（6）被保险人感染艾滋病病毒（HIV 呈阳性）或患艾滋病（AIDS）期间；

（7）被保险人在本合同复效之日起一百八十日内因疾病；

（8）战争、军事冲突、暴乱或武装叛乱；

（9）核爆炸、核辐射或核污染及由此引起的疾病。

无论上述何种情形发生，导致被保险人身故，本合同终止。本合同生效满二年以上且投保人已交足二年以上保险费的，本公司退还本合同的现金价值；本合同生效未满二年或投保人未交足二年保险费的，本公司在扣除本合同载明的手续费后，退还保险费。

红利事项

在本合同有效期内，在符合保险监管部门规定的前提下，本公司每年根据上一年会计年度分红保险业务的实际经营状况确定红利分配方案。如果本公司确定本合同有红利分配，则该红利将分配给投保人。

投保人在投保时可选择以下任何一种红利处理方式：

（1）现金领取。

（2）累积生息。红利保留在本公司以复利方式累积生息，红利累积利率每年由本公司公布。

若投保人在投保时没有选择红利处理方式，本公司按累积生息方式办理。

借款

在本合同保险期间内，如果保险合同生效满二年以上且投保人已交足二年以上保险费，本合同已经具有现金价值的，投保人可以书面形式向本公司申请借款，但最高借款金额不得超过本合同当时的现金价值扣除欠交保险费、借款及利息后余额的百分之七十，且每次借款期限不得超过六个月。

借款及利息应在借款期限届满日偿还。未能按期偿还的，则所有利息将被并入原借款金额中，视同重新借款。

本合同当时的现金价值不足以抵偿欠缴的保险费、借款及利息时，本合同效力中止。

保险费

保险费的交付方式分为趸交、年交和月交三种，由投保人在投保时选择。分期交付保险费的，交费期间为自本合同生效之日起至被保险人年满十五周岁的年生效对应日零时止。

投保示例

1 岁女孩作为被保险人投保鸿运少儿两全保险（分红型）10 万元

每年交费：9 170 元

交费期：交至年满十五周岁

保险期：合同生效起至被保险人年满二十五周岁

保险责任

（1）被保险人年满 18 周岁的年生效对应日，本公司给付成人保险金 50 000 元。

（2）被保险人年满 22 周岁的年生效对应日，本公司给付创业保险金 50 000 元。

（3）被保险人年满 25 周岁的年生效对应日，本公司给付婚嫁保险金 50 000 元，本合同终止。

（4）被保险人十八周岁后身故保障金 10 万元。

（5）投保人每年可以享受本公司经营成果即红利分配，可复利累积生息。

国寿鸿寿年金保险（分红型）

国寿鸿寿年金保险（分红型）是一种为退休人员养老而提供的分红型的人寿保险，既为您提供死亡风险保障，还可以获得年金领取，满期时还可以获得丰厚的满期保险金。

险种特色

- 理财有方，生活无忧
- 定期给付，安享晚年
- 加倍保障，双倍给付
- 保单借款，方便周转
- 保全资产，投资分红

投保范围

凡年满十六周岁以上、六十周岁以下，身体健康者均可作为被保险人，由本人或对其具有保险利益的人作为投保人向中国人寿保险股份公司（以下简称本公司）投保本保险。

保险责任开始

本合同自本公司同意承保、收取首期保险费并签发保险合同的次日零时开始生效。除另有约定外，本合同生效的日期为本公司开始承担保险责任的日期。

保险期间

本合同的保险期间为本合同生效之日起至被保险人年满八十周岁的年生效对应日止。

年金开始领取日

年金开始领取年龄分为五十五周岁和六十周岁二种，投保人可选择其中一种作为本合同的年金领取年龄。年金开始领取日为年金开始领取年龄的年生效对应日。

保险责任

在本合同有效期内，本公司负以下保险责任：

（1）自本合同约定的年金开始领取日起至被保险人年满七十九周岁的年生效对应日止，每年在本合同的年生效对应日，若被保险人生存，本公司按保险单载明的保险金额的5％给付年金。

（2）被保险人身故，本公司按保险单载明的保险金额的二倍给付身故保险金，本合同终止。

（3）被保险人生存至年满八十周岁的年生效对应日，本公司按保险单载明的保险金额的二倍给付满期保险金，本合同终止。

责任免除

因下列任何情形之一导致被保险人身故，本公司不负保险责任：

（1）投保人或受益人对被保险人的故意杀害或伤害。

（2）被保险人故意犯罪或拒捕。

（3）被保险人服用、吸食或注射毒品。

（4）被保险人在本合同生效（或复效）之日起二年内自杀。

（5）被保险人酒后驾车、无有效驾驶执照驾驶或驾驶无有效行驶证的机动交通工具。

（6）被保险人感染艾滋病病毒（HIV 呈阳性）或患艾滋病（AIDS）期间。

（7）被保险人在本合同复效之日起一百八十日内因疾病。

（8）战争、军事冲突、暴乱或武装叛乱。

（9）核爆炸、核辐射或核污染及由此引起的疾病。

无论上述何种情形发生，导致被保险人身故，本合同终止。本合同生效满二年以上且投保人已交足二年以上保险费的，本公司退还本合同的现金价值；本合同生效未满二年或投保人未交足二年保险费的，本公司在扣除本合同载明的手续费后，退还保险费。

红利事项

在本合同有效期内，在符合保险监管部门规定的前提下，本公司每年根据上一年会计年度分红保险业务的实际经营状况确定红利分配方案。如果本公司确定本合同有红利分配，则该红利将分配给投保人。

投保人在投保时可选择以下任何一种红利处理方式：

（1）现金领取。

（2）累积生息。红利保留在本公司以复利方式累积生息，红利累积利率每年由本公司公布。

若投保人在投保时没有选择红利处理方式，本公司按累积生息方式办理。

借款

在本合同保险期间内，如果保险合同生效满二年以上且投保人已交足二年以上保险费，本合同已经具有现金价值的，投保人可以书面形式向本公司申请借款，但最高借款金额不得超过本合同当时的现金价值扣除欠交保险费、借款及利息后余额的百分之七十，且每次借款期限不得超过六个月。

借款及利息应在借款期限届满日偿还。未能按期偿还的，则所有利息将被并入原借款金额中，视同重新借款。

本合同当时的现金价值不足以抵偿欠缴的保险费、借款及利息时，本合同效力中止。

保险费

保险费的交付方式分为趸交、年交和月交三种，分期交付保险费的交费期间分为十年、二十年两种，由投保人在投保时选择。

投保示例

16 岁男孩作为被保险人投保鸿寿年金保险（分红型）10 万元

每年交费：5 100 元

交费期：20 年

保险期：合同生效起至被保险人年满八十周岁止

保险责任

（1）被保险人年满 60 周岁至年满七十九周岁，本公司每年给付养老年金 5 000 元。

（2）被保险人身故本公司给付身故保险金 20 万元，本合同终止。

（3）被保险人生存至年满八十周岁的年生效对应日，本公司给付满期保险金 20 万元，本合同终止。

（4）投保人每年可以享受本公司经营成果即红利分配，可复利累积生息。

（二）投资连结保险

1. 含义

投资连结保险，简称投连保险，也称单位连结、证券连结、变额寿险。是一种融保险与投资功能于一身、保费固定、保额可变的长期性人寿保险新险种。

2. 特点

（1）功能特点。投资连结保险，集保险保障与投资功能于一身。投资连结保险，作为一种新型险种，除了具有传统寿险具有的保障功能之外，又新添了投资的功能，而且更强调投资功能。

（2）账户设置与收益分配特点。传统寿险只设置一个综合性账户，所有的保费收入、保险金给付以及其他资金往来都通过综合性账户进行。而投资连结保险设有保证收益账户、发展账户和基金账户等多个账户供客户选择，客户购买后资金将直接进入其选择的投资账户。每个账户的投资组合不同，收益率也不同，投保人可以自行选择保险费在各个投资账户的分配比例。

投资账户不承诺投资回报，保险公司在投资账户中定期扣除管理费用后，所有的投资收益和投资损失完全由客户承担。不过在投资运作过程中，投资者可充分利用专家理财的优势，客户在获得高收益的同时承担投资损失的风险。

因此投资连结保险适合于具有理性的投资理念、追求资产高收益同时又具有较高风险承受能力的投保人。不适合老年人投保，也不适合试图获取短期投资收益的投保人。

(3) 保额特点。传统寿险的保额在投保时即已确定，因而保障程度是固定的，而投资连结保险的保额由两部分构成，一是合同规定的最低死亡给付金额，此部分固定。二是随资金运作情况而变动的部分。

(4) 保单现金价值特点。传统寿险的保单现金价值在签发保单时即已确定，而投资连结保险保单的现金价值是保单所拥有的所有"投资账户单位"的价值总和。

(5) 资产构成特点。同股票、基金类似，投连账户中的资产由若干个标价清晰的投资单位组成，资金收益体现为单位价格的增加。

(6) 保费投资运作透明度特点。传统寿险的被保险人不知道所交保费是如何运作的，而投资连结保险的投资资金设立单独账户，拥有自己的投资顾问，保险人定期向客户公布有关信息。如资金投向、投资单位价格、各项费用的收取比例等。

(三) 万能寿险

1. 含义

万能人寿保险是一种缴费灵活、保险金额可以调整、非约束性的寿险。万能寿险除了同传统寿险一样给予保户生命保障外，大部分保费，用来购买由保险公司设立的投资账户单位，由投资专家负责账户内资金的调动和投资决策，将保户的资金投入到各种投资工具上。对投资账户中的资产价值进行核算，并确保投保人在享有账户余额的本金和一定利息保障前提下，借助专家理财进行投资运作的一种理财方式。

1979 年美国的加利福尼亚人寿保险公司首次推出万能寿险，到了 1983 年，美国几乎所有的寿险公司都推出了至少一种万能寿险保单。至 1984 年，万能寿险成为美国寿险市场上的主要产品。

万能寿险最大的特点是具有灵活性，保险单所有人能定期改变保险费金额，可以暂时停止缴纳保险费，还可以改变保险金额，是一种弹性保费寿险。该险种很快传到国外，成为国际三大寿险新险种之一。

2. 特点

(1) 保险金额可以按约定调整。保单所有人可以自行确定初期保险金额，而且每年可以提高和降低保险金额。为了防止逆选择，在提高保险金额时通常要提供可保证明；降低保额时则不需要提供可保证明。

(2) 缴费方式灵活。保单持有人可以在保险公司规定的幅度内选择任何一个数额，在任何时候缴纳保险费。保险实务中，保险人一般规定首期保费的最高限额、最低水平和续期保费的最高限额，投保人支付了首期保费后，保险单现金价值能够支付其应负担的成本与保障费用，续期保险费缴付时间、数额可以由保单持有人自己决定。

(3) 保单运作透明。保险人定期向保单持有人公开组成账户价格的各种因素，保单持有人每年都可以得到一份保险单信息状况表，用以说明保险费、保险金额、利息、保险成本、各项费用以及保单现金价值的数额与变动情况，便于客户进行不同产品的比较，并监督保险人的经营状况。

(4) 设立独立投资账户，有固定的保证利率。万能寿险设立独立投资账户，并且个人投资账户的价值（即保单的现金价值）有固定的保证利率。当个人账户的实际资产投资回报率高于保证利率时，寿险公司就会参与分享高于保证利率部分的收益。

五、实务案例与分析

案例 1：被保险人猝死的理赔纠纷案

案情：2003 年 5 月至 2009 年 4 月间，被保险人陈某由其子为其投保定期寿险、健康险、意外伤害保险，受益人均为其子。2009 年 10 月 20 日晚 8 时左右，被保险人被发现倒在一引流渠中身亡。死因不明，保额巨大，保险公司要求尸体解剖检验。司法鉴定中心尸检结论为：陈某符合冠状动脉粥样硬化（Ⅲ级）性心脏病猝死。保险公司正常赔付定期寿险、健康险，对意外伤害保险出具了拒赔决定通知书。后受益人诉至法院。

分析：本案案情并不复杂。被保险人陈某由其子投保的定期寿险、健康险保险人都已经正常赔付，不存在争议。争议集中在死者陈某的意外伤害保险保险的理赔上。争议的焦点在于陈某的死亡是否因为意外跌落水渠受到创伤导致。如果陈某的死亡是由于意外伤害事故导致，则保险公司是要负赔偿责任的。但是，陈某死亡经过无目击证人，也无影像资料佐证，死亡多时后才被发现。但是经过法医尸检鉴定证明，陈某跌落水渠身体损伤较轻，不足引起死亡，陈某死亡的原因为冠状动脉粥样硬化（Ⅲ级）性心病猝死。跌落水渠只是可能引起陈某冠心病发作死亡的诱发因素，而心脏病猝死是因心脏原因引起的自然死亡，属于自身疾病原因导致。因此被保险人陈某的死亡不符合保单中约定的意外伤害引起的死亡，因而不属于保险合同约定的保险责任范围内。

所以，保险公司的拒赔合法有据，法院判决驳回原告陈某之子的诉讼请求，并负责承担案件受理费 5 050 元。

案例 2：投资连结保险退保费用的承担纠纷案

案情：白国梁，视力残疾人，并患有胃病和心脏病等慢性疾病。2007 年 12 月，信诚人寿保险公司女营销员杨春民（曾经与白国梁相恋）向白国梁宣传推销保险，并谎称“信诚投资连结保险每年的收益都在 9%以上，股市好时肯定高达 20%至 120%以上的回报率”、“信诚公司和英国保诚公司一样都是最早取消了战争免赔条款的公司，而且只有三条免赔条款”、“保单全球有效”等，后杨春民又以给白国梁介绍女友和帮助白国梁做饭为名，多次恳求白国梁帮忙提升业绩。白国梁碍于情面只得答应了她的恳求。但在填写投保书时，杨春民只让白国梁在投保书签上了名字，其他内容却由杨春民自行填写，恶意阻止白国梁如实告知身体情况，而且投保书上的保险代理人也非杨春民。白国梁向信诚人寿保险公司投诉后，信诚人寿保险公司要求白国梁补充告知。2008 年 4 月 21 日，白国梁填写了保险合同变更申请书，直到 2008 年 6 月 13 日，白国梁才收到信诚人寿保险公司的书面答复，却只是“全额退还保险费三万元”。白国梁认为，信诚人寿保险公司的保险代理人杨春民在向白国梁推销宣传保险时存在欺诈而且有辱骂白国梁的行为，故起诉要求确认双方签订的保险单为无效合同；要求信诚人寿保险公司向白国梁赔礼道歉；要求信诚人寿保险公司加倍赔偿利息损失 1 138.80 元；要求信诚人寿保险公司加倍赔偿白国梁保险费 30 000元并负担本案诉讼费。

分析：信诚人寿保险公司在一审中答辩称：信诚人寿保险公司对双方订立保险合同的事实没有异议，但根据信诚人寿保险公司调查，保险代理人杨春民在向白国梁宣传推销保险过程中并无欺诈行为，亦未向白国梁承诺投资收益。白国梁在投保时未履行如实告知义务，白国梁向信诚人寿保险公司投诉后，信诚人寿保险公司即要求白国梁补充告知其身体情况。在白国梁履行如实告知义务的前提下，经信诚人寿保险公司审核，决定终止与白国梁的保险合同，并全额退还了白国梁已经交纳的保险费 30 000 元。因信诚人寿保险公司的保险代理人杨春民在宣传推销保险和其后处理白国梁投诉事宜过程中并无辱骂白国梁的行为，故信诚人寿保险公司不同意向白国梁赔礼道歉。对白国梁要求的利息损失，信诚人寿保险公司同意适当支付，但不同意加倍赔偿。对白国梁要求双倍赔偿保险费 30 000 元，无事实和法律依据，信诚人寿保险公司不同意支付。

一审法院审理查明：白国梁系视力残疾人。2007 年 12 月，经信诚人寿保险公司保险代理人杨春民宣传介绍，白国梁向信诚人寿保险公司投保了信诚“金御双全”投资连结保险 B 款，杨春民宣传该款保险过程中，向白国梁提供了信诚人寿保险公司制作的宣传彩页。在填写投保书时，杨春民代白国梁填写了基本资料、保险项目、健康告知和财务告知，白国梁在投保人与被保险人声明事项下方的投保人和被保险人签名处签名确认。在健康告知项下，除“是否有吸烟习惯？约 10 年，每天 10 支”项勾画为“是”外，其他告知事项均填写为“否”。信诚人寿保险公司依上述投保书承保后，向白国梁出具了保险单，保险单首页载明“主合同信诚‘金御双全’投资连结保险 B 款”、“保险费 30 000 元”、“缴费期趸缴”、“保险期 22 年”、“上列主合同保险费按一次性交付，保险费合计 30 000 元”。白国梁于 2008 年 1 月 6 日在保单送达书上签字确认收到保险单。在保单送达书上方，信诚人寿保险公司告知白国梁“若您投保了本公司的人寿保险合同（意外伤害保险不在此列），在收到本保险合同之日起十日内，您享有合同撤销权。在此期间内若想撤销本保险合同，可将保险单连同保险费发票交回本公司，本公司将退还所有已交付的保险费。”

2008 年 3 月 31 日，白国梁以保险代理人杨春民对其欺诈为由向信诚人寿保险公司提出投诉，并于 2008 年 4 月 21 日填写了保险合同变更申请书，补充告知其视力伤残情况及其他身体情况和治疗情况。信诚人寿保险公司于 2008 年 6 月 12 日作出回复：“根据您于 2008 年 4 月 21 日提交的递保单 00599985 的‘健康及职业告知’以及相关病历，我司经过审核后，决定全额退还您所交纳的保单 00599985 保费共计人民币叁万元，同时终止保险合同。”后信诚人寿保险公司于 2008 年 6 月 27 日通过银行转账方式向白国梁退还保险费 30 000 元。因白国梁要求信诚人寿保险公司双倍赔偿保险费及利息，信诚人寿保险公司未予答复，故白国梁诉至法院。

一审法院判决认定：根据法律规定，一方以欺诈、胁迫手段订立合同、损害国家利益的合同无效。有关司法解释同时规定，一方当事人故意告知对方虚假情况，或者故意隐瞒真实情况，诱使对方当事人作出错误意思表示的，可以认定为欺诈。本案中，白国梁提供的证据与其要证实信诚人寿保险公司在订立合同过程中实施了欺诈行为之间缺乏关联性，白国梁亦未提供其他证据加以证明。白国梁作为具有完全民事行为能力的自然人，其委托保险代理人在投保书上代为填写基本资料、保险项目、健康告知和财务告知等项目，是其处分自身权利的行为，白国梁在投保书上签字所产生的法律后果应由白国梁自行承担。就白国梁要求确认保险合同无效的诉讼请求，一方面，白国梁未提供证据证明欺诈事实，该院对该事实无法认定，另一方面，即使存在欺诈事实，亦未损害国家利益，故白国梁要求确认保险合同无效的诉讼请求，无事实和法律依据，该院不予支持。

本案中，白国梁虽诉称保险代理人杨春民在解决保险合同纠纷过程中有辱骂白国梁之行为，但未提供任何证据，故白国梁要求信诚人寿保险公司赔礼道歉的诉讼请求，亦无事实和法律依据，该院不予支持。

白国梁诉请双倍赔偿保险费之请求，并无法律依据。况且，白国梁对信诚人寿保险公司存在欺诈之事实亦未完成举证，故白国梁要求信诚人寿保险公司双倍赔偿保险费 30 000 元的诉讼请求，没有事实和法律依据，该院不予支持。

就白国梁要求信诚人寿保险公司加倍给付利息之诉讼请求，因信诚人寿保险公司庭审中同意给付 547.63 元，信诚人寿保险公司承认白国梁部分诉讼请求，未违反法律规定，法院照准。对超出部分，如前所述，缺乏事实和法律依据，该院不予支持。综上所述，依据《中华人民共和国保险法》第 2 条、第 5 条、第 21 条、《中华人民共和国合同法》第 52 条第（一）项、《中华人民共和国民事诉讼法》第 64 条第 1 款、最高人民法院《关于人民法院执行工作若干问题的规定（试行）》第 65 条之规定，判决如下：一、信诚人寿保险公司于本判决生效后 10 日内给付白国梁利息 547.63 元；二、驳回白国梁其他诉讼请求。

二审法院判决认定：

白国梁不服一审法院上述民事判决，向上级法院提起上诉。

二审法院经审理查明的事实与一审法院查明的事实一致。认为一审法院认定事实清楚、适用法律正确，应予维持。遂判决如下：驳回上诉，维持原判。

一审案件受理费 579 元，由白国梁负担 569 元，信诚人寿保险有限公司负担 10 元（于本判决生效后七日内交纳）。二审案件受理费 579 元，由白国梁负担。至此，本案终结。

本章小结

1. 人寿保险简称寿险，是以人的寿命为保险标的，以被保险人在保险期限内死亡或者被保险人生存至保险合同期限届满为保险金给付条件的保险。

2. 人寿保险的特征体现在四个方面：（1）风险的特殊性。人寿保险的风险从整体来讲具有一定的稳定性；而从个体而言，又具有变动性。（2）长期性。与财产保险、人身意外伤害保险相比，人寿保险的期限多属于长期合同，短则几年，长则十几年、几十年，乃至终身，这与人寿保险的保险标的的特殊性密切相关。（3）储蓄性。长期性的人寿保险具有储蓄性。人寿保险采用均衡保费办法，无论是缴费前期若干年投保人或被保险人所交付的超过自然保费的部分，还是后期所交低于自然保费的部分，保险人都是要计算利息的。（4）计算技术的特性。生命表是寿险精算的基础，保险费的厘定和责任准备金的计算，都是以生命表为基础计算的。而生命表又是根据大数定律和概率论原理制定的，因此形成了人寿保险专用的计算技术——寿险精算。

3. 传统的人寿保险包括：（1）死亡保险。在保险期限内，以被保险人的死亡为保险金给付条件的人寿保险。死亡保险是人寿保险中最基本的保险险种。死亡保险又包括定期死亡保险和终身死亡保险。（2）生存保险。以被保险人期满生存为保险金给付条件的保险。（3）生死两全保险。生死两全保险也称生死合险，是指被保险人无论在保险期内死亡还是保险期满生存，保险人都给付保险金的人寿保险。两全保险是定期人寿保险与生存保险两类保险的结合，这类保险是目前保险市场上最常见的商业人寿保险业务。

包括：①普通两全保险。即一种单一保额的两全保险。无论被保险人在保险期内死亡还是期满生存，保险人给付的保险金均相同。②期满双倍两全保险。期满双倍两全保险条款规定：若被保险人保险期内死亡，保险人按保单规定的保险金额给付保险金；若被保险人生存至期满，保险人给付两倍保险金额的保险金。③两全保险附加定期寿险。如果被保险人生存至保险期限届满，保险人按保单规定的保险金额给付保险金；若被保险人期内死亡，则保险人按照保险金额的多倍给付保险金。显然，这种寿险侧重于对被保险人家属经济生活的保障，适宜家庭生计的主要承担者群体投保。④联合两全保险。承保两人或者两人以上的被保险人，在约定的期限内，任何一人最先死亡，保险人给付全部保险金，保险合同终止。若期满时联合投保人全部健在，也给付全部保险金。这种保险适宜家庭投保。

4. 年金保险。是保险人以年金的方式向被保险人支付保险金的一种生存保险。在被保险人生存期间，保险人按照合同约定的金额、方式，在约定的期限内，有规则地、定期地向被保险人支付保险金。年金保险保险金的支付周期同样是多样化的，有一年、半年、一个季度、一个月等间隔。多以年为周期进行支付，年金保险也由此而得名。

5. 年金保险的特点是：(1) 年金保险是生存保险的特殊形态，保险人采取年金方式支付保险金，而不像其他险种那样是一次性给付。(2) 年金保险单有现金价值，且现金价值随保单年度的增加而增长，至缴费期结束时，现金价值达到最高值。(3) 年金保险有积累期（即缴费期）和清偿期（即给付期）的规定，有的年金保险还有等待期的规定。顾名思义，积累期即指年金保险资金积累的期间，或者就是投保人分期缴纳保险费的期间。清偿期是指保险人向年金受领人有规律地给付保险金的期间。等待期是指缴费期结束后至开始领取保险金的间隔期。

6. 年金保险的类别。(1) 按年金给付开始期划分。①即期年金保险。是指自投保人缴纳所有保费且保险合同成立生效后，保险人立即按期给付保险年金的年金保险。通常即期年金采用趸缴方式缴纳保费，但是一次性缴清年金现价需要的数额较大，一般投保人难以负担，因而，实务中即期年金保险业务量较小。②延期年金保险。是指投保人投保后，被保险人并不立即领取年金，而是当被保险人到达一定年龄或经过一定时期后，保险人才开始向生存的被保险人给付年金的年金保险。(2) 按交费方式划分。①趸交年金。是指一次交清保险费的年金保险。②期交年金。是指在年金给付日开始之前，分期交付保险费的年金保险，即保险费由投保人采用分期交付的方式，然后于约定给付开始日期起，由年金受领人按期领取年金。(3) 按给付是否有保证划分。①有保证年金保险。②无保证年金保险。是指年金的给付以被保险人的生存为条件，直至其死亡为止。(4) 按被保险人人数划分。①个人年金保险。是指被保险人只有一人的年金保险，通常这种年金保险的被保险人也是年金受领人。②联合生存者年金。是指两人或者两人以上的被保险人联合投保的年金保险。③联合最后生存者年金保险。也是指两人或者两人以上的被保险人联合投保的年金保险。在约定的给付开始日，只要有一个被保险人生存，保险人就全数给付保险金，直至被保险人全部死亡为止。(5) 按年金金额是否变动划分。①定额年金保险。是指在年金给付周期中，年金受领人每期领取的年金数额都相等，领取金额不随投资收益水平的变动而变动，也不因为通货膨胀的存在而变化，与银行储蓄性质相类似。②变额年金保险。属于创新型寿险产品，是年金与变额保险相结合的产物。

7. 特种人寿保险。包括：（1）简易人身保险。是一种小额、免体检、适合低工资收入者的人寿保险。其保险责任主要为两全保险附加意外伤害保险。具有免体检、低保额、内容简单、交费频繁、保险费高于定期寿险等特点。（2）儿童保险。也称少儿保险，是专门为少年儿童设计的，用于解决成长过程中所需要的教育、创业、婚嫁等费用，以及应对孩子可能面临的疾病、伤残、死亡等风险的保险产品。

8. 新型人寿保险。包括：（1）分红保险。指保险公司将其实际经营成果优于定价假设的盈余，按一定比例向保单持有人进行分配的人寿保险新产品。分红保险具有保障和投资双重功能、“零风险”投资、保险金保值、产品运作透明度高、红利领取方式灵活多样等特点。（2）投资连结保险。简称投连保险，也称单位连结、证券连结、变额寿险。是一种融保险与投资功能于一身、保费固定、保额可变的长期性人寿保险新险种。投资连结保险具有保障与投资功能、设置一个综合性账户、保额可变、现金价值可变、资产由投资单位构成、资金运作透明度高等特点。（3）万能寿险。是一种缴费灵活、保险金额可以调整、非约束性的寿险。万能寿险除了同传统寿险一样给予保户生命保障外，大部分保费，用来购买由保险公司设立的投资账户单位，由投资专家负责账户内资金的调动和投资决策，将保户的资金投入到各种投资工具上。对投资账户中的资产价值进行核算，并确保投保人在享有账户余额的本金和一定利息保障前提下，借助专家理财进行投资运作的一种理财方式。万能寿险的特点有：①保险金额可以按约定调整。②缴费方式灵活。③保单运作透明高。④设立独立投资账户，有固定的保证利率。

本章复习思考题及案例分析题

1. 名词解释

人寿保险	死亡保险	定期死亡保险	终身死亡保险	生存保险
生死两全保险	年金保险	即期年金保险	延期年金保险	有保证年金
无保证年金	个人年金保险	联合生存者年金保险	联合最后生存者年金保险	
定额年金保险	变额年金保险	简易人寿保险	儿童保险	分红保险
投资连结保险	万能寿险			

2. 简述题

（1）人寿保险的特点有哪些？

（2）人寿保险有哪些类别？

（3）两全保险有哪些种类？

（4）年金保险有什么特点？

（5）年金保险有哪些类别？

（6）特种人寿保险有哪些？

（7）新型人寿保险有哪些？

3. 案例分析题

疾病身故 346 万元保险赔案

案情： 2011 年 6 月 24 日，北京市顺义区的郭女士通过银行保险渠道向华夏人寿北京分公司为自己投保“盛世鲲鹏两全保险（万能型，2011版）”。2013年11月4日，郭女士因患癌症身故。11月26日，华夏人寿北京分公司做出向该保单受益人支付346.2万元身故保险金的决定，并在12个小时之内将理赔金送到受益人手中，这是华夏人寿单次赔付金额最大的一起银保理财产品赔付案。

消费者提示：这类案件的理赔要点是，出险后应该注意出具相关的诊疗凭证，为后续的申请索赔提供充足的依据。同时及时向保险公司报案，保险公司会告知理赔注意事项，确保后续的理赔工作顺利进行。

请问，你在这个案例中得到了什么启示？

第十四章 健康保险

案例

重大疾病正在逐渐趋于年轻化

世界卫生组织最新数据显示，到2020年前，全球癌症发病率将增加50%，即每年将新增1 500万癌症患者。不仅如此，癌症的死亡人数也在全球迅猛上升，2007年全球共有760万人死于癌症，2030年这个数字可能会增至1 320万。而且，全球20%的新发癌症病人在中国，24%的癌症死亡病人在中国。目前我国每死亡5人，即有1人死于癌症；而在0～64岁人口中，每死亡4人，即有1人死于癌症。

癌症不仅严重影响劳动人口的健康，而且往往使癌症患者及其家庭“因癌致贫”。

2005年2月1日，京华时报登载了一篇新闻“50万医疗费威胁血癌少年”，报道的是中国农业大学人文与发展学院法学系2002级学生22岁的牛坚原本是一个德智体全面发展的优秀学生，但是在一次大学生橄榄球锦标赛上，牛坚突感体力不支，到医院检查发现患上急性粒细胞白血病，即“血癌”。牛坚的体型较大，仅手术费最保守估计也要50万元。这笔费用对于工薪阶层的家庭来说无疑是天文数字。

专家分析，重大疾病已经越来越年轻化，如今空气、食品、环境污染、学生压力过大等众多原因已经成为重大疾病年轻化的诱因。北京儿童医院有一幢楼几乎都是白血病、恶性肿瘤等小患者，在校大学生患重大疾病的消息也频频出现在各大媒体上。

疾病总是那么无情地伤害着年轻的生命和无辜的家庭，身处这样的环境，我们不仅需要做好防范和保健，还要做好万一的打算，就是做好风险的转移，即保险保障。作为年轻人或者他们的父母，应该及早地树立起风险意识。健康保险能化解关键时的大额医疗费风险，是未雨绸缪的一种科学规划。

第一节 健康保险概述

一、概念

广义地说，健康保险是以疾病、生育、伤害的发生或由此所致的费用损失或劳动收入损失为保障项目的一大类保险。包括医疗保险、疾病保险、生育保险、收入损失保险（含残疾、失能）、护理保险等。其中一部分是通过社会保险实现；一部分是由商业保险提供。各个国家由于社会保障制度的差异，商业性健康保险和社会健康保险保障的项目、范围、程度以及交叉、衔接均有不同，以致于有诸多的名词、概念。我们这里讨论的是商业性健康保险。

具体地说，健康保险是指以被保险人身体为保险标的，对被保险人因遭受疾病或意外伤害事故所发生的医疗费用损失或导致工作能力丧失所引起的收入损失以及因年老、疾病或者意外伤害事故导致需要长期护理的损失提供经济补偿的保险。因此，健康保险包括医疗保险、失能保险和护理保险等。

我国《健康保险管理办法》第 2 条第 1 款指出："本办法所称健康保险，是指保险公司通过疾病保险、医疗保险、失能收入损失保险和护理保险等方式对因健康原因导致的损失给付保险金的保险。"

二、特征

健康保险和人寿保险、意外伤害保险同属于人身保险的三大块业务之一，但健康保险有许多与其他人身保险险种不同的特点。主要表现在以下方面：

（一）保险责任的特殊性

健康保险是以疾病、生育或意外伤害为保险风险，以被保险人因疾病或生育所致的死亡或者残疾或医疗费用或造成收入损失，或者因意外伤害所产生的医疗费用或收入损失为保险金给付条件。

（二）承保风险性质的特殊性

健康保险承保的风险为疾病，具有出险频率高、损失机会大，且损失频率变化极不规则等特点。从理论上讲，医疗保险的损失频率、幅度是呈不稳定的曲线变化，但从近期国内外统计资料看，其变化几乎都是呈递增趋势。也就是说，保险基金的筹集金额表现为连年增长的势头。

（三）保险经营的特殊性

健康保险在核保中有非常严格、独特的制度。首先是按照风险程度将被保险人分为标准体和非标准体两类，设立非保体规定和延期保险；其次是保险人针对被保险人所患特殊疾病制定特种条款；最后是健康保险核保时需要考虑被保险人的年龄、既往病史、现病症、家族病史、职业、居住环境及生活方式等多种因素。

（四）保险金给付条件的特殊性

健康保险的给付形式有多种，但总的来说可归为三类：第一类是定额给付，类似于人寿保险和意外伤害保险；第二类是实际补偿，按实际所发生的医疗费用给付，一般有最高限额；第三类是预付服务，由保险人直接支付医疗费用。后两种由于发生的损失也是一种有价的费用损失，也可得到完全补偿。除此之外，还有观察期、犹豫期、免赔规定、共同比例条款等方面的规定。

（五）承保条件相对严格

以疾病保险为例，要求投保时不仅要了解既往病史，也要对被保险人所从事的职业等做详细分析。健康保险承保标准方面有以下规定：

(1) 观察期。仅仅依据病历难以判断被保险人在投保时是否已患有某种疾病，为了保证保险人的利益，保单中规定一个观察期（大多是180天）。在观察期内被保险人因疾病支出医疗费及导致收入损失，保险人不负责，只有在观察期期满后，保单才会正式生效。

（2）犹豫期。也叫冷静期。指的是投保人收到保单之日起10日内，可以无条件地要求保险公司退还保费，保险公司除收取最多10元的工本费外，不得扣除任何费用。它的产生，是为了防止客户因为一时冲动而做出购买保险的决定，因此对于客户来说无疑起到了缓冲器的作用。

（3）次健体保单。指的是不能达到标准条款规定的身体健康要求的被保险人，一般通过提高保费或重新规定承保范围来完成承保工作。

（4）特殊疾病保单。指的是被保险人患有的特殊疾病，保险人制定出特种条款，以特定费率进行承保。

（六）健康保险的综合效益性

健康保险承担的风险为人身风险的主要组成部分，关系到国计民生。世界各国大多将其整体风险按发生的原因及产生的结果分为医疗、疾病、生育、伤害、残疾、收入减损等不同险类，其中一部分通过社会保险实现保障，另一部分由商业保险进行经营。多数国家商业健康保险作为社会保险的重要补充，有的发达国家独立经营，颇具成效。同时，健康保险在公司的业务发展中往往是重要“卖点”和“主打”产品，产生着良好的综合效益，这一点是其他险种无法比拟的。

三、分类

（一）按保障内容划分

按保障内容划分，可分为疾病保险、医疗保险、失能收入损失保险和护理保险。

（1）疾病保险，是指以保险合同约定的疾病的发生为给付保险金条件的保险。

（2）医疗保险，是指以保险合同约定的医疗行为的发生为给付保险金条件，为被保险人接受诊疗期间的医疗费用支出提供保障的保险。

（3）失能收入损失保险，是指以因保险合同约定的疾病或者意外伤害导致工作能力丧失为给付保险金条件，为被保险人在一定时期内收入减少或者中断提供保障的保险。

（4）护理保险，是指以因保险合同约定的日常生活能力障碍引发护理需要为给付保险金条件，为被保险人的护理支出提供保障的保险。

（二）按保险期限划分

按照保险期限可以划分为长期健康保险和短期健康保险。

（1）长期健康保险是指保险期间超过一年，或者保险期间虽不超过一年但含有保证续保条款的健康保险。

（2）短期健康保险是指保险期间在一年及一年以下且不含有保证续保条款的健康保险。

（三）按投保人性质划分

按投保人性质可分为个人健康保险和团体健康保险。

（1）个人健康保险是指以单个自然人为承保对象的健康保险。

（2）团体健康保险是指以团体为投保人，团体成员作为被保险人的健康保险。团体健康保险是对一个主合同下的一群人提供保障，投保人可以是各类企业、政府机关和各类事业单位以及各种社会团体等，但不能是专为购买团体健康保险而组成的团体。

（四）按组织性质划分

按组织性质可以分为商业健康保险、社会健康保险、管理式医疗保险、自保计划。

（1）商业健康保险是指投保人与保险人双方遵循自愿原则，以双方所达成的保险合同为基础，在被保险人出现合同中约定的保险事故时，由保险人给付保险金的一种保险。

（2）社会健康保险是指国家通过立法形式，采取强制的方式对劳动者因患病、生育、伤残等原因所支出的费用和收入损失进行物质帮助而实施的一种制度。

（3）管理式医疗是指一种将提供医疗服务和提供医疗服务所需资金相结合的一种医疗保险管理模式或管理系统。

（4）自保计划是指企业或事业单位或雇主，通过部分或完全自筹资金的方式承担其职工或雇员的医疗费用支出，并为此承担部分或全部损失赔偿责任。

（五）按保险金给付方式划分

按保险金给付方式划分可以分为定额给付型健康保险、费用补偿型健康保险和服务型健康保险。

（1）定额给付型健康保险是指按照约定的数额给付保险金的健康保险。

（2）费用补偿型健康保险是指根据被保险人实际发生的医疗费用支出，按照约定的标准确定保险金数额的健康保险。费用补偿型医疗保险的给付金额不得超过被保险人实际发生的医疗费用金额。

（3）服务型健康保险条款约定的保险事故发生时，由保险人负责直接提供医疗、护理或体检等服务。通常保险公司于医疗、护理单位预定提供服务的项目，费用由保险人预支或结算。国内由于保险公司与医疗护理单位尚未形成成熟的协作关系，因此，目前健康保险市场此类形式很少。

（六）按续保方式划分

按照续保方式可分为保证续保健康保险和非保证续保健康保险。

（1）保证续保健康保险，是指只要被保险人继续缴费合同就可以成立，直至约定年龄为止，这时，保险人有选择保险公司的权利，而保险公司却没有选择被保险人的权利。

（2）非保证续保健康保险，每一次续保时保险公司和被保险人都有选择对方的权利。

第二节 健康保险产品

一、疾病保险

（一）概念

1. 含义

指以保险合同约定的疾病的发生为给付保险金条件的保险。其中所言“疾病”也包括临床医学中的一些病例征（如瘫痪）、后遗症（如脑中风后遗症）等，有时较临床诊断学中的“疾病”意义更为宽泛，但给付条件必须是参保条款中约定的“疾病”。同时还强调在保险合同约定的时间内发病。

2. 界定

按照重大疾病保险的疾病定义使用规范，疾病是指重大疾病保险合同约定的疾病、疾病状态或手术。

疾病保险并不考虑被保险人的实际医疗费用支出，而是依照保险合同约定给付保险金。疾病保险是健康保险业务的重要组成部分，它是以特定人群或特种疾病发生的医疗费、护理费等为保险金给付条件向被保险人提供经济保障。

（二）特点

由于疾病保险对于“疾病”所赋予的特定含义，使得疾病保险合同中保险双方当事人在权利义务规定、保险业务管理等方面也呈现出许多不同。

1. 承保疾病规定的特殊性

（1）内部原因的疾病。

这必须是由人体内部的某种原因引起，即是由于某个或多个器官或组织异常，甚至某个系统产生病变而致功能异常，从而出现各种病理表现的情况，如：肺结核会引起高烧、咳嗽，胃肠炎表现为上吐下泻等。

（2）非先天性疾病。

要求疾病的发生在保险合同的有效期间。对于被保险人先天性疾病或缺陷者由于遗传原因而形成的疾病一般不属于健康保险的承包范围，如先天肢体残疾、器官性能残缺等，或遗传性精神分裂等疾病，保险人不承担保险金给付责任。

（3）偶然性原因所致疾病。

这里的偶然性指的是被保险人是否会发生某种疾病存在不确定性，包括患病的时间、地点、原因等无法预测，以及感染之后的治疗费用、对健康的影响程度等情况不可估量。

2. 保险金规定方式的特殊性

疾病保险既有定额给付方式，又有费用补偿方式。例如：重大疾病保险和生育保险，一般采用定额给付方式，牙科费用保险和眼科保健保险则采用费用补偿方式。

3. 疾病保险的保险期限的特殊性

疾病保险的保险期限既有短期，也有中、长期。例如，重大疾病保险、长期护理保险为中长期，保险期限一般是1～10年，牙科费用保险、眼科保健保险、生育保险一般是短期保险，保险期限在1年内，甚至更短。

（三）种类

1. 终身重大疾病保险

指可为被保险人提供终身保障的保险。终身保障的形式有两种，一种是重疾保障，为被保险人终身提供，直至被保险人身故；另一种是指定一个“极限年龄”（如：100周岁），当被保险人健康生存至这个年龄时，保险人给付与重大疾病保险金额相等的保险金以结束保险合同。终身重大疾病保险大都含有身故保险责任，费率比较高，缴费方式比较多样，目前大部分客户都采用分期缴费的方式（如：10年期交，20年期交）购买该类产品。

例如：中国人寿2012版康宁终身保险

月收入10 000元左右的30岁都市女白领如何准备一笔30万的重疾预备款？如果选择中国人寿康宁终身2012版，保障30万元，她每年缴费8 520元，缴费期间20年，相当于每月710元，就可让自己拥有一笔30万元的重疾预备款，以抵御人生不测风险。

一是重大疾病保险金。保单生效180天后，拥有30万元40类重大疾病种类保障至终身，给付重疾保险金后保险责任终止。

二是特定疾病保险金。保单生效180天后，提供6万元10类特定疾病保障。特定疾病给付后，不减少身故和高残保障金额，重大疾病保额则减少为24万元，给付重疾保险金后保险责任终止。

三是高残保险金。保单生效180天后，拥有30万元高残保障金至终身，给付高残保险金后保险责任终止。

四是身故保险金。保单生效180天后，拥有30万元身故保障金至终身，给付身故保险金后保险责任终止。

2. 定期重大疾病保险

即为被保险人在固定的期间内提供保障，固定期间按年数确定（如10年、20年）或按被保险人年龄确定（如保障至70岁）。有的保险公司将定期重大疾病保险设计为“两全”形态，即被保险人在保险期间内未患重大疾病且生存至保险期末也可获得保险金，有的还提供等额的身故和高度残疾保障。

3. 某些或某类疾病保险

保险人对具有普遍要求的、达到一定危险程度或相当医疗耗费的疾病发生提供保障的保险。这种保障范围界定有的采用医学分类名词术语，有的为保险条款中的规定。

举例：真心关爱癌症保险；

投保年龄：20～50周岁，50周岁前均可申请续保；

保险期间：10年；

保险责任：保险期内罹患合同约定的癌症按保额给付；其他原因身故，全额退还保费。

4. 特定人群疾病保险

如：上海某分公司推出的“玫瑰人生保险”便是专门为女性特别开发的产品。它提供女性意外整形手术费补偿、女性癌症保障等综合性保险保障。

（四）责任免除

（1）被保险人的自杀或犯罪行为。

（2）被保险人或其受益人的故意欺骗行为。

（3）战争或军事行动，暴乱或武装叛乱。

（4）先天性疾病及其手术。

（5）意外伤害引起的疾病或手术。

（6）在观察期内发生的疾病或手术。

（7）凡保险责任内未列明的疾病。

有的保险单将被保险人罹患特定的疾病除外不保，如精神障碍，结核病等除外不保，也有保险单将不法行为、酗酒、吸毒等也列入不保危险的范围之中。

二、医疗保险

（一）概念

医疗保险是指以保险合同约定的医疗行为的发生为给付保险金条件，为被保险人接受诊疗期间的医疗费用支出提供保障的保险。这也是狭义的医疗保险的概念。

（二）特点

医疗保险作为健康保险的一大险种，除了具有健康保险的特点外，还有自身的一些特征，主要表现在：

（1）免赔额。免赔额也叫自负额，是指当被保险人因疾病或意外事故所致的医疗费用支出超过一定金额时保险人才履行给付责任。医疗保险的免赔额是指不管被保险人的实际损失多大，保险人都要在扣除免赔额之后才支付保险金。

免赔额的规定一方面可以促使被保险人加强自我保护、自我控制意识，减少道德风险；另一方面，由被保险人承担的较低的医疗费用的支出，可以减少保险人大量的理赔工作，从而减少成本。

（2）比例赔偿。医疗保险赔偿一般按被保险人的实际医疗费用损失的一定比例实行部分补偿。它有利于增强被保险人合理消费和费用支出的自限力，补偿比例多在70%～90%之间，这样的给付方式是当今医疗保险理赔中最常采用的。

（3）既存状况。医疗保险在参保后一定时间内对投保前已有疾病、伤症发生的医疗费用，保险人免责，除非被保险方在投保时已如实告知。

（三）种类

1. 依照承保方式划分，可分为个人医疗保险和团体医疗保险

个人医疗保险，指的是一张保单只为一个被保险人提供保障，其保险金额、保障范围及保险期限都可由投保双方协商或选定。通常参加此类医疗保险的被保险人都要通过保险人严格的医学选择，其保险保障程度与被保险人所缴纳的保险费密切相关，保险费率相对高一些。

团体医疗保险，指的是由集体志愿向保险公司投保，一般要求团体内所有成员必须参加，个人或少数几个人的单位无权申请投保。一张保险单对一群被保险人提供保险保障，所交保险费及得到的保险保障相同或按健康状况、年龄分组而有差别。由于是志愿投保性质，承保时，保险人同样对投保团体要进行医学选择，但其要求可以较前类型低，关键是追求团体的整体康健水平，年龄结构和完整性。

中意附加住院津贴团体医疗保险条款

第一条　附加合同的订立

“中意附加住院津贴团体医疗保险”合同（以下简称本附加合同），依主保险合同（以下简称主合同）投保人申请，经本公司同意而订立。主合同的基本条款及其释义条款也适用于本附加合同，若有冲突则以本附加合同为准。若主合同因任何原因效力终止，则本附加合同自动终止。

本附加合同文件正本的复印件或电子影像印刷件的效力与正本相同，若复印件或电子影像件与正本的内容不同，则以正本为准。

第二条　保险期间及被保险人的个人保险期间

本附加合同的保险期间与主合同的保险期间相同。

某一被保险人参加本附加合同时，投保人须选择该被保险人的个人保险期间。个人保险期间不可超出本附加合同的保险期间。

本公司对某一被保险人承担的保险责任，自其个人保险期间开始日的零时开始，到其个人保险期间终止日的二十四时止。

上述时间和日期均指北京时间。

第三条　保险责任

投保人可从下列两项保险责任中选择一项或两项保险责任：

（1）疾病住院津贴保险责任。

被保险人自参加本附加合同之日起 30 天内，如果被保险人因疾病入住医院治疗，本公司不承担保险责任，这 30 天的时间称为等待期，续保无等待期的限制。

如果被保险人在等待期后的个人保险期间因疾病入住医院接受治疗，本公司将按该被保险人的个人保险期间内的住院天数乘以保险金额向被保险人给付保险金。如果被保险人入住重症监护病房治疗，则在此期间每日以双倍保险金额向被保险人给付保险金。

（2）意外伤害住院津贴保险责任。

如果被保险人在其个人保险期间内因遭受意外伤害事故入住医院接受治疗，本公司将按该被保险人的个人保险期间内的住院天数乘以保险金额向被保险人给付保险金。如果被保险人入住重症监护病房治疗，则在此期间每日以双倍保险金额向被保险人给付保险金。

同一住院原因的住院天数，最高以 180 天为限。若被保险人因同一原因间歇性入住医院，前次出院与后次入院日期间隔未达 90 天，则视为同一住院原因。

第四条　责任免除

对任何在下列期间发生的或由下列原因之一导致的被保险人住院，本公司不负保险责任：

（1）被保险人自参加本合同当日起之前的 180 天内，曾接受治疗、诊断、会诊或服用处方药物的疾病，病症或伤害（续保除外）。

（2）投保人对被保险人的故意杀害、故意伤害。

（3）被保险人未经医师处方注射、吸食、服用毒品或处方药品。

（4）被保险人故意自伤、故意犯罪或者抗拒依法采取的刑事强制措施。

（5）被保险人酒后驾驶、无合法有效驾驶证驾驶或驾驶无有效行驶证的机动车。

（6）被保险人感染艾滋病病毒或患艾滋病。

（7）先天性畸形、变形或染色体异常、遗传性疾病及精神疾病、性传播疾病、蛋白粒子病（包括疯牛病等）、性功能异常、不孕不育。

（8）妊娠、分娩、流产、节育、避孕、辅助生育技术（包括但不限于人工授精、应用促排卵药、胚胎移植或配子输卵管移植）及应用辅助生育技术后发生的异位妊娠，戒毒、戒酒、戒烟、疗养、整容、美容、变性、包皮环切、视力矫正，被保险人献血、捐赠骨髓或任何人体器官、组织。

（9）被保险人以职业运动员身份参加的运动；或参与可获得报酬的运动；或者参加以下项目的竞赛、表演或专业训练：赛马、马术、马球、机动车、自行车、赛艇、滑板、冲浪、滑水、跳水、潜水、跳高滑雪、雪橇、滑冰、冰球、拳击、武术、摔跤；或参加攀岩、攀登海拔 3 500 米以上独立山峰、滑翔翼、气球驾驶、跳伞、空中飞行（不包括以乘客身份乘坐作为公共交通工具的民航班机）、蹦极跳；或参加洞穴、极地、沙漠、火山、冰川等探险和考察。

（10）核爆炸、核辐射、核污染、战争、军事冲突、暴乱、武装叛乱。

第五条　保险金的申请

在申请住院津贴保险金时，申请人须填写保险金给付申请书，并提供下列证明和资料：

（1）投保单位证明；

（2）申请人的有效身份证件；

（3）完整的门、急诊病历，住院病历、出院小结、住院医疗清单及结算单；

（4）如果申请重症监护津贴保险金还需提供重症监护病房记录及收费证明；

（5）所能提供的与确认保险事故的性质、原因等有关的其他证明和资料。

保险金作为被保险人遗产时，必须提供可证明合法继承权的相关权利文件。

以上证明和资料不完整的，本公司将及时一次性通知申请人补充提供有关证明和资料。

受益人及其他有权领取保险金的人向本公司申请给付保险金的诉讼时效期间为 2 年，自其知道或者应当知道保险事故发生之日起计算。

第六条　释义

（1）住院天数：本附加合同所称的住院天数，是指被保险人在医院住院部病房或重症监护病房内实际的住院治疗整日数，住院连续满 24 小时为一整日。

（2）重症监护病房：本附加合同所称的重症监护病房是指配备合格的医护人员和固定设备，为危重病人提供二十四小时连续监护并按日收费的特殊病房。

（3）先天性畸形、变形或染色体异常：指被保险人出生时就具有的畸形、变形或染色体异常。先天性畸形、变形和染色体异常依照世界卫生组织《疾病和有关健康问题的国际统计分类》（ICD－10）确定。

（4）遗传性疾病：指生殖细胞或受精卵的遗传物质（染色体和基因）发生突变或畸变所引起的疾病，通常具有由亲代传至后代的垂直传递的特征。

（5）精神疾病：在国际疾病分类（ICD－10）中归属于精神和行为障碍（编码 F00 至 F99）的疾病，或根据《中国精神疾病分类方案和诊断标准》（CCDM－3）诊断的精神疾病。

（6）毒品：指中华人民共和国刑法规定的鸦片、海洛因、甲基苯丙胺（冰毒）、吗啡、大麻、可卡因以及国家规定管制的其他能够使人形成瘾癖的麻醉药品和精神药品，但不包括由医师开具用于治疗疾病的含有毒品成分的处方药品。

（7）感染艾滋病病毒或患艾滋病：艾滋病病毒指人类免疫缺陷病毒，英文缩写为 HIV。艾滋病指人类免疫缺陷病毒引起的获得性免疫缺陷综合征，英文缩写为 AIDS。

在人体血液或其他样本中检测到艾滋病病毒或其抗体呈阳性，没有出现临床症状或体征的，为感染艾滋病病毒；如果同时出现了明显临床症状或体征的，为患艾滋病。

2. 按照保险事故原因划分可分为因病医疗费用保险、生育保险、意外伤害医疗保险

因病医疗费用保险。保险人负责因为疾病治疗产生的医疗费用补偿。医疗保险的多数险种均属此类。

生育保险。对因分娩和孕妇疾病发生的医疗费用予以给付。大多数国家将妇女生育列为社会基本保障，也就是社会保险的范畴。我国的生育保险也是社会保险的主要险类。

意外伤害医疗保险。它的保险责任是当被保险人由于遭受意外伤害需要治疗时，给付或赔偿医疗保险金。

国内恢复保险最初的医疗保险就属此类，它同时也是意外伤害保险的一个类型。早期的学生平安保险即为典型例子。

3. 按照保险责任划分分为主险责任型医疗保险和附加责任型医疗保险

主险责任型医疗保险，是以医疗保险给付责任为主险。国内目前以医疗耗费定额给付为主要形态，如：住院日额、手术日额等，通常保障额不足。

附加责任型医疗保险，医疗费用尤其是费用赔偿型多以附加险形式。

4. 按照是否保证续保划分分为保证续保型医疗保险和非保证续保型医疗保险

保证续保，是指在前一保险期间届满后，投保人提出续保申请，保险公司必须按照约定费率和原条款继续承保的合同约定。

非保证续保即不含续保条款的医疗保险，一般主险责任型的多见。

5. 按照医疗行为划分可分为住院医疗保险、门诊医疗保险、手术保险和综合医疗保险

住院医疗保险，以因住院医疗行为发生、医疗费耗损为保险给付或赔偿条件的保险。可有日付额或费用赔偿两种形式。

门诊医疗保险，以因病花费门诊医疗费用予以补偿的保险。

手术保险，以因病手术给付赔偿费用的保险。可有单独手术保险。

综合医疗保险，即将医疗多种费用损失集中在一个保险条款责任中予以保障。

三、失能收入损失保险

（一）概念

1. 含义

失能收入损失保险是指以因保险合同约定的疾病或者意外伤害导致工作能力丧失为给付保险金条件，为被保险人在一定时期内收入减少或者中断提供保障的保险。

2. 界定

国外对失能原理上的定义可表述为：

（1）丧失从事一切可获取报酬的工作能力；

（2）丧事从事依其教育程度、技能训练或经验所得从事的工作；

（3）丧失从事原来工作的能力；

（4）符合残疾标准之一的情况发生。

残疾，指的是永久丧失全部或部分劳动能力和身体器官机能。暂时丧失全部或部分劳动能力和身体器官机能的不被认为是残疾。残疾包括两种情况：

身体器官、组织的永久性残缺、如：肢体断离又不能再植等；

身体器官机能的永久丧失，如：运动障碍，丧失视觉、听觉等。

保险公司对残疾的评价，常以国际、国内医学上普遍认定的定义及法律上的规定为基准，适当考虑经营需要，制定残疾细则，作为其的依据。也就是说，条款中规定的残疾，并不一定都是被社会和法律所讲定的残疾者。

（二）特点

1. 免责期

又叫等待期，通常是指被保险人于工作能力丧失开始日后的一定时间内（一般是在7—365天内）保险人不负责任，待免责期间结束后，保险人才视被保险人丧失工作能力的情况，给付保险金。其用意在于判断丧失工作能力的程度及消除短暂的完全丧失工作能力的收入保险金给付。

2. 豁免保费条款

指保险事件发生后免缴未到期保费、保单继续生效。

失能发生的机率可能大于死亡发生的机率，一旦家庭主要经济收入来源者因失能而无法工作并丧失赚钱的机会，无异于整个家庭经济陷入死亡。若被保险人为一个家庭主要经济收入来源者，其投保目的非常明确，其保险需求也非常合理。这也是失能保险中设立豁免保费条款的必要性。

3. 定残期限

因病造成的残疾的最迟确定时间（如：120天、180天、365天等），实际上是确定残疾程度的期限。国内目前较多采用180天作为定残期限。

（三）分类

目前，国内尚未产生纯粹的“失能险”险种，其保险保障的相关成分亦多融入寿险条款中的保障责任。但失能险与重大疾病险一样，它可以使失能的被保险人得到财务上的帮助，维持基本生活质量。因此，失能险种一定会在不久的将来陆续产生，并鉴于其特殊的保险保障，一定会有迅速的发展。

一般来讲，失能险的分类如下：

（1）按照时间划分，分为短期和长期。

（2）按保险责任划分，分为主险责任型和附加保险型。

（3）按伤残原因划分，分为意外伤害残疾保险和因病残疾保险等类型。

四、护理保险

（一）概念

1. 含义

护理保险，是指以因保险合同约定的日常生活能力障碍引发的护理需要为给付保险金条件，为被保险人的护理支出提供保障的保险。

2. 界定

护理保险是为因年老、疾病或伤残而需要长期照顾的被保险人提供护理服务费用补偿的一种保险，也有称之为看护保险的。而某些时候对疾病、伤残者提供照顾的谓之护理保险，对老年人提供照顾的称为看护保险。

（二）产品共性和常见通用条款

1. 产品共性

（1）多用日额给付或直接提供服务的形式。

（2）费率厘定需要综合考虑。

（3）多为意外伤害、疾病保险等的附加险种。

2. 常见通用条款

（1）免责期。常见的有：20天、30天、60天、90天等。

（2）护理给付的标准。一般的，护理保险要求被保险人不能完成下属六项（有的规定为前五项）活动之两项才可以申请领取保险金：用餐、沐浴、穿衣、如厕、移动、服药。但是患老年痴呆等有认知能力障碍的人能执行某些日常活动却常常需要长期护理。为解决这一矛盾，目前国外几乎所有的护理保险保单都已规定若患老年痴呆或精神病患等就可申请保险金。

（3）通胀保护。由于护理保险有的给付时间可能较长，考虑通货膨胀而加入生活费用调整给付。

此外，购买护理保险产品，有时可以用另一保险的赔偿金也可以用房产抵押金、养老金或从工资中扣除。

（三）分类

1. 按照时间划分，分为短期护理保险和长期护理保险

短期护理保险，一般保险期在一年之内，短期保障一般都采取趸交保险费方式。

长期护理保险，一般保险期在一年以上，对于缴费方式无要求。

2. 按照护理性质划分，分为专业护理和非专业护理

专业护理，针对某些疾病或需要医学治疗的情况进行护理，需要专业护理人员。

非专业护理，指非医疗护理，只需照顾日常生活，包括穿衣、起床、沐浴、家务料理等。需要此类服务的人一般是身体虚弱而不是生病，不需要专业护理人员。需要指出的是，非专业护理肯定是家中护理，但家中护理就不一定是非专业护理。

3. 按照护理等级划分，分为医护人员护理、中级护理、照顾式护理和家中护理

医护人员护理，是程度最高的护理，由医师下医嘱进行24小时护理，由持有执照的、有护理专长的护士或护理人员担任，或由治疗师提供康复治疗。

中级护理，与医护人员护理相似，只是病人不必24小时接受护理，即为一种非连续的医护人员护理。

照顾式护理，是最基本的护理，通常不含医疗性质，只对那些无人协助就不能完成基本活动的人在日常生活上提供照顾，护理人员也不必经过专业训练。

家中护理，指护士或治疗师到家中对被保险人进行医疗或治疗，或被保险人需要佣人到家中提供家政服务。越来越多的护理保险保单都提供在家中护理的保险。家中护理比在护理机构要便宜，因而家中护理的每日最大限额为护理机构护理最大限额的50％。

4. 按照提供护理源分为医院护理、疗养院护理和社区护理

知识链接：医疗补助计划

在美国，医疗补助计划成为贫民阶层最后的依靠。在一些州，医疗补助计划负担了大部分的长期护理费用。医疗补助计划的援助对象是一贫如洗的贫民。

美国很多经济条件较好的家庭都有年迈的老人需要长期护理服务，为加入医疗补助计划很多父母自愿将财产转移给子女或者信托人，从而以贫民的身份加入医疗补助计划。为避免这一作弊现象，按规定医疗补助计划中的所有受助者必须遵守如下条款：

(1) 申请者在 60 个月内转移的财产仍被视为申请人所有；

(2) 必须在受助者的遗产中尽量收回所有的医疗补助费用；

(3) 纯粹以加入医疗补助计划为目的的转移资产属于违法行为。

五、实务案例与分析

案例 1：等待期案例

主要观点： 为了防止带病投保，在医疗费用、津贴等保险中一般都设有等待期。在等待期内被保险人因疾病治疗涉及的保险责任，保险人不予承担。

案情简介： 郭某，女，38 岁，银行职员，2002 年 4 月 26 日投保《住院费用保险》3 档及《住院津贴保险》4 档，无疾病告知，以标准体承保。条款约定等待期为 3 个月，又约定 3 档以上费用险可在住院前提下，于档次限额内承担同一疾病住院前后 1 个月的门诊费用。2002 年 6 月 2 日被保险人因单位常规体检发现慢性盆腔炎、子宫肌瘤。医生建议住院手术治疗。后被保险人于体检次日起先门诊治疗，在三个月后住院治疗。

争议焦点： 如何评估条款等待期的保险责任？

处理结果： 若调查确认无带病投保，可按条款约定处理。

理论分析：

• 为防止某些已患疾病的被保险人的带病投保，条款一般设定等待期。被保险人在等待期内因疾病支出的医疗费及收入损失，保险人不负责赔付。

• 有观点认为，尽管健康险将保险事故表述为“住院治疗”，但健康险所保风险事实上为疾病的发生。为了避免道德风险的发生，体现健康险的根本功能，对于上述情况，保险事故的发生应该从门诊治疗之日起算。这时，尽管被保险人的住院治疗发生在等待期之后，但如果门诊治疗发生在等待期之内，同样可以认为“保险事故”发生在等待期之内，故根据条款的规定保险人将不承担保险金给付责任。

• 理赔的职能在于兑现合同承诺。因此，尽管理赔人员在处理案件时应该同时兼顾控制不合理风险、避免保险公司承担不合理给付，但首要考虑的是根据法律和保险条款兑现合同承诺。因此，只要保险条款不违背法律的规定，理赔人员就应该根据条款的规定做出理赔决定。而不应该对条款做出扩大解释。对于本案而言，由于保险条款已经明确规定了保险事故为“住院治疗”，则确定保险事故的发生时间就只能以“住院治疗”的发生时间为准。至于住院前后门诊费用的给付，可以看作保险公司承担的一种附加责任，与保险事故的发生本身没有关系。

案例 2：补偿原则案例

主要观点： 医疗费用条款适用补偿原则。

案情简介：被保险人张某于2001年5月1日投保某保险公司意外伤害保险5万，意外医疗保险1万。2001年8月某日骑自行车时与一辆摩托车相撞，造成被保险人受伤致颅脑外伤，左胫腓骨骨折，左手食指、拇指骨折并经治疗食指拇指2节切除。交通事故责任认定报告结果为对方负全责，被保险人无责。经调解后，肇事方承担了被保险人的全部医药费9 300元，并就被保险人的伤残予赔偿残废补助金2万元。现被保险人向我保险公司提出申请，在无法提供医疗费用凭据的情况下，要求理赔意外医疗费用及意外伤残保险金。接案后即提起调查，结果上述情况属实无误。

争议焦点：被保人能否在肇事者已赔偿了医疗费及残废补助后，可否再次到保险公司获得赔偿？

处理结果：被保人可以获得意外伤残保险金。在材料齐全的情况下，保险人可以承担意外医疗保险责任。

理论分析：

• 意外伤害保险是以被保险人的身体利益为保险标的的，以被保险人遭受意外伤害或因意外致残、致死为保险事故，本案保险公司应赔付伤残保险金。意外医疗保险承保的对象是补偿支付发生意外事故的被保险人所花费的医疗费用。它是一种费用损失保险。

• 医疗费用险适用补偿原则的本意在于防止医疗费用的重复给付以及由此引发的道德风险。

• 一种观点认为，本案客户事实上已得到补偿，其手头既无发票原件，又无赔付补偿凭证，因此不可能再额外从保险公司获得医疗费用。应不予受理。

• 根据《保险法》（2014修订版）第46条规定，被保险人因第三者的行为而发生死亡、伤残或者疾病等保险事故的，保险人向被保险人或者受益人给付保险金后，不享有向第三者追偿的权利，但被保险人或者受益人仍有权向第三者请求赔偿。

• 讨论：社保赔付后，商保可否再赔偿？

案例3：投保前症状——拒付

主要观点：被保险人的症状在医学上未明确定性为疾病，投保书中也并未对该疾病或症状明确要求告知。如果被保险人投保前即存在该症状并且投保后又是因该症状出险，依据保险条款，可对本次保险事故以投保前已患疾病为由予以拒付。

案情简介：杨某，男，48岁，2001年7月8日投保某保险公司附加住院医疗险，健康告知中均填写为“无”。2002年2月份因“睡觉时打鼾10余年，呼吸困难加重伴半夜憋醒2年”在某三甲医院住院，诊断为：鼾症，在麻醉下行“声带削剥术”。出院后，杨某到保险公司提出住院医疗险理赔申请。经调查，被保险人身体肥胖，在十余年前即开始睡觉时打鼾，后随体重增加，出现睡觉时呼吸困难，近2～3年常常在夜间憋醒。

处理结果：虽然在投保时未要求被保险人告知，但此类症状或体征在投保时明显已影响到被保险人正常的生活、学习或生活，并且在投保后针对此类症状就医时被明确诊断为疾病，根据责任免除条款，予以拒付。

理论分析：

一种观点认为：打鼾为正常的生理现象（一般体重稍胖的人都有打鼾的可能），不属于疾病；同时在投保书中未明确要求告知，被保险人主观上无故意或过失。因此，保险公司应按合同约定给付保险金。另一种观点认为：当打鼾超过某一个程度时就成为病理现象，被保险人所出现的呼吸困难及半夜憋醒情况已经严重影响正常的生活，属病理范围，已经是一种疾病。被保险人因此种影响生活的症状到医院就医，医院对此种症状给出了明确诊断为“鼾症”，并给予手术治疗。另外，被保险人此种现象在十余年前即开始出现，在投保前2年左右时加重到严重影响正常生活，虽未正规治疗，但已明确表现出来，符合住院医疗险条款中投保前已患有的疾病免责事项。在本案的处理中，虽然被保险人的疾病是投保前即患有的疾病，但在投保书中未要求告知，故不能以未如实告知处理，应根据责任免除拒付保险金。

案例4：复合型欺诈

主要观点：从医学的角度分析，风湿性心脏病二尖瓣狭窄（重度）为慢性疾病，从发病机理上看，其发生、发展是一个缓慢的、渐进性的过程，不可能在投保后三个月这么短的时间内住院行换瓣手术。针对这种索赔案例，理赔人员应着重注意投保人的投保动机。

案情简介：投保人廖某，女，25岁，为当地市某医院护士，于2002年1月8日为其母陆某投保高额住院费用保险与住院津贴保险。2002年4月25日被保险人陆某因风湿性心脏病二尖瓣狭窄（重度）在当地市人民医院心外科住院手术治疗，共住院50天，发生医药费：31 087元，出院后向保险公司提出了住院费用及津贴索赔申请。理赔调查：经调阅住院病历，发现被保险人陆某在投保前确诊的病历资料已被更换，已无有效病历资料证明被保险人在投保前已患有风湿性心脏病。且投保人及其丈夫均为心外科医务人员。经与投保人多次交谈后，投保人最后承认藏匿既往病历、涂改现有住院病历的事实。

争议焦点：在病历资料被涂改后无明确资料证明被保险人投保前已患有慢性疾病，保险公司能否根据医学原理推定其为投保前的疾病？

处理结果：本案保险公司以故意隐瞒病史且有涂改病历的行为，做出拒付、解约，并不退还保险费的处理。

理论分析：根据《最高人民法院关于适用〈中华人民共和国民事诉讼法〉的若干问题的意见》第75条规定：下列事实，当事人无需举证：（1）一方当事人对另一方当事人陈述的案件事实和提出的诉讼请求，明确表示承认的；（2）众所周知的事实和自然规律及定理；（3）根据法律规定或已知事实，能推定出的另一事实；（4）已有人民法院发生法律效力的裁判所确定的事实；（5）已为有效公证书证明的事实。风湿性心脏病二尖瓣狭窄（重度）是一种慢性疾病，其发病与逐步演变的过程从医学的角度分析需要较长时间，从医学角度来看，风湿性心脏病二尖瓣狭窄（重度）是风湿热导致的心脏瓣膜损害、粘连直至影响心脏功能的一种综合症，其病理改变和临床症状、体征呈一种漫长的过程，不可能在短短的三个月内形成。因此，根据医学原理和医学常识所作出的推断，可以作为事实的证据采信。

案例5：理赔时效

主要观点：保险法关于保险人理赔时效的规定，目的在于敦促保险人根据诚实信用原则尽快做出核定，以防保险人在惜赔的心态下对理赔案件久拖不决，从而损害被保险人、受益人的利益。但保险法关于保险人应当在60天内做出最低给付的规定是建立在保险金申请人已尽了相关证明义务基础之上的。并非只要事故一旦发生，保险人就必须在60天内做出赔付。

案情简介：陈某，男，40岁，2001年9月25日投保某保险公司医疗费用险、医疗津贴险及重大疾病保险。2002年3月22日因阴茎癌住院行阴茎部分切除及腹股沟淋巴清扫手术。2002年6月7日出院并提出理赔申请。调查发现，陈某在这次住院手术后送病理活检的标本只有淋巴结，而原发病灶（切除的阴茎）没有送病理活检；住院病理记录为阴茎部分切除加淋巴结清扫手术，而手术记录单上只记载了“淋巴结清扫手术”。调查进入异常的困难阶段，调查过程经历了四个多月的时间，在这期间被保险人多次要求保险公司立即履行给付保险金义务。在医院的帮助下，经治医生出具了书面证明，称被保险人在投保前一天已在其他院因阴茎癌行阴茎部分切除手术，本次住院仅进行淋巴结清扫术。医生被被保险人诱导，编造了病历，对此，被保险人之妻不否认。

争议焦点：是否所有的索赔申请都必须在60天内做出理赔处理决定？

处理结果：保险公司依据《保险法》的有关规定，在查明事实真相后，全额拒付保险金，解除保险合同并不退还保险费。

理论分析：被保险人认为他投保后发生保险事故，保险公司应当给付保险金，且保险法规定赔付时效为60天，在60天内保险公司必须予以赔付。被保险人的上述看法是对保险法规定的曲解。事实上，保险法所规定的60天给付时效，是对确定赔偿数额的时效规定。针对的是申请人已经按照合同要求提供了相应的申请及证明材料，并已经尽了相关的协助义务，但由于案情复杂或者存在其他导致保险责任难以界定的事由，保险人存在一时难以做出最终理赔决定的情形。法律之所以如此规定，目的在于保护被保险人、受益人的利益，防止保险人在没有任何理由的情况下因惜赔而使理赔案件久拖不决，从而损害客户的利益。但需要注意的是，本条法律的适用是建立在申请人已经尽了提供合同约定的证明资料以及相应的协助义务的基础之上的。正如本案，如果被保险人提供的材料不完整，以至不能确定保险事故性质，甚至材料之间自相矛盾时，保险公司有权要求索赔申请人进行补充，或者继续调查，在事故性质及程度确认前，不存在理赔时效的问题。60天并不是法定的理赔最后期限。

本章小结

1. 健康保险是以人的身体为保险对象，保证被保险人在残疾或意外事故所致伤害时的费用支出或损失补偿的一种保险。因此，健康保险包括医疗保险、疾病保险、失能收入损失保险和护理保险。

2. 健康保险的特征是以人的身体健康为保险标的，健康保险合同大多属于补偿性质，健康保险业务的承保条件相对严格，确定保费的要素也比较复杂。

3. 健康保险包括：疾病保险、医疗保险、失能收入损失保险、护理保险。

4. 疾病保险是指被保险人罹患合同约定的疾病时，按照投保金额定额给付保险金以补偿被保险人由此带来的损失的保险。

5. 医疗保险是指提供医疗费用保障的保险，保障的是被保险人因患合同约定疾病或生育需要治疗时的医疗费的支出，包括医生的门诊费、药费、住院费、护理费、杂费、手术费以及各种检查费用等。

6. 失能收入损失保险，是对被保险人因疾病或遭受意外事故而导致残疾、丧失部分或全部劳动能力而不能获得正常收入或使劳动收入减少造成损失的补偿保险。

7. 护理保险，是指以因保险合同约定的日常生活能力障碍引发的护理需要为给付保险金条件，为被保险人的护理支出提供保障的保险。

本章复习思考题及案例分析题

1. 名词解释

健康保险　疾病保险　医疗保险　观察期　犹豫期　免赔额

2. 简述题

(1) 简述健康保险的含义。

(2) 比较健康保险与人寿保险的异同。

(3) 什么是疾病保险？其特征有哪些？

(4) 什么是医疗保险？其特征有哪些？

(5) 简述失能收入损失保险。

3. 案例分析题

(1) 保险人是否应承担保险金给付责任？

胡某投保人身意外伤害保险一份（5 万元）、附加一份医疗保险（0.8 万元）。一日，因意外交通事故致使胡某发生不幸，经医院抢救脱险后留下终身残疾。经交警部门裁定肇事车主张某已承担对胡某的民事损害赔偿责任，其中，包括伤残金一笔（4 万元）和医疗费用赔偿金（1 万元）。胡某出院后持其所投保的意外伤害保险合同和附加医疗保险合同向保险人提出索赔。保险人以车主已承担对被保险人的赔偿责任为由拒绝承担保险责任。

问本案应如何处理？

(2) 保险公司应给付多少住院津贴型保险金？

某人投保了一份津贴给付式住院医疗保险，保单规定每次事故的绝对免赔天数为 4 天，每日给付额为 100 元，每次住院最多给付天数为 90 天，整个保险有效期内累计最多给付天数为 180 天。被保险人在保险期内三次住院，第一次住院 112 天，第二次住院 75 天，第三次住院 60 天。

试问保险公司如何给付保险金？

(3) 意外伤害医疗费用给付

某女投保了意外伤害保险，因夜间骑车不慎撞在水泥桩上跌伤，在当地公立医院诊断为右胫骨骨折，支出医疗费共 560 元，次日不放心又在一家私人诊所重新摄片，买药支出 460 元，要求保险公司理赔。

保险公司如何处理？

第十五章 人身意外伤害保险

案例

意外伤害是年轻人面临的第一大风险

看了中央电视台《身边的感动》的观众都会被赵小亭的故事感动。赵小亭是一名大三的学生，被学校分配到贵州某乡支教。2010 年 7 月 21 日，赵小亭和队友在去家访的路上，被突然滚落的山石击中头部，不幸当场遇难。这对于赵小亭的家庭来说无疑是一个沉重的打击。培养了 20 年的孩子还没来得及独立就没了，父母付出的精力、财力还有寄予的巨大希望全部破灭。我们设想，如果小亭之前购买了人身意外险，她的父母还能在她离世之后获得一定的经济赔偿，这也算是一种慰藉。在痛心之余，还应该反省的是大学生保险意识的薄弱。

以上资料表明：大学生的保险规划应该如何做，赵小亭事件其实就是一起单纯的意外事件，大学生虽然比起中学生成熟许多，但是长期处在学习状态，尚未和社会进行全面接触，往往会忽略自身的安全。因此，大学生在选购保险时应优先选购意外险。

第一节 人身意外伤害保险概述

一、意外伤害保险的含义

意外伤害保险是以被保险人因遭受意外伤害造成死亡、残疾、支出医疗费、暂时丧失劳动能力为给付保险金条件的保险业务。

这一定义解释了意外伤害保险与人寿保险、健康保险的区别在于，它的保险责任是意外伤害造成的死亡、残疾、支出医疗费或暂时丧失劳动能力。其他原因（如疾病、生育等）造成的死亡、残疾、支出医疗费或暂时丧失劳动能力，不属于意外伤害保险的保险责任。意外伤害造成的其他损失（如失业、被保险人对他人的民事赔偿责任等）也不属于意外伤害保险的保险责任。

意外伤害保险的基本内容是：投保人向保险人缴纳一定量的保险费，如果被保险人在保险期限内遭受意外伤害并以此为直接原因或近因，在遭受意外伤害之日起的一定时期内造成的死亡、残疾、支出医疗费或暂时丧失劳动能力，则保险人给付被保险人或其受益人一定量的保险金。

二、人身意外伤害的界定

意外伤害包括意外和伤害两层含义。意外是指侵害的发生是被害人事先没有预见到的，或违背被保险人主观意愿的。伤害是指人的身体受到了侵害的客观事实。

（一）意外

意外是指被保险人未预料到和非本意的事故，如飞机坠毁等，另有一些事故虽然可以预见或避免，但由于无法抗拒或履行职责不得回避，也应列入“意外”范围，如轮船着大火被迫跳海逃生，见义勇为与歹徒搏斗而负伤等。

1. 伤害的发生是被保险人事先所不能预见和预料的

案例1：2014年3月8日凌晨2点40分，马来西亚航空公司一架载有239人的波音777—200飞机与管制中心失去联系，该飞机航班号为MH370，原定由吉隆坡飞往北京。该飞机本应于北京时间2014年3月8日6：30抵达北京，马来西亚当地时间2014年3月8日凌晨2点40分与管制中心失去联系。

被保险人乘坐的飞机起飞后因发生意外而失去联系，使被保险人遭受伤害。因被保险人登记前根本无法预知飞机起飞后会失去联系或者坠毁，所以伤害属于意外。

案例2：被保险人从一处楼房经过时，被楼上掉下的花盆砸伤。因被保险人事先不能预见到行至此处时将有花盆掉下，所以伤害属于意外。

2. 伤害的发生是被保险人事先能预见和预料的。它的发生就不能属于意外

案例3：一个人被蚊虫叮咬，这在一定的地区，一定的季节，被蚊虫叮咬几乎是必然要发生的事件，被保险人事先应该已经预见到，所以它的发生就不属于意外。

（二）伤害

伤害是指任何一种外因所致的人体解剖的完整性的破坏或生理机能的障碍。伤害由致害物、侵害对象、侵害事实三个要素构成，三者缺一不可。

1. 致害物

致害物，即直接造成伤害的物体或物质。没有致害物就不可能构成伤害。在意外伤害保险中，只有致害物是外来的，才被认为是伤害。如果是被保险人内部形成的则不被认为是伤害。如：结石，血栓，病灶，坏死的组织器官等。

一般来说，按照致害物的不同种类，伤害可以分为以下几种：

(1) 机械伤害。各种器械，如：机械设备、机动车辆、劳动工具、凶器等对人体的伤害。

(2) 自然伤害。自然环境或自然灾害对人体的伤害，如过低的日气温、气压、强烈的日光照射、暴风、暴雨、洪水、雷电等对人体的伤害。

(3) 化学伤害。酸、碱、有毒气体、有毒液体等化工产品对人体的伤害。

(4) 生物伤害。野兽、家畜、花粉等生物对人体的伤害。

2. 侵害对象

侵害对象是致害物的客体。在意外伤害保险中，只有致害物侵害的对象是被保险人身体，才能构成伤害。如果侵害的对象不是被保险人的身体，而是被保险人的姓名权、肖像权、名誉权、荣誉权、著作权、发明权等与人身相联系的权利，则不构成伤害。如：谩骂、侮辱、诬陷被保险人，未经被保险人同意就将其肖像用于商业广告等，虽然是对被保险人的侵害，但在意外伤害保险中，不认为是伤害。也就是说，意外伤害保险中所称的伤害，是指生理上的伤害，对身体的伤害，而不是精神上的、权利上的伤害。

3. 侵害事实

侵害事实即致害物以一定的方式破坏性的接触、作用于被保险人身体的客观事实。如果致害物没有接触或作用于被保险人的身体就不能构成伤害。侵害方式一般有：

（1）碰撞（包括人撞固定物体、运动物体撞人、互撞）；

（2）撞击（包括落下物撞击、飞来物撞击）；

（3）跌倒；

（4）坠落；

（5）火灾；

（6）淹没；

（7）辐射；

（8）爆炸；

（9）中毒（包括吸入有毒气体，皮肤吸收有毒物质）；

（10）触电；

（11）掩埋；

（12）倾覆等。

应该指出的是，凡是被保险人的故意行为使自己身体所受的伤害，均不属于意外伤害。故意分为积极故意和消极故意。积极故意是指被保险人明知自己的行为会使自己的身体受到伤害，并且希望遭受伤害而积极采取措施促成伤害的发生。如：被保险人自杀、自伤身体等。消极故意是指被保险人已经预见到自己将会遭受伤害，而且也能够采取措施避免，但由于被保险人主观上希望自己遭受伤害而不采取措施避免，任其发生。如，被保险人看到迎面有汽车驶来而不躲避。

被保险人故意使自己遭受伤害，与被保险人已经预见到伤害即将发生，但由于法律或责任上的规定不能躲避，性质是完全不同的。在前者，被保险人主观上希望伤害发生，即伤害的发生并不违背其主观意愿，因而不属意外。在后者，被保险人主观上并不希望自己遭受伤害，只是由于法律或职责上的规定不能躲避，伤害的发生违背其主观意愿，因而属于意外。

意外伤害事故的界定

案情：李某投保了人身意外伤害保险，同时附加了意外伤害医疗保险。一天，李某因支气管发炎，去医院求治。医院按照医疗规程操作，先为被保险人进行青霉素皮试，结果呈阴性。然后按医生规定的药物剂量为其注射青霉素。治疗两天后，被保险人发生过敏反应，虽经医院全力抢救，但医治无效死亡。医院出具的死亡证明是：迟发性青霉素过敏。李某的受益人持医院证明及保险合同向保险人提出索赔申请。

保险公司接到受益人的申请后，内部产生两种不同意见。一种意见是被保险人是在接受疾病治疗过程中死亡的，不属于“意外伤害”的范畴。由于被保险人投保的是人身意外伤害险，并非是疾病死亡与医疗保险，因此，保险人不应承担给付保险金的责任；另一种意见是，尽管被保险人是在治疗疾病过程中死亡的，但由于迟发性的青霉素过敏对于医院和被保险人来说均属突然的意外事件，尤其对于具有过敏体质的人来说，不能认为身体仅对某种物质过敏是次健康体。因此，由于青霉素过敏导致死亡，可以比照中毒死亡处理，而不能认为是因疾病导致死亡。既然如此，排除了被保险人因疾病死亡的可能性，只能视为意外死亡。所以保险人应按照人身意外伤害险的保险合同规定，履行给付保险金的义务。

分析：首先，就“意外伤害”的定义而言，是指外来的、突然的、非本意的使被保险人身体遭受剧烈伤害的客观事件。结合本案，对于被保险人来说，医院按照医疗规程为其注射的青霉素药物，可以认定为“外来的”物质，即具有“外来的”因素；因皮试反应正常，被保险人于接受治疗两天后突发过敏反应，不仅被保险人自己难以预料，而且医院也是在被保险人发生过敏反应后才知道。尽管医院方懂得人群中有人会发生青霉素过敏反应，但究竟何人发生、何时发生，尤其是首次使用青霉素药物，并产生迟发性青霉素过敏反应的人，对于医院方来说也是个未知数。因此，该事件对于被保险人来说，具有“突然的”因素；被保险人去医院接受治疗的目的，是医治支气管的炎症，没有料到会因青霉素过敏反应导致身亡，显然被保险人具有“非本意”的因素，综合上述三个因素，被保险人的死亡完全符合“意外伤害”的定义。

再者，就“意外伤害”的因果关系而言，只有当意外伤害与死亡、残废之间存在因果关系时，即意外伤害是死亡或残废的直接原因或近因时，才构成保险责任。本案中，如果被保险人当初使用的不是青霉素，而是其他药物，很可能既医治好了支气管炎，又平安无事。但由于被保险人不知道自己对青霉素过敏，而医院方也认为可以正常使用青霉素，在这种前提下发生了悲剧。很显然，青霉素过敏反应是导致被保险人死亡的直接原因，也是意外伤害的原因。这是因为，我国医疗卫生部门至今没有统一确认：对于某种物质具有过敏反应体质的人，这种过敏反应是一种疾病。如果青霉素过敏反应不是疾病，我们通过排除法，可以得出结论，即被保险人的死亡，肯定不是自杀，也不是他杀，也不属于疾病死亡，也不是医院方的医疗责任事故，更不是自然死亡，只有意外死亡。因此，被保险人因青霉素过敏反应导致死亡，符合“意外伤害”的因果关系。

其三，从保险条款的有关规定来看，2011 年 5 月初，中保人寿保险有限公司在全国范围内下发了《个人意外伤害保险标准条款格式》，其中第四条责任免除的第八项条文是：“被保险人未遵医嘱，私自服用、涂用、注射药物”，即由此原因导致被保险人的死亡、残疾的，保险人不负给付保险金的责任。这一规定，与老条款相比，是新增设的内容。可见，因注射药物引起被保险人的死亡、残疾，在全国已经不是首例。如果我们从反面来理解这一规定，即被保险人遵照医嘱注射药物，从而导致死亡、残疾的，保险人是否要承担给付保险金的责任呢？毫无疑问，答案应该是肯定的，保险人不仅要给付身故保险金，而且还应承担抢救期间的医疗费用。

（三）意外伤害的构成

意外伤害的构成包括意外和伤害两个必要条件。仅有主观上的意外而无伤害的客观事实不能构成意外伤害。反之，仅有伤害的客观事实而无主观上的意外，也不能构成意外伤害。只有在意外的条件下发生伤害，才能构成意外伤害。因此，意外伤害的定义可以表述为：在被保险人没有预见到或违背被保险人意愿的情况下，突然发生的外来致害物明显、剧烈的侵害被保险人身体的客观事实。

三、特征

（一）大多为标准的可保风险，技术构造与财产保险相似

标准的可保风险是发生重大损失的可能性较大、遭受重大损失的机会较小的事件。意外伤害保险通常如此。另外，意外伤害保险的保险期、费率计算、责任保险金计提等均有别于人身保险而与财产保险相似。

（二）费率厘定主要以损失率为依据

人身意外伤害保险的纯保险费率是根据保险金额损失率计算的。与人寿保险的被保险人死亡概率取决于年龄不同，人身意外伤害保险的被保险人遭受意外伤害的概率取决于职业、工种或所从事的活动，一般与被保险人的年龄、性别、健康状况无必然的内在联系。在其他条件都相同的情况下，被保险人的职业、工种、所从事活动的危险程度越高，应交的保险费就越多。

（三）保险责任是被保险人因意外伤害所致

人身意外伤害保险的保险责任是被保险人在保险期限内遭受了人身意外伤害，并且是其死亡或残疾的直接原因或近因；人身意外伤害医疗保险的保险责任是当被保险人遭受意外伤害时由保险人支付医疗保险费；人身意外伤害停工保险的保险责任是当被保险人遭受人身意外伤害暂时丧失劳动能力不能工作时，由保险人给付停工保险金。

（四）承保条件较为宽松，适合多种渠道和便捷方式销售

由于承保的宽松性，也使得直复式或自助式销售保单成为必要且可行。意外伤害保险的费率往往较低，个单交费有限，若采用代理式或营销员登门营销式销单，势必加大销售成本，增加客户负担或影响保险企业的竞争力。直复式或自助式销售是指被保险方可通过信函、网络、电话、自动保单销售机、IC 卡等方式向保险员直接购买意外伤害保险，特别是那些短期的只对从事单一活动的意外伤害保险更适合采用这种销售与消费方式，既便利购买又降低成本，是双赢的好办法。

（五）核赔复杂，技术难度大

意外伤害保险核赔涉及法律、医学、伤残鉴定等多学科知识，责任事件原因认定往往与疾病因素、人身伤害因素、本意因素等纠缠不清，不能完全以近因解释。保险理赔重事实，讲证据，一旦出现纠纷保险方负有举证责任，而某些时候保险人即便推断合理也难以获取确凿证据，技术难度相当大。因此，核赔人员需要广泛的学科知识，丰富的实践经验，严谨的工作态度，综合的办事能力。

四、分类

（一）按实施方式划分

按照实施方式划分，意外伤害保险可以分为以下两种：

第一种，自愿性的意外伤害保险。自愿性的意外伤害保险是投保人根据自己的意愿和需求投保的各种意外伤害保险。比如：我国现开办的中小学生以及幼儿园的平安险、投诉

旅客意外伤害保险就是其中的险种。这些险种均采取家长或旅客自愿投保的形式，由学校或旅店代收保费，再汇总交保险公司。

第二种，强制性的意外伤害保险。强制性的意外伤害保险是由政府强制规定有关人员必须参加的一种意外伤害保险，它是基于国家保险法令的效力构成的被保险人与保险人的权利和义务关系。

（二）按保障对象划分

按照保障对象的不同，意外伤害保险可以分为以下两种：

第一种，个人意外伤害保险。该保险即单个被保险人向保险公司投保，一张保单只承保一名被保险人的意外伤害保险。其特点有：大多属于自愿型保险，少量险种属于强制型保险；多数险种的保险期限较短；投保条件相对宽松，保险费率低。保障范围较广。

第二种，团体意外伤害保险。该保险即一个团体的全部或大部分成员集体向保险公司投保，以一张保单承保的意外伤害保险。团体指投保前已经存在的机关、学校、社会团体、企业、事业单位等，而不是为了投保而临时结成的团体。其特点是：投保人和被保险人不是一个人，投保人是一个在投保前就已经存在的单位；保险责任主要是死亡责任；保险金额一般没有上线规定，仅规定最低限额；保险费率低；保费在有效期开始之日一次交清，交清后保单方能生效。

与个人意外伤害保险相比，团体意外伤害保险具有手续简化、节省费用，能有效防止逆选择等优越性，所以，在保险责任相同的条件下，团体意外伤害保险的费率要比个人意外伤害保险低。

（三）按风险性质不同划分

按照保险风险性质的不同，意外伤害保险可分为以下两种：

第一种，普通意外伤害保险。该保险所承保的保险危险是在保险期限内发生的各种意外伤害（不可保意外伤害除外，特约保意外伤害视有无特别约定）。目前开办的多数一年期意外伤害保险均属普通意外伤害保险。

第二种，特定意外伤害保险。该保险是以特定时间、特定地点或特定原因发生的意外伤害为保险危险的意外伤害保险。如：保险危险只限定于在建筑工地上发生的意外伤害、在驾驶机动车辆时发生的意外伤害、煤气罐爆炸发生的意外伤害等。

（四）按期限长短划分

按照期限长短的不同，意外伤害保险可以分为以下三种：

第一种，一年期意外伤害保险。该保险的保险期限为一年，这种意外伤害保险一般较为普遍。

第二种，极短期意外伤害保险。该保险的保险期限往往只有几天、几小时甚至更短。我国目前开办的公路旅游意外伤害保险、旅游保险、索道游客意外伤害保险等，均属极短期意外伤害保险。

第三种，多年期意外伤害保险。该保险是保险期限超过一年的意外伤害保险。保险期限可以是三年、五年。

把意外伤害保险分为一年期、极短期、多年期的意义在于，不同的保险期限，计算未到期责任准备金的方法不同。

（五）按承保的责任范围差异划分

按照保险责任的不同，意外伤害保险可分为以下三种：

第一种，意外伤害死亡残疾保险。其保险责任是，当被保险人由于遭受意外伤害造成死亡或残疾时，给付死亡保险金或残疾保险金。

第二种，意外伤害医疗保险。其保险责任是，当被保险人由于遭受意外伤害需要治疗时，给付医疗保险金。

第三种，意外伤害停工保险。其保险责任是，当被保险人由于遭受意外伤害暂时丧失劳动能力不能工作时，给付停工保险金。

第二节　人身意外伤害保险责任

一、保险责任与责任免除

（一）保险责任

1. 人身意外伤害保险的责任构成

被保险人遭受了意外伤害：被保险人遭受的伤害是客观的事实而不是臆想或推测的；被保险人遭受意外伤害的事实必须发生在保险期限内。

被保险人死亡或残疾发生的时间：责任期限内。

被保险人死亡的直接原因和近因：意外伤害是死亡或残疾的直接原因，意外伤害是死亡的近因，意外伤害是死亡的或残疾的诱因。

对于以上的责任构成，还需要说明的是：除对于普通风险给予承保的意外伤害外，还有特约保的意外伤害。特约保意外伤害，是指从保险原理上讲可以承保的，但是保险人往往考虑到意外伤害的概率大且保险责任不易区分或限于承保能力，将特约保意外伤害列为普通意外伤害保险的除外责任，不予承保。被保险人确实需要投保的，可选择特种意外伤害保险或在办理普通意外伤害保险的基础上经与保险人特别约定，在保险单上特别批注，并另外加收保险费后予以承保。特约保意外伤害一般包括：

（1）战争造成的意外伤害。

（2）被保险人从事登山、跳伞、滑雪、江河漂流、赛车、拳击、摔跤等剧烈的体育活动或比赛中造成的意外伤害。被保险人从事上述活动或比赛时，会使其遭受意外伤害的概率大大增加，因而保险公司一般不予承保。

（3）核辐射造成的意外伤害。核辐射造成的人身意外伤害后果在短期内一般能确定，而且如果发生大的核爆炸，会造成较大范围的人身伤害。从技术上和承保能力上考虑，保险公司一般不予承保。

（4）医疗事故造成的意外伤害。例如：医生误诊，药剂师发错药物，检查时造成的损伤，手术切错部位等，这类意外伤害可归属健康类保险。所以，保险公司在普通意外伤害保险中不承保医疗事故造成的意外伤害。

2. 人身意外伤害保险的承保项目

人身意外伤害保险的承保项目包括基本保障项目和附加保障项目。

（1）基本保障项目：意外死亡给付、意外残疾给付

意外死亡给付：在法律上发生效力的死亡包括两种情况：一是生理死亡，二是宣告死亡。当意外事故发生致使被保险人死亡的，保险人给付保险金。

意外残疾给付：这里的残疾包含两层含义：一是人体组织的永久性残缺，如：肢体断离等；二是人体器官正常机能的永久丧失，如：丧失视觉、听觉、嗅觉、语言机能、运动障碍等。当意外事故发生致使被保险人身体残疾的，保险人给付残疾保险金。

（2）附加保障项目：丧葬给付，遗属生活费给付；医疗费给付；误工费给付

丧葬给付和遗属生活费给付等，这是由死亡给付派生而来；医疗费给付、误工费给付这是由残疾给付派生而来。需要注意的是，特种意外伤害保险的保险责任仅限于特定时间、特定地点或特定原因而造成的意外伤害。例如：游泳者意外伤害保险的保险责任仅限于在游泳场地内发生的溺水身亡。

意外伤害险的索赔

案情：2008年8月6日，江某向代理人于某购买了某保险公司《意外伤害保险卡》2份。于某向江某介绍该卡是某保险公司推出的一款自助保险卡，卡片附有账号密码，可以通过网上、电话或短信三种方式激活，并向江某详细说明了该保险产品的条款，并告知江某投保的注意事项和方法。该保险产品保险责任为意外事故导致的死亡、残疾以及由此产生的医疗费用，其中死亡残疾保险金额为2万元，医疗费用保险金额2 000元，保险期限1年。当天晚上，江某就上网激活了保单。填写投保单时，在被问及“您是否已参加社会医疗保险”，江某选择了“是”，并在“本人已认真阅读并理解产品条款和责任免除、投保须知、投保声明书全部内容”项下签名同意该声明。

2009年3月8日，江某因意外事故住院，支付住院费用3 568.9元（合理医疗费用）。其后，江某到保险公司理赔。江某认为，保险合同规定“被保险人因遭受意外事故并在医院进行治疗，本公司就事故发生之日起180日内实际支出的合理医疗费用超过人民币100元部分给付意外伤害医疗保险金。被保险人不论一次或多次发生意外伤害保险事故，本公司均按上述规定分别给付意外伤害医疗保险金，但累计给付以不超过该被保险人的保险金额为限，累计给付金额达到其保险金额时，对该被保险人保险责任终止”。江某要求保险公司按照每份保险合同在扣除100元人民币后，在保险金额限度内给付意外伤害医疗保险金1 900元，两份合计给付3 800元。

保险公司认为，保险合同规定“被保险人如果已从其他途径获得补偿，则本公司只承担合理医疗费用剩余部分的保险责任”，被保险人江某应先向社保部门索赔，此后保险公司才就剩余部分承担责任。另外，江某购买两份意外伤害保险卡，并不是两份独立的合同，实质上是两倍保险金额的一份保险合同，因此，保险公司并不认可江某所主张的计算方式。江某认为向谁先索赔是自己的权利，要求保险公司立即给付保险金3 800元。双方无法就赔付事宜达成一致，江某于2009年12月5日向天津市南开区人民法院提起诉讼。

分析：从上述案例中，我们可以看出案例中的保险人及其代理人已经履行了解释说明义务，投保人也即本案中的被保险人江某进行了如实告知并及时上网激活了保单，而且该

意外事故属于保险范围，其发生的时间也处于保险期间内。因此，排除了上述干扰因素，我们总结出整个案件的争论点有如下两点：其一，保险公司认为“被保险人应先向社保部门索赔，此后保险公司才就剩余部分承担责任”的说法是否成立；其二，江某购买的两份意外伤害保险卡是两份独立的合同，还是两倍保险金额的一份保险合同。

首先我们针对第一个争论焦点进行分析。保险公司认为“被保险人应先向社保部门索赔，此后保险公司才就剩余部分承担责任”。查阅了大量资料后，我们认为保险公司的这个观点可以成立。江某投保的虽是意外伤害保险，但其中作为意外伤害保险附加责任的意外伤害医疗保险属于商业医疗保险范畴。国务院《关于建立城镇职工基本医疗保险制度的规定》明确规定，职工对超过社会医疗保险最高支付限额的医疗费用，可以通过商业医疗保险等途径解决，即同时投保社会保险与商业医疗保险时适用损失补偿原则。可见，规定中强调的是：“对超过社会医疗保险最高支付限额的医疗费用，可以通过商业医疗保险等途径解决”。因而商业医疗保险只是对医疗保险最高支付限额的补充，对该限额未达到的部分进行保险援助。而且我国保险法明确规定，人身保险合同中带有费用报销型的适用损失补偿原则。由于社保报销部分是由社保统筹基金支付，不属于江某本次个人实际支出，故不能列入赔付范围，以避免额外获利，违背损失补偿原则。所以江某认为向谁先索赔是自己的权利并在索赔中直接要求“保险公司按照每份保险合同在扣除 100 元人民币后，在保险金额限度内给付意外伤害医疗保险金 1 900 元，两份合计给付 3 800 元”是不合理的。

再分析第二个争论的焦点：江某购买的两份意外伤害保险卡是两份独立的合同，还是两倍保险金额的一份保险合同。保险卡又名保险证，保险用户在保险公司承保后由保险公司颁发给保户的，具有保单等同性质的，方便携带的保险凭证；自助保险卡也叫自助卡，是一种凭借账号密码激活生效的保险产品，购买后可根据需要随时激活。自助保险卡是附生效条件的保险合同，一经激活保险合同即生效。汪某购买两份《意外伤害保险卡》，实际上等同于与保险公司签订了两份在注册后生效的意外伤害保险合同，也就是说，汪某是购买并已生效了两份意外伤害保单。对于汪某发生的意外伤害事故，两份保单具有同样的效力。因此，保险公司认为“汪某购买两份意外伤害保险卡，并不是两份独立的合同，实质上是两倍保险金额的一份保险合同”是不准确的。

综上所述，虽然保险公司对于汪某的两份意外伤害保险卡法律效用的解释存在偏差，但其“被保险人应先向社保部门索赔，此后保险公司才就剩余部分承担责任”的说法成立。汪某的医疗费用应先向社保部门寻求报销，剩余部分才应由保险公司按损失补偿原则予以支付。

（二）除外责任

人身意外伤害保险的除外责任一般是指被保险人因违反法律规定和社会公共道德规范而引发的道德风险，保险人一般不承担这类风险的给付责任。

1. 被保险人在犯罪活动中遭受的意外伤害

意外伤害保险不承保被保险人在犯罪活动中受到的意外伤害的原因有二：第一，保险只能为合法的行为提供经济保障，只有这样的保险合同才是合法的，才具有法律效力。一切犯罪行为都是违法行为，所以对被保险人在犯罪活动中受到的意外伤害不予承保。第二，犯罪活动具有社会危害性，如果承保被保险人在犯罪活动中所受的意外伤害，即使该意外伤害不是由犯罪行为直接造成的，也违反社会公共利益。因此，一旦承保，则违反法律的规定或违反社会公共利益。

2. 被保险人在寻衅殴斗中所受的意外伤害

寻衅斗殴虽不属于犯罪行为，但具有社会危害性，属于违法行为，因而不能承保，其道理与上条相同，这里不再赘述。

3. 被保险人在酒醉、吸食（或注射）毒品后发生的意外伤害

酒醉或吸食毒品对被保险人身体的损害是被保险人的故意行为所致，理应不属于意外伤害。

4. 被保险人的自加伤害和自杀行为造成的意外伤害

二、保险金的给付

（一）死亡保险金给付

1. 死亡保险金给付条件

一是被保险人因约定的意外事故而死亡；

二是死亡的时间必须在保险期限内或责任期限内。

2. 死亡保险金的给付方式

按照我国人身意外伤害保险条款规定，死亡保险金为保险金额的 100%。

3. 死亡保险金给付的注意事项

（1）当保险人承担身故保险金给付责任后，保险责任即告终止。

（2）如果在给付死亡保险金之前，已经给付过伤残保险金，则应当从死亡保险金中扣除已经支付的伤残保险金。

（3）如果被保险人因意外事故而被依法宣告失踪或死亡，保险人给付死亡保险金后被保险人生还，则被保险人应当向保险人退还死亡保险金。

（4）如果意外伤害保险中附加了医疗保险，则保险人在给付保险金时，应当分别计算医疗保险金和死亡或伤残保险金。

（二）残疾保险金给付

1. 残疾保险金给付方式

残疾保险金的给付比较复杂。保险公司要将残疾分为暂时性残疾和永久性残疾，并只对永久性残疾负给付责任，所以，在给付前要对被保险人的残疾状况进行认定，然后再确定残疾程度，残疾程度一般以百分率表示。残疾保险金的数额由保险金额和残疾程度两个因素确定，其计算公式为：

残疾保险金＝保险金额×残疾程度百分率

在人身意外伤害保险合同中，应列举残疾程度百分率，列举的越详尽，给付残疾保险金时，保险人和被保险人就越不易发生争执。但是，残疾程度百分率列举的无论如何详尽，也不可能包括所有的情况。对于残疾程度百分比中未列举的情况，只能由当事人之间按照公平合理的原则，参照列举的残疾程度百分率协商确定。协商不一致时，可提请有关机关仲裁或由人民法院审判。

残疾保险金的最高限额以不超过保险金额为限。

2. 残疾保险金给付的注意事项

（1）残疾保险金的受益人是被保险人本人，应由被保险人或其委托代理人作为保险金的申请人。如为代理人，则应提供授权委托书、身份证明等相关文件。

（2）被保险人的身体残疾程度鉴定，应提供由保险公司指定或认可的医疗机构出具的残疾程度鉴定书。

（3）被保险人的身体损伤在医疗终结时间内彻底治愈的不予伤残给付。在医疗终结时间结束后不能彻底治愈的留有不同程度后遗症的，可按照 180 天时的有效鉴定，对照给付标准给付伤残保险金。这里的 180 天是残疾鉴定的等待期，等待期的设置可以减少理赔纠纷，保障了客户利益，也为保险公司的实务操作提供了便利。

知识链接

见表 15—1。

表 15—1　　人身保险残疾程度与保险金给付比例表

等级	项目	残疾程度	给付比例
第一级	一	双目永久完全失明的（注 1）	100%
	二	两上肢腕关节以上或两下肢踝关节以上缺失的	
	三	一上肢腕关节以上及一下肢踝关节以上缺失的	
	四	一目永久完全失明及一上肢腕关节以上缺失的	
	五	一目永久完全失明及一下肢踝关节以上缺失的	
	六	四肢关节机能永久完全丧失的（注 2）	
	七	咀嚼、吞咽机能永久完全丧失的（注 3）	
	八	中枢神经系统机能或胸、腹部脏器机能极度障碍，终身不能从事任何工作，为维持生命必要的日常生活活动，全需他人扶助的（注 4）	
第二级	九	两上肢、或两下肢、或一上肢及一下肢，各有三大关节中的两个关节以上机能永久完全丧失的（注 5）	75%
	十	十手指缺失的（注 6）	
第三级	十一	一上肢腕关节以上缺失或一上肢的三大关节全部机能永久完全丧失的	50%
	十二	一下肢踝关节以上缺失或一下肢的三大关节全部机能永久完全丧失的	
	十三	双耳听觉机能永久完全丧失的（注 7）	
	十四	十手指机能永久完全丧失的（注 8）	
	十五	十足趾缺失的（注 9）	
第四级	十六	一目永久完全失明的	30%
	十七	一上肢三大关节中，有二关节之机能永久完全丧失的	
	十八	一下肢三大关节中，有二关节之机能永久完全丧失的	
	十九	一手含拇指及食指，有四手指以上缺失的	
	二十	一下肢永久缩短 5 厘米以上的	
	二一	语言机能永久完全丧失的（注 10）	
	二二	十足趾机能永久完全丧失的	
第五级	二三	一上肢三大关节中，有一关节之机能永久完全丧失的	20%
	二四	一下肢三大关节中，有一关节之机能永久完全丧失的	
	二五	两手拇指缺失的	
	二六	一足五趾缺失的	
	二七	两眼眼睑显著缺失的（注 11）	
	二八	一耳听觉机能永久全丧失的	
	二九	鼻部缺损且嗅觉机能遗存显著障碍的（注 12）	

续前表

等级	项目	残疾程度	给付比例
第六级	三十 三一 三二	一手拇指及食指缺失，或含拇指或食指有三个或三个以上手指缺失的 一手含拇指或食指有三个或三个以上手指机能永久完全丧失的 一足五趾机能永久完全丧失的	15%
第七级	三三 三四	一手拇指或食指缺失，或中指、无名指和小指中有两个或两个以上手指缺失的 一手拇指及食指机能永久完全丧失的	10%

注：(1) 失明包括眼球缺失或摘除、或不能辨别明暗、或仅能辨别眼前手动者，最佳矫正视力低于国际标准视力表0.02，或视野半径小于5度，并由有资格的眼科医师出具医疗诊断证明。

(2) 关节机能的丧失系指关节永久完全僵硬、或麻痹、或关节不能随意识活动。

(3) 咀嚼、吞咽机能的丧失系指由于牙齿以外的原因引起器质障碍或机能障碍，以致不能作咀嚼、吞咽运动，除流质食物外不能摄取或吞咽的状态。

(4) 为维持生命必要之日常生活活动，全需他人扶助系指食物摄取、大小便始末、穿脱衣服、起居、步行、入浴等，皆不能自己为之，需要他人帮助。

(5) 上肢三大关节系指肩关节、肘关节和腕关节；下肢三大关节系指髋关节、膝关节和踝关节。

(6) 手指缺失系指近位指节间关节（拇指则为指阶间关节）以上完全切断。

(7) 听觉机能的丧失系指语言频率平均听力损失大于90分贝，语言频率为500、1 000、2 000赫兹。

(8) 手指机能的丧失系指远位指节间关节切断，或自近位指节间关节僵硬或关节不能随意识活动。

(9) 足趾缺失系指自趾关节以上完全切断。

(10) 语言机能的丧失系指构成语言的口唇音、齿舌音、口盖音和喉头音的四种语言机能中，有三种以上不能构声、或声带全部切除，或因大脑语言中枢受伤害而患失语症，并须有资格的五官科（耳、鼻、喉）医师出具医疗诊断证明，但不包括任何心理障碍引致的失语。

(11) 两眼眼睑显著缺损系指闭眼时眼睑不能完全覆盖角膜。

(12) 鼻部缺损且嗅觉机能遗存显著障碍系指鼻软骨全部或二分之一缺损及两侧鼻孔闭塞，鼻呼吸困难，不能矫治或两侧嗅觉丧失。

上述所谓永久完全系指自事故发生之日起经过180日后，机能仍然完全丧失，但眼球摘除等明显无法复原之情况，不在此限。

三、实务案例与分析

案例1：拒绝理赔的意外伤害险

案情：2010年1月31日，丛某之父在某保险公司购买了平安永利两全保险及附加险，被保险人为其本人，身故受益人为丛某。其中平安永利险保额为2万元，意外伤害险保额为5万元，丛某之父如期缴纳了保险费。2011年6月31日下午，丛某之父在水稻田里劳动时死亡，庄河市公安局经鉴定确定死亡原因为：死者系生前冠状动脉粥样硬化性心脏病急性发作致溺水窒息死亡，无外力性损伤。丛某于2011年11月13日向保险公司提出理赔申请，要求支付永利保险金2万元，意外伤害保金5万元。2012年12月9日丛某在保险公司处领取了永利保险金22 000元。

保险公司对意外伤害保险金拒绝理赔。但丛某认为，导致其父死亡的原因是溺水，符合保险合同中“意外伤害”的保险责任，因此将保险公司诉至法院。

本案原、被告争议的焦点为：在被保险人尸体已经火化，无法重新鉴定死亡直接原因的情况下，根据诉前庄河市公安局出具的鉴定结果，能否确定被保险人死亡为保险条款约定的“意外责任”，进而确定被告是否应向原告理赔意外伤害附加险的保险金。

一审法院经认为，本案原、被告争议的焦点是被保险人丛某之父死亡是否为意外事件导致，以确定被告保险公司是否应向丛某理赔意外伤害附加险的保险金。根据庄河市公安局对丛某之父死亡原因鉴定系生前冠状动脉粥样硬化性心脏病急性发作致溺水窒息死亡、无外力性损伤的结论。根据保险条款中释义的意外伤害是指遭受外来的、突发的、非本意的、非疾病的使身体受到伤害的客观事件。丛某之父的死亡是自身心脏病急性发作后，溺水窒息死亡，其死亡的原因是其自身疾病引起的，无外力性损伤，不符合保险条款中释义的意外伤害的内容，故丛某要求保险公司赔付其意外伤害保险费的请求，证据不足，不予支持。

一审法院依法判决如下：驳回丛某的诉讼请求，诉讼费由原告承担。

原告丛某不服一审法院判决，依法向基层人民检察院提起申诉。该基层人民检察院经审查后认为，原审法院对该案的民事判决认定事实的主要证据不足，判决显失公平。

检察院认为，原审法院判决认为“丛某之父的死亡原因是其自身疾病引起的”是不正确的。其审查后认为，根据庄河市公安局所出的鉴定书，可得出本案被保险人丛某之父死亡的原因是溺水窒息死亡，心脏病发作并没有直接导致其死亡，溺水才是死亡的直接原因。依据本案的保险合同，溺水死亡情形不属于责任免除的范围，根据保险条款对“意外伤害”的释义，溺水死亡的客观事实属于其规定的意外伤害范围，因此保险公司应按照约定进行理赔，故法院的判决有误。遂依法向中级人民法院提出抗诉经过激烈的法庭辩论，二审法院认为，根据所提供的鉴定书，丛某之父系生前冠状动脉粥样硬化性心脏病急性发作致溺水死亡，无外力性损伤，而导致其死亡发生的最直接、起决定作用的原因是其自身心脏病的急性发作，故保险公司不应承担保险责任。

案例 2：猝死或不明原因的死亡案

2013 年 10 月 10 日，周艳芬向保险公司投保个人人身意外伤害保险，被保险人为其丈夫黎伟英。保险金额为 10 万元。2014 年 8 月 13 日，黎伟英在骑自行车时摔倒后死亡。保险公司认为，死亡证明书表明，黎伟英的死亡原因为猝死，不属保险合同所约定的保险事故范围，拒绝给付保险金。

庭审：

原告提供证据如下：

（1）保险单及保险合同条款。

保险公司认可此证据的真实性。但认为，被保险人黎伟英的死亡原因为猝死，不是因意外伤害所致。故保险公司不应当承担保险金的给付责任。

（2）死亡证明书三份。上述死亡证明书均由公安机关出具，记载了如下内容：2014 年 8 月 13 日，黎伟英被发现死亡。经调查，黎伟英是骑自行车摔倒后死亡。其左颧部有一处 2×3 厘米皮挫伤，左膝部有一处 2×2 厘米皮挫伤。

黎伟英死亡的原因，三份死亡证明书先后分别表述为“符合猝死死亡”、“符合摔伤后猝死”、“符合摔倒后死亡”。此证据目的在于证明，被保险人黎伟英是在骑自行车过程中摔倒后死亡，符合保险公司给付保险金的条件。保险公司认可上述三份死亡证明书的客观真实性，认可其均由公安机关出具。但提请法院注意，上述三份死亡证明书对于被保险人死亡原因的表述前后不一。而且，三份死亡证明书都没有认定黎伟英是因意外伤害而死亡。

（3）出具黎伟英死亡证明书的公安机关委派工作人员出庭作证。其证言主要内容为：三份死亡证明书的内容相互印证，不存在矛盾。

“猝死”的概念，在医学上存在两种含义：

一是指因死者身体本身存在潜在性疾病所导致之死亡；

二是指死者在某事件发生后 24 小时内死亡。

黎伟英死亡问题的准确表述应当是，现场勘查表明，发生了黎伟英摔倒与死亡两个事实。摔倒在先，死亡在后。摔倒造成了黎伟英左颧部有一处 2×3 厘米皮挫伤、左膝部有一处 2×2 厘米皮挫伤的后果。通常情况下，上述伤情不会直接造成当事人死亡的后果。

死亡证明书中将死亡原因确定为“猝死”，是由于摔倒后 24 小时内死亡。未进行尸检，故不能确定导致死亡的准确原因。

法院判决：驳回原告周艳芬的其他诉讼请求。案件受理费 3 510 元，由原告周艳芬负担。

理由：

（1）依据保险合同条款，可以认定保险公司的保险责任为：对黎伟英因遭受外来的、突发的、非本意的、非疾病的、使身体受到伤害的客观事件发生之日起 180 日内，以该伤害为直接原因而身故时，按照约定的保险金额给付身故保险金。

在意外伤害虽有发生但该意外伤害事件非为黎伟英死亡之直接原因时，保险公司也不承担给付身故保险金的责任。

（2）黎伟英在骑自行车的过程中摔倒，属于意外事件。因该意外事件的发生而给黎伟英造成的伤害（左颧部有一处 2×3 厘米皮挫伤，左膝部有一处 2×2 厘米皮挫伤），属于意外伤害。但是，生活常识与生活经验使法院相信，上述皮挫伤本身不足以导致黎伟英死亡的后果发生。

（3）周艳芬基于未同意对黎伟英尸体进行解剖以探求黎伟英死亡的确切原因，符合普通民众之正常伦理观念，本院予以充分尊重。

是否进行遗体解剖以查明其确切死因，决定权在于亡故者的亲属，受理案件的法院不宜为追求查明案件的事实而强制干涉。但是，因此而造成黎伟英死亡原因不明确的实际情况以及进而导致的不利于诉讼的后果，应当由周艳芬承担。

综上所述，在本案审理过程中，周艳芬作为保险金受益人和本案原告，未能提供充分证据使法院相信，黎伟英死亡是由于意外伤害所致并且属于本案所涉及保险合同所约定的保险公司保险责任范围。

分析：

（1）此类案件的特点及近因原则。

“被保险人死亡是否由于意外伤害所致”作为案件审理的重点。

（2）本案中被保险人死亡原因的可能性分析。

可能 1：以体表伤情轻微为由排除其死亡是由于摔倒所致，这一观点同样是错误的。

理由在于：从自行车上摔下并导致黎伟英颅内损伤，进而导致其死亡的可能性并不能被排除。如果事实是这种情况，那么黎伟英的死亡就是由于摔倒这一意外伤害事件所导致，保险公司应当承担保险责任。

可能 2：黎伟英自身存在某种潜在的疾病，在其骑自行车的过程中，该疾病发作导致黎伟英从自行车上摔下随后死亡。例如，黎伟英患有心脏病，某日在骑自行车时，心脏病发作，导致其从自行车上摔下并死亡。同时，从自行车上摔下还导致其体表发生皮挫伤。在这种情况下，黎伟英的死亡就是由于心脏病所致，与意外伤害事故无关，保险公司不应当承担给付保险金的义务。

可能 3：遗体解剖在诉讼活动中的意义以及不进行遗体解剖所导致的后果。

意外伤害保险合同中，保险公司承担保险责任的前提是意外伤害事件发生并给被保险人造成人身伤亡。因此，向法院提交充分证据证明被保险人的死亡是由于意外伤害事件所致，是周艳芬作为原告、受益人要求被告保险公司给付保险金时的证明义务。证明被保险人身故属于保险公司的保险责任范围，是要求保险公司给付保险金一方当事人的举证责任。

由于未对黎伟英遗体进行解剖而导致的黎伟英确切死亡原因不明这样一个不利于诉讼的后果，应当由周艳芬承担。以此为由，在本案中，对于周艳芬的诉讼请求，受理案件的法院予以驳回。

案例 3：被保险人在工作中违反操作规程导致自身伤残案

案情：某厂工人张某在工作时严重违反操作规程，在操作机器时与他人说笑打闹，不慎使自己的手臂卷进机器中，造成整条右臂完全被压烂，并造成肩部及胸腔严重受伤，当即被送往医院抢救。治疗半个月后，病情才稍微缓解。张某有个亲戚在另外一家医院工作，张某认为，转去那里就医可能会获得比较好的照顾。转院后 10 天，张某病情急剧恶化，经抢救无效而死亡。张某所在的单位事前已为全体职工集体投保了团体人身意外伤害险及附加的住院医疗险。意外伤害险的保额是 3 万元；住院医疗险的保额是 1 万元。

张某家属请求保险公司理赔，保险公司认为被保险人张某在工作时间里严重违反操作规程，有明显的故意行为，因此不能认定事故属于意外伤害事故；而在治疗期间，张某坚持要转到条件差的医院治疗，不积极配合治疗，直接导致其最后死亡。因此保险公司拒绝赔付。张某家属不服，依法起诉保险公司。

判决：人民法院对本案进行审理后认为，被保险人张某在工作中打闹，只是一种违章，并无证据说明他是故意制造保险事故来结束自己的生命。因此被保险人所发生事故是一起意外事故，并因此而死亡，而被保险人的转院与其死亡无直接关系。最后法院判决保险公司应按照保险合同约定给付死亡保险金和医疗保险金。

分析：被保险人违反操作规程导致自身伤残，是否构成意外伤害保险合同中的“意外事故”。要界定某一事件是否构成意外事故，应逐一就该事件是否符合意外伤害保险合同中的“意外事故”构成要件进行检讨。

本案中的事件符合“意外事故”的构成要件，因为被保险人对整个事件是应当预见到结果，但是由于自身的疏忽大意而没有预见到，结果导致自身伤害的发生。被保险人并非积极地希望或者消极地放任其自身受伤，即被保险人从主观上是根本排斥其自身受伤的。

关于意外事故的认定问题，是意外伤害保险合同纠纷最为常见的焦点问题，比如违规吸烟引起火灾最后导致自身伤残或死亡、吵架而随便踢被保险人一脚导致被保险人伤残或死亡、死因未明的情况下能否推定为意外事故致死等，此类问题，需具体问题具体分析，就“意外事故”的偶然性、外来性、突发性三个构成要件一一对照检讨，方能作出正确判断。

案例 4：中暑案

案情： 张某以自己为被保险人投保了 10 份人寿保险，并附加投保了 25 份意外伤害保险，总保额为 35 万元（其中寿险 10 万元，意外伤害险 25 万元），指定其儿子小张作为受益人。在保险期间，张某外出旅游，不幸中暑死亡。张某之妻李某（是小张的法定代理人）即向保险公司报案并要求保险公司给付 35 万元身故保险金。

保险公司审核后认为，张某在投保未够 1 年的情况下死亡，按投保的人寿保险条款约定，只能按保额的 10％即 1 万元给付保险金，并退还保险费。而中暑则不属于意外伤害保险合同所约定的保险事故，故保险公司拒绝给付意外伤害身故保险金，因此李某将保险公司告上法院。

人民法院对本案进行审理后认为，中暑不是突然发生的，因此不属于“意外事故”，因此最后判决驳回原告的诉讼请求。

分析： 中暑是否属于意外伤害保险合同所约定的意外事故？

（1）中暑并非被保险人所期待，其发生具有偶然性；

（2）被保险人中暑的原因是外来的，即外在的气温过高才引起了张某中暑，因此其发生具有外来性。

（3）中暑并非突然发生，从病理学角度看，中暑从其酝酿到最后的发生，要经过一段较长的时间过程，病人要在高温高热的环境下呆上较长的时间，使其身体内累积了很多的热量才会发病。中暑既然不是突然发生的，则其不满足意外伤害保险合同中意外事故的“突发性”。

本章小结

1. 意外伤害保险是以被保险人因遭受意外伤害造成死亡、残疾、支出医疗费、暂时丧失劳动能力为给付保险金条件的保险业务。意外伤害保险的基本内容是：投保人向保险人缴纳一定量的保险费，如果被保险人在保险期限内遭受意外伤害并以此为直接原因或近因，在遭受意外伤害之日起的一定时期内造成的死亡、残疾、支出医疗费或暂时丧失劳动能力，则保险人给付被保险人或其受益人一定量的保险金。

2. 人身意外伤害保险可以按照保险实施方式、按保障对象、按风险性质不同、按期限长短、按承保的责任范围差异等标准进行分类。

3. 人身意外伤害保险属于定额给付性保险。保险责任保障主要包括两项：基本保障是被保险人因意外伤害所致的死亡和残疾；附加责任包括医疗费用给付、误工给付和遗属生活费给付等。

4. 意外伤害保险的特征是将人身意外伤害保险与人身伤害责任保险进行比较，人身意外伤害保险与人寿保险、健康保险进行比较得出的。

5. 意外伤害保险的保险责任包括死亡给付和残疾给付两大类。给付标准一般是：死亡或全残按照保险金额全部给付；部分残疾则根据残疾程度按照保险金额的一定比例给付。

附：太平洋保险公司投保单

太平洋保险 CPIC　　中国太平洋财产保险股份有限公司 China Pacific Property Insurance Co.,Ltd.

个人人身意外伤害保险投保单

投保单编号：

一、基本信息

1. 投保人名称：______ 证件号码：________________ 与被保险人关系：__本人__

2. 被保险人姓名：______ 证件号码：________________ 缴费方式：__刷卡__

被保险人职业：__二类鱼类养殖人员__ （二）类　地址：__顺德__

二、保险责任

保险责任	保险金额	单项保费
个人人身意外伤害保险：	20万	____________
附加意外伤害医疗保险：	2万	____________

三、其他事项

1. 保险期限：自________年____月____日零时起至________年____月____日 零时止

2. 总保险费：大写：______万______仟______佰______拾______元______角______分，小写：____________元

3. 特别约定：____

4. 备注说明：____

四、保险公司提示：请确保上述填写的内容属实，并核对无误后请在下述《保险销售事项确认书》中签章确认投保。

五、保险销售事项确认书

本人就保单所载的被保险人，向中国太平洋财产保险股份有限公司广东分公司或其分支机构，投保个人人身意外伤害保险，确认以下事项：产险销售人员姓名：______________，职业证号：____________________，已向本人详细解释有关保险条款内容，并清楚说明免除保险人责任的条款，本人对上述解释和说明表示完全理解，没有异议，同意投保！

投保人签字（盖章）：　　　　产险销售人员签字：

日期：　　　　保险中介机构盖章：

日期：

（以下内容由保险公司填写）

经办人：　　　　经办代码：　　　　展业方式：

审核人：　　　　审核意见：　　　　日期：　　年　　月　　日

本章复习思考题及案例分析题

1. 名词解释

人身意外伤害保险　意外　伤害　保险责任　免除责任

2. 简述题

1. 意外伤害的特点和分类是什么?

2. 意外伤害保险的承保项目是怎样规定的?

3. 意外伤害中，构成意外事件的三要素是什么?

4. 意外伤害保险有哪些给付方式?

3. 计算题

(1) 被保险人的保险金额是 2 000 元，在保险期限内，该被保险人因遭受一次意外事故丧失一拇指，一目永久失明，一大关节永久完全丧失机能，试计算其残疾保险金是多少?

(2) 某被保险人的保险金额为 3 万元，在保险期限内，一次事故导致一下肢永久完全丧失机能，在另一次事故中导致一侧的肾脏切除，尔后死亡。试计算其残疾保险金是多少?

4. 案例题分析题

案例 1: 张先生向某保险公司投保意外伤害保险。合同约定保险金额为 10 万元，对伤残程度的界定中有一条约定：若被保险人因意外事故断一手指，给付全额保险金的 10%。后来，张先生在一次抢劫事件中被歹徒用刀砍断左手的中指和食指各一半。保险公司接到张先生的报案后认为：中指和食指各断掉一半不应按照两个手指失去计赔，故张先生的伤残程度应按照一个手指计算，于是决定向张先生给付保险金 1 万元。张先生对此不服，向法院提起了诉讼。

试问：你认为该案应当如何处理?

案例 2: 2010 年 2 月，金某为自己的独生女芸芸投保了人身意外伤害保险。不料，喜爱看恐怖片的芸芸在和朋友看一部恐怖片时，因过度紧张导致急性心肌梗塞发作，抢救无效死亡。金某在悲痛之余向保险公司请求给付保险金。保险公司以其女儿心肌梗塞死亡不属于意外伤害事故为由拒绝给付保险金。金某不服，向法院提起诉讼。

试问：你认为该案应当如何处理?

第十六章 团体人身保险

案例

原告某航信公司作为投保人向保险公司投保了团体人身意外伤害综合保险，包括团体人身意外伤害保险、团体意外伤害医疗保险。保险单载明：被保险人人数为 32 人，团体人身意外伤害伤残保险金额为 32 万元，意外伤害医疗费用险保险金额为 16 万元，保险期间自 2011 年 2 月 12 日零时起至 2012 年 2 月 11 日二十四时止。团体人身意外伤害保险条款第四条载明：在本合同的保险期间内，被保险人因遭受意外伤害事故导致身故、残疾或住院医疗的，保险人承担下列保险金给付责任，且给付各项保险金之和不超过保险金额。意外伤害医疗费用：被保险人因遭受意外伤害在二级以上（含二级）或保险人指定或认可的医疗机构治疗所支出的符合本保险单签发地政府社会医疗保险主管部门规定可以报销的医疗费用，保险人按下列规定承担给付责任：保险人对一次事故中 100 元以内（含 100 元）的医疗费用不承担给付责任，对于一次事故中 100 元以上部分的医疗费用按 80%的比例在意外伤害医疗保险金额内予以补偿。

顾某为原告航信公司员工，团体险承保人员清单序号第 21 为顾某，其所享有的意外伤害保险金额为 10 000 元，意外伤害医疗费保险金额为 5 000 元。2011 年 8 月 19 日，顾某上班时在操作压膜机过程中因机械故障致左手受伤，后入院治疗，于同年 10 月 2 日出院，期间共花费医疗费 13 098.3 元，医疗费全部由航信公司支付。后航信公司向保险公司理赔未果，遂将保险公司诉至法院。

双方观点：

原告航信公司认为：被保险人顾某与航信公司存在劳动关系，顾某受伤后航信公司已经承担了医疗费，航信公司为自身利益投保了商业保险，应享有保险金请求权，因此，保险公司应在意外伤害医疗保险金额范围内向航信公司赔付保险金 5 000 元。

被告保险公司辩称：原告航信公司并不是本案适格主体，享有保险金理赔请求权的是被保险人顾某，而原告航信公司作为团体人身意外伤害保险的投保人，并不享有保险金请求权。

法院裁判：

江苏省淮安市清浦区人民法院经审理认为，根据《中华人民共和国保险法》第十二条的规定，被保险人是指其财产或者人身受保险合同保障，享有保险金请求权的人。团体人身意外伤害保险以投保单位中的在职人员为保险对象，被保险人是单位的在职人员。本案中团体人身意外伤害保险合同的被保险人为顾某，而并非原告航信公司，故原告航信公司不享有保险金请求权，原告主体不适格。据此，依照《中华人民共和国保险法》第十二条、《最高人民法院关于适用中华人民共和国民事诉讼法的若干问题的意见》第一百三十九条的规定，裁定驳回原告航信公司的起诉。一审宣判后，双方当事人未在法定期限内提起上诉，上述裁定已经发生法律效力。

分析：

本案是一起因对保险金请求权享有主体认识不同而引起的保险合同诉讼。

保险金请求权是指保险事故发生后，要求保险人赔偿或给付保险金的权利。在人身保险合同中，保险金请求权的享有主体为被保险人与受益人，被保险人是指其人身受保险合同保障，享有保险金请求权的人，受益人是由被保险人或者投保人指定的享有保险金请求权的人。此外，保险事故发生后，如果被保险人死亡并且未指定受益人的，保险金请求权由被保险人的继承人继承。团体人身意外伤害保险是人身保险的一种，是指以机关、团体、企事业单位中的在职人员为保险对象，当被保险人在保险期间内，因意外事故造成伤残或死亡，由保险人给付保险金的一种保险，其投保人是机关、团体或企事业单位，被保险人则是单位的在职人员。该类保险的保险金请求权享有主体为被保险人即单位员工，作为投保人的机关、团体或企事业单位并不享有保险金请求权。

本案中，原告航信公司为其职工投保了团体人身意外伤害保险，作为职工之一的顾某在工作过程中发生保险事故，享有保险金请求权的是被保险人顾某本人，而原告航信公司作为投保人并不是享有保险金请求权的合法主体，因此，原告航信公司并不是本案的适格主体。

中国太平 CHINA TAIPING

太平财产保险有限公司
TAIPING GENERAL INSURANCE CO., LTD.

总公司地址：深圳市福田区深南大道4011号香港中旅大厦22层
22/F, 4011 ShenNan Avenue, Futian District, Shenzhen, P.R.CHINA
电话 Tel: (86-755) 82960919 传真 Fax: (86-755) 82960909
邮编 Post Code: 518048 网址: Website: www.etaiping.com
全国统一客户服务热线:95529

团体人身保险投保单

投保须知

1. 在您填写本投保单前，请您详细阅读所投保险种的保险条款，尤其是黑体字标注部分的条款内容，并听取我公司业务人员的说明，如对我公司业务人员的说明不明白或有异议的，请在填写本投保单之前向我公司业务人员进行询问，如未询问，视同已经对条款内容完全理解并无异议。
2. 投保单为保险合同的重要组成部分，请准确、真实填写，并加盖投保单位公章。贵单位签章，将视同本公司已经尽到如实告知责任，贵单位已充分理解保险责任、责任免除、受益人确定、合同解除等事项并同意遵守。
3. 根据《中华人民共和国保险法》规定，我公司有权对投保人、被保险人的有关情况进行询问，您应如实告知；如您未如实告知，我公司有权在法定期限内解除合同，并依法决定是否对合同解除前发生的保险事故承担保险责任。
4. 按照国家保险监管机关的规定，在北京市、上海市、广州市、深圳市投保的未成年人被保险人（不满 18 周岁）累计身故保险金额最高为 10 万元，在其他地区投保的未成年人被保险人累计身故保险金额最高为 5 万元，本保险所涉及保险保障中累计身故保险金额适用此规定。
5. 您此次所投保的保险自交足首期保险费并经我公司审核同意承保后开始生效，保险期间以保险单所载日期为准。
6. 请在发生保险事故后 24 小时以内拨打保险公司全国统一服务热线 95529 报案。
7. 一切口头的与本投保单各事项及保险条款内容不符的说明、承诺或解释均无效。

客户信息

投保人	单位/团体名称			行业类别	
	证件类型	□组织机构代码证 □税务登记证 □其他________		证件号码	
	联系地址			邮政编码	
	联系人姓名		单位电话	传真号码	

被保险人

被保险人总人数______人（其中在职员工______人，退休员工______人，员工家属______人），投保比例______%，详见本投保单所附被保险人人员清单。

被保险人人员清单格式：□电子文件 □书面文件

职业分布（投保团意险请填写本栏）			年龄分布（投保健康险请填写本栏）		
职业分类	人数	比例	年龄段	人数	比例

续前表

<table>
<tr><td>受益人</td><td>1. 除本合同另有约定外，身故保险金以外的其他保险金受益人为被保险人本人。
2. 身故保险金的受益人由被保险人或投保人指定（详见本投保单所附被保险人员清单）。
3. 投保人在指定或变更身故保险金受益人时需经被保险人书面同意。**投保人为与其有劳动关系的劳动者投保人身保险，不得指定被保险人及其近亲属以外的人为受益人。**
4. 若投保人未填写身故保险金受益人信息的，我公司将依据《中华人民共和国保险法》第42条规定履行给付保险金义务。</td></tr>
<tr><td colspan="2">**要约内容**</td></tr>
<tr><td>**保险期间**</td><td>共____个月（天），自____年____月____日零时起至____年____月____日二十四时止或合同列明的终止性事故发生时止。</td></tr>
</table>

<table>
<tr><td rowspan="8">**保险保障**</td><td rowspan="2">**险种名称**</td><td rowspan="2">**险别/责任**</td><td colspan="2">**保险计划A**</td><td colspan="2">**保险计划B**</td><td colspan="2">**保险计划C**</td><td colspan="2">**保险计划D**</td><td rowspan="2">**免赔说明**</td></tr>
<tr><td>**每人保额**</td><td>**被保险人人数**</td><td>**每人保额**</td><td>**被保险人人数**</td><td>**每人保额**</td><td>**被保险人人数**</td><td>**每人保额**</td><td>**被保险人人数**</td></tr>
<tr><td></td><td></td><td></td><td></td><td></td><td></td><td></td><td></td><td></td><td></td><td></td></tr>
<tr><td></td><td></td><td></td><td></td><td></td><td></td><td></td><td></td><td></td><td></td><td></td></tr>
<tr><td></td><td></td><td></td><td></td><td></td><td></td><td></td><td></td><td></td><td></td><td></td></tr>
<tr><td></td><td></td><td></td><td></td><td></td><td></td><td></td><td></td><td></td><td></td><td></td></tr>
<tr><td></td><td></td><td></td><td></td><td></td><td></td><td></td><td></td><td></td><td></td><td></td></tr>
<tr><td></td><td></td><td></td><td></td><td></td><td></td><td></td><td></td><td></td><td></td><td></td></tr>
</table>

<table>
<tr><td rowspan="4">**投保建工人意险请填写本栏**</td><td>工程项目名称</td><td></td><td rowspan="2">投保方式</td><td rowspan="2">□按被保险人人数：___人
□按建筑施工总面积：___m^2
□按建筑工程总造价：___元</td></tr>
<tr><td>工程项目地点</td><td></td></tr>
<tr><td>工程项目类型</td><td colspan="3">□房屋建筑工程 □公路工程 □市政公用工程 □其他</td></tr>
<tr><td>施工企业名称</td><td></td><td>资质等级</td><td></td></tr>
<tr><td rowspan="2">**投保旅游意外险请填写本栏**</td><td>旅行社名称</td><td></td><td rowspan="2">旅行类型</td><td rowspan="2">□境内旅游 □境外旅游 □商务旅行
□境外留学 □境外探亲
□其他</td></tr>
<tr><td>旅行区域</td><td>旅行行程</td></tr>
<tr><td>**投保学生意外险请填写本栏**</td><td>就读学校</td><td></td><td>就读班级/院系</td><td></td></tr>
<tr><td>**备注**</td><td colspan="4"></td></tr>
<tr><td colspan="5">**保险费合计**（大写）：人民币　　　　　　　　（小写）：￥</td></tr>
<tr><td colspan="5">**币　种：**□人民币 □其他________ **交费方式：**□一次交清/趸缴 □年缴 □其他________</td></tr>
<tr><td colspan="5">**支付方式：**□现金 □银行转账 □支（汇）票 □POS机</td></tr>
</table>

续前表

<table>
<tr><td>开户银行</td><td></td><td>账户名称</td><td></td><td>银行账号</td><td></td></tr>
<tr><td colspan="6">合同争议解决方式：□诉讼□仲裁（若选择仲裁，请在此处明确填写仲裁机构全称：__________仲裁委员会）</td></tr>
<tr><td>承保地区</td><td colspan="2"></td><td>每次事故赔偿限额</td><td colspan="2"></td></tr>
<tr><td colspan="6">告知事项</td></tr>
<tr><td colspan="5">1. 除本公司产品外，是否已购买或正在申请任何其他保险公司的人身保险合同？若“是”请详述公司名称、险种、保险金额、申请或购买日期。</td><td>□是 □否</td></tr>
<tr><td colspan="5">2. 过去三年是否有员工发生过死亡或伤残情况？若“是”请告知人数。
疾病死亡______人；疾病伤残______人；意外死亡______人；意外伤残______人</td><td>□是 □否</td></tr>
<tr><td colspan="5">3. 过去三年是否向任何保险公司提出过索赔申请？若“是”，请详述索赔险种、索赔时间、索赔原因及索赔人数。</td><td>□是 □否</td></tr>
<tr><td colspan="5">4. 投保单位是否已参加当地社会医疗保险或公费医疗保障？如“是”，请详述参保情况。</td><td>□是 □否</td></tr>
<tr><td colspan="5">5. 是否有长期病假、长期接受治疗或住院治疗人员参加本次投保？若“是”，有____人。</td><td>□是 □否</td></tr>
<tr><td colspan="5">6. 是否有身体残疾或智力残疾、精神残疾人员参加本次投保？若“是”，有____人。</td><td>□是 □否</td></tr>
<tr><td colspan="5">7. 参加投保的被保险人是否患有以下疾病？
恶性肿瘤、心脏病（心功能不全Ⅱ级以上）、心肌梗塞、高血压（Ⅱ级以上）、白血病、肝硬化、慢性梗塞性支气管疾病、脑血管疾病、慢性肾脏疾病、糖尿病、再生障碍性贫血、先天性疾病（详见条款中释义部分）、精神病或精神分裂、癫痫病、身体残障、妇科疾病、其他疾病、是否曾因病全休或半休。</td><td>□是 □否</td></tr>
<tr><td colspan="5">8. 只适用于 16 岁以上女性被保险人：参加投保的被保险人是否有怀孕？</td><td>□是 □否</td></tr>
<tr><td colspan="6">上述各项告知如有任何答案为“是”者，请注明编号并详细说明。5～8 项若为“是”，请在本投保单所附被保险人员清单的具体被保险人“备注”栏写明。</td></tr>
<tr><td colspan="6">特别约定</td></tr>
<tr><td colspan="6"></td></tr>
<tr><td colspan="6"></td></tr>
<tr><td colspan="6">投保人及被保险人声明</td></tr>
<tr><td colspan="6">贵公司所提供的投保单已附保险条款，已对保险合同的条款内容履行了说明义务，并对免除保险人责任的条款履行了提示和明确说明义务。投保单位已仔细阅知、理解投保提示及保险条款尤其是责任免除、解除合同等部分，并同意遵守。本投保单位所填投保单各项及告知事项均属事实并确无欺瞒。上述一切陈述及本声明将成为贵公司承保的依据，并作为保险合同一部分。如有不实告知，贵公司有权在法定期限内解除合同，并依法决定是否对合同解除前发生的保险事故承担保险责任。
特授权本投保单所填写的联系人（姓名）________为我公司日常业务的办理人。联系人可持我公司相关资料，办理我公司保险日常业务。本授权委托，自签发之日起生效。
投保人签章：　　　　　　　　投保日期：</td></tr>
</table>

续前表

<table>
<tr><td colspan="4">以下内容由保险公司人员填写</td></tr>
<tr><td>出单机构代码</td><td></td><td>业务归属机构代码</td><td></td></tr>
<tr><td>询报价号</td><td></td><td colspan="2">是否我司续保业务：□否　□是。如是，则上年保单号码：</td></tr>
<tr><td>□直接业务
渠道小类代码：
业务员代码：</td><td>□其他业务
中介人协议号：
子协议代码：</td><td>□寿销产业务
中介人协议号：
子协议代码：
寿险业务员代码：
寿险综合开拓专员代码：</td><td>投保资料交接清单：
1. 被保险人员清单：____页；
2. 高保额问卷：____页；
3. 健康问卷：____页；
4. 其它__________。</td></tr>
<tr><td colspan="3">初审员意见：□同意　□不同意，原因：</td><td>初审员签章：</td></tr>
<tr><td colspan="3">核保员意见：□同意　□不同意，原因：</td><td>核保员签章：</td></tr>
</table>

第一节　团体人身保险概述

一、含义

团体人身保险（Group Life Insurance），即团体保险，它是指用一份总的团体保险单对某一团体的所有成员或其中的部分成员提供人身保障的保险。团体人身保险的保险期限一般为一年，保险费用由投保人汇总交付，如果被保险人在保险有效期内因疾病或意外事故以致永久丧失劳动能力或死亡，保险人按合同规定给付全部保险金，部分残疾可按照残疾程度给予部分保险金。给付被保险人保险金后，合同对该被保险人的责任即行终止，而保险人没有退还任何保险费的义务。

二、特征

（一）特殊的风险承保规则

1. 团体人身保险的保险人在承保时选择的对象是团体而不是个人

团体人身保险的投保人必须是正式的法人组织，其应该有特定的业务活动，进行独立的经济核算。例如各类企业、事业单位、国家机关等。

2. 投保团体人身保险的被保险人必须是能够参加正常工作的在职人员

凡年满 16 周岁到 60 周岁，身体健康，能正常劳动或工作的人，都可作为被保险人，由其所在单位向保险人集体办理投保手续。

3. 对投保人数的限制

投保团体中参加保险的人数，与团体中具备参加团体人身保险资格的总人数的比例，必须达到保险人规定的比例。通常规定，如果团体单位负担全体投保人员保险费，符合投保条件的人必须全部参加；如果团体单位与团体个人共同负担保险费，投保人数必须达到符合团体人身保险资格人数的75%以上，而且绝对人数不能少于8人。

（二）使用团体保险单

团体人身保险使用团体人身保险单。团体人身保险以集体的名义投保，其使用的保险单为团体人身保险单，即一份总的保险单，而每个被保险人则仅持有一张保险证。在团险的保险单中要明确投保人与保险人的权利与义务关系，其变更等合同行为在投保人与保险人之间进行。通常，被保险人的保险金给付通过投保人或专门的账户进行，不直接面对单个的被保险人。

（三）成本低廉，保障灵活

该险种具有单证印制少，手续简便，管理成本低，核保成本低，保障灵活等特点。团体人身保险的保险手续简化，节约了大量的费用，从而降低了附加保费，毛保费自然降低。而且，团体人身保险的死亡率比较稳定，与个人保险的死亡率基本一致，甚至低于个人保险的死亡率，也使得团体人身保险的费率低于个人保险的费率。对投保团体进行选择后，可以确保承保团体的死亡率符合正常水平，对个别具体的被保险人就不需体检了。由此，既方便了被保险人，也节省了成本费用。团体人身保险的保险计划具有灵活性。团体人身保险的投保人是单位团体，保单使用团体保单，保费统一缴纳，因此，保险人对于团体人身保险给予了一定的灵活性。如在保险期限上，可以是定期、终身、定期与终身相结合等多种方式；在保费缴纳上，投保人可以选择是趸缴、分期缴纳、趸缴与分期缴纳相结合，定期或不定期缴费等多种缴费方式；在被保险人方面，被保险人可以是确定的个人，也可以是约定条件下不确定的个人；在保险金的给付上，可以是定额给付，也可以是根据被保险人不同而确定的不同的非定额给付。

（四）采用经验费率的方法

团体人身保险采用经验费率。由于针对团体设定保险费率，其团体的死亡率随团体人员的工作性质不同而不同，因此，不同方向类别的团体适用不同的费率，具体费率根据投保团体的理赔情况制定。

三、种类

（一）团体人寿保险

是以团体方式投保的定期或终身死亡保险。

1. 团体人寿保险特别条款

（1）投保准入成员条款

（2）保险责任终止条款

（3）保单转换条款

（4）保费豁免条款

2. 团体人寿保险的常见险种

（1）团体定期寿险是以团体中的员工为被保险人，团体或团体雇主作为投保人，保险期间为一年的死亡保险。

（2）团体信用保险是指为保全住宅贷款定期付款销售等分期偿还债权，由贷款提供机构或信用保证机构作为投保人（受益人），以与其发生借贷关系的众多分期付款债务人作为被保险人，同保险人签订的一种团体保险合同。

（3）团体终身寿险。

（4）团体遗嘱收入给付保险。

（二）团体健康保险

团体健康保险是指以团体或其雇主作为投保人，以其所属员工作为被保险人，当被保险人因意外事故或疾病而花费医疗费用时，由保险人负责给付其治疗、住院、看护等费用，当被保险人由于意外事故或疾病导致残疾时，由保险人负责给付残疾保险金的一种团体保险。

（1）团体（基本）医疗费用保险。即对被保险人医疗费用给付保障的团体保险。

（2）团体补充医疗保险。

（3）团体特种医疗费用保险。

（4）团体收入保障保险，即团体丧失工作能力收入保险。

（三）团体意外伤害保险

1. 团体意外伤害保险

团体意外伤害保险是指被保险人遭遇意外伤害导致死亡或残疾时，由保险人负责给付死亡保险金或残疾保险金，其保险费率按行业、工种类别所确定。

2. 团体意外伤害保险的常见险种

（1）建筑工程团体人身意外伤害保险。

（2）执法人员团体意外伤害保险。

（3）旅游意外伤害保险。

第二节 企业年金

一、含义

企业年金是指企业及其职工在依法参加政府强制实施的公共养老金或国家养老金制度之外，企业在国家政策的指导下，根据自身经济状况、经过必要的民主决策程序建立的补充性养老金制度。

二、特点

企业年金主要有以下三个特点：

（1）企业年金既不是社会保险，也不是商业保险，而是一项企业福利制度，是企业人力资源战略的重要组成部分，其补充性、商业化或市场化运作的特征不影响也不能改变其本质属性。

（2）企业年金是社会保障体系的重要组成部分，是实施养老保障“多支柱”战略的重大制度安排，企业年金与公共养老金或国家养老金、个人储蓄性养老金一起构成多支柱养老保障体系。

（3）企业年金的责任主体是企业，是企业依据自身经济状况建立的企业保障制度，企业或职工承担因实施企业年金计划产生的所有风险；国家或政府作为政策制定者和监管者不直接干预企业年金计划的管理和基金运营，其主要职责是制定规则、依规监管。

三、基本类型

（一）根据法律规范的程度来划分

企业年金可分为自愿性和强制性两类。

1. 自愿性企业年金

以美国、日本为代表，即国家通过立法，制定基本规则和基本政策，企业自愿参加。企业一旦决定实行补充保险，必须按照既定的规则运作；具体实施方案、待遇水平、基金模式由企业制定或选择，雇员可以缴费，也可以不缴费。

2. 强制性企业年金

以澳大利亚、法国为代表，国家立法，强制实施，所有雇主都必须为其雇员投保，待遇水平、基金模式、筹资方法等完全由国家规定。

（二）根据资金筹集和运作模式来划分

企业年金可分为缴费确定和待遇确定两种类型。

1. 缴费确定型企业年金（DC 计划）

通过建立个人账户的方式，由企业和职工定期按一定比例缴纳保险费（其中职工个人少缴或不缴费），职工退休时的企业年金水平取决于资金积累规模及其投资收益。

DC 计划基本特征是：（1）每个员工都各自建立一个账户，简便易行，产权分明，透明度较高，能减少道德风险带来的损失，由个人账户缴费率预测企业年金的替代率。（2）决定企业养老年金计划替代率的关键有投资收益率、积累期、个人账户缴费率三个因素，缴费水平可以根据企业经济状况作适当调整；由目标退休收入替代率确定个人账户的缴费率。（3）企业与职工缴纳的保险费免予征税，其投资收入予以减免税优惠。（4）职工个人承担有关投资风险，企业原则上不负担超过定期缴费以外的保险金给付义务。（5）鼓励退休后一次性支付企业年金，也可以分期支付。

我国现在实行的就是 DC 计划。

2. 待遇确定型企业年金（DB 计划）

也称养老金确定计划。指缴费并不确定，无论缴费多少，雇员退休时的待遇是确定的。雇员退休时，按照在该企业工作年限的长短，从经办机构领取相当于其在业期间工资收入一定比例的养老金。参加 DB 计划的雇员退休时，领取的养老金待遇与雇员的工资收入高低和雇员工作年限有关。具体计算公式是：雇员养老金＝若干年的平均工资×系数×工作年限。（若干年的平均工资是计发养老金的基数，可以是退休前 1 年的工资，也可以是退休前 2～5 年的平均工资；系数是根据工作年限的长短来确定的）

DB 计划基本特征是：（1）所有的员工建立一个统一的账户，通过确定一定的收入替代率（即收入稳定），保障职工获得稳定的企业年金。（2）基金的积累规模和水平随工资增长幅度进行调整。（3）企业承担因无法预测的社会经济变化引起的企业年金收入波动风险。（4）一般会规定享有资格和条件，大部分规定工作必须满 10 年，达不到则不能享受，达到条件的，每年享受到的养老金额还有最低限额和最高限额的规定。（5）该计划中的养老金，雇员退休前不能支取，退休后分期支付事先确定好的年金；流动后也不能转移，退休前或退休后死亡的，不再向家属提供，但给付家属一定数额的一次性抚恤金；DB 计划需要根据实际的风险变动情况对缴费率进行及时调整。

四、国外的企业年金制度

美国企业年金是美国养老金制度模式中的第三层养老计划。由企业为雇员提供养老保障，最初并不在美国法律规范之内，是企业出于留用优秀员工的目的而自发为员工提供的额外养老保障项目。其分为两种类型：一种是确定收益型（DB），在该方案中雇主承诺对雇员支付一定的受益，并投资一定的资金支持该承诺；另一种是确定缴费型（DC），这是雇主不对雇员受益进行承诺，但雇员在退休时可以得到通过这类基金投资所取得的收益。目前这一层次中最为流行的是固定供款计划。因为它符合社会保障制度由现收现付制向完全基金转型的基本趋势。美国联邦社会保证金计划的资金筹集、发放及投资运营，是通过形成社会保障信托基金来完成，而雇主支持性退休计划和个人退休账户计划的资金筹集与投资运营通过退休金市场进行。

日本企业年金分为四类。包括厚生年金基金、支付企业年金、确定集资年金（DC，由 DB 改进而来）、确定待遇年金（DB）。其中：（1）厚生年金以 500 人以上大企业为对象，是根据劳资双方协商建立，由劳资代表管理，财源由政府免除本该缴付政府的厚生年金保险费的一部分加上劳资双方出资构成，不仅适应了老人生活的多种需要，而且补充了公共年金制度。（2）支付企业年金多为一般的中小企业实行，理论上雇员可以向计划供款，但一般都是企业缴。其资金的运用必须委托信托银行或社会保险公司进行。2002 年 4 月开始实施支付企业年金法，在新规定中明确了适格退休年金制度到 2012 年 3 月废除，过渡到支付企业年金及确定集资年金等其他类型的企业年金制度，由财政部监管。（3）确定集资年金（DC）模式缴费额是事先确定的，而职工获得的年金收入是不确定的，取决于缴费年限的长短、资金积累的规模及其投资收益的多少。DC 模式建立了个人账户，方便了劳动者的职业流动，把资金运营的风险转向了个人，减轻了企业的年金负担，同时为新会计制度的实行提供了方便。（4）确定待遇年金（DB）模式缴费并不确定，但雇员退休时的待遇是确定的。这种模式的缺陷是养老金可转移性很差，职工在退休前不能支取，职工转换工作单位受到限制，而且企业承担投资风险，一旦基金投资亏损，企业也必须按事前确定的待遇将资金给职工。

澳大利亚超级年金是澳大利亚的积累性退休收入制度，分为自愿性和强制性两类。1991 年澳大利亚通过《超级年金担保法案》对超级年金进行改革。改革后，澳大利亚超级年金取得了长足发展，其覆盖率迅速提高。澳大利亚有六类超级年金管理实体：零售基金、行业基金、公司基金、公共部门基金、小型基金和自我管理基金，其中前四类为“大型基金”。零售基金面向所有雇员，其成员通过购买寿险代理商或投资顾问等中介机构提供的保单或投资单位来参加。行业基金最初通过职业协议来组织，主要面向本行业或几个联合行业雇主的雇员，2005 年允许雇主选择基金后，该基金开始向行业外部分雇主开放。公司基金是由一个或一组相关雇主发起的基金，其成员为发起人雇主。公共部门基金发起人是政府机构或政府控股的企业。小型基金和自我管理基金包括审慎监管局监管的少于五名成员的小型基金和税务办公室监管的小型自我管理基金。

五、我国企业年金现状

（一）启动阶段（1991—1995 年）

（1）国发【1991】33 号文件《国务院关于企业职工养老保险制度改革的决定》。

（2）1994 年《劳动法》。

（3）国发【1995】6 号文件《国务院关于深化企业职工养老保险制度改革的通知》。

启动阶段的特点：这一阶段，国家政策上虽然鼓励建立企业年金，但并未给以强有力的制度安排和税收上的优惠政策，建立企业年金所需资金只能在自有资金中列支，因此企业的积极性不高，影响了该项制度的发展。

（二）探索阶段（1995—2004 年）

（1）劳部发【1995】464 号文件《关于建立企业补充养老保险制度的意见》。

（2）国发【2000】42 号文件《关于完善城镇社会保障体系的试点方案》。

探索阶段的特点：提出了企业年金实行市场化运营和管理。允许企业缴费在工资总额4%以内的部分可以从成本中列支。虽然税优政策仅针对辽宁省等试点地区。但毕竟企业年金资金列入成本这块坚冰已经开始打破。

（三）发展阶段（2004 年以后）

（1）劳动保障部令第 20 号《企业年金试行办法》。

（2）劳动保障部令第 23 号《企业年金基金管理试行办法》。

发展阶段的特点：这两个办法的实施标志着中国企业年金制度在经历了十多年的努力后，在管理模式、运行方式上终于有了明确的规定，奠定了我国当前企业年金制度的基本框架，标志着我国开始全面推行企业年金制度。

六、实务案例与分析

案情：2011 年 8 月的裁员风波尚未结束，诺西全球 1.7 万裁员再次引起关注。除质疑诺西的“歧视性裁员”，被裁员工重点关注的企业年金问题依然“迷雾重重”。此前有被裁员工表示，在 2000 年 12 月 31 日前入职的员工都有企业年金，截至被裁，这些员工的企业年金绝大多数在 10 万～20 万元。诺西收购摩托罗拉相关资产时签订的《三方协议之补充协议》对企业年金部分有相关约定，除对补充养老福利账户余额予以注明外，还表示“根据摩托罗拉相关福利政策，支付条件得以满足后，诺西届时将向员工支付上述款项”。但几位被裁员工表示，收购完成后，诺西尚无相关部门及相关人士负责企业年金事宜，“不知这笔钱现在究竟在何处，更不用说几十年后退休时怎么领取。”

分析：企业年金是多层次养老保险制度的重要组成部分。国家提倡和鼓励企业根据自身经济实力和经营状况，为本企业职工建立企业年金计划。企业年金所需费用，由企业和职工个人共同缴纳。企业缴费额度，每年不超过本企业上年度职工工资总额的十二分之一。企业和职工个人缴费合计一般不超过本企业上年度职工工资总额的六分之一。职工个人缴纳的费用，可由企业统一代为扣缴，但企业和职工个人的两个缴费比例之间各自独立使用，不合并计算。企业年金采用个人账户方式进行管理，个人缴费部分全额记入个人账户，企业缴费分配给个人的，按年金方案中明确的条款一般可分为已归属个人和未归属个人两部分，应按其归属类别分别记入个人账户的相应账目。企业调整个人账户记账额时应遵循“无过错归属”的原则，对合同期满终止劳动关系或因企业原因解除劳动关系的，企业缴费已记入个人账户的部分应全部归属职工个人。但是，诺基亚西门子被裁员工的企业年金不可能支付给本人。职工未达到国家规定的退休年龄的，不得从个人账户提前提取资金。职工达到国家规定的退休年龄时，可从本人企业年金个人账户中一次或定期领取企业年金。出国定居人员的企业年金个人账户资金，可根据本人要求一次性支付给本人。职工或退休人员死亡后，其企业年金个人账户余额由其指定的受益人或法定继承人一次性领取。诺基亚西门子被裁员工离职后，新就职企业建有企业年金计划的，则其个人账户可转入新的年金计划。问题在于，参加企业年金计划的员工离职后，如失业或新就职企业未建立企业年金计划，应如何处理？应由受托人通知账户管理人按计划内保留账户进行处理，账户管理人将其账户保留在诺基亚西门子原计划中继续参与投资，其账户状态为保留状态。

这个案例也告诉企业，企业在并购重组中，要处理好企业与劳动者的利益关系，切实保护劳动者的合法利益，否则就会产生负面效应。

本章小结

1. 团体人身保险（Group Life Insurance），即团体保险，它是指用一份总的团体保险单对某一团体的所有成员或其中的部分成员提供人身保障的保险。

2. 团体人身保险特征：特殊的风险承保规则；使用团体保险单；成本低廉，保障灵活；采用经验费率的方法。

3. 团体人身保险种类：团体人寿保险，团体健康保险，团体意外伤害保险。

4. 企业年金是指企业及其职工在依法参加政府强制实施的公共养老金或国家养老金制度之外，企业在国家政策的指导下，根据自身经济状况、经过必要的民主决策程序建立的补充性养老金制度。

5. 企业年金主要有以下三个特点：企业年金既不是社会保险，也不是商业保险，而是一项企业福利制度，是企业人力资源战略的重要组成部分，其补充性、商业化或市场化运作的特征不影响也不能改变其本质属性。企业年金是社会保障体系的重要组成部分，是实施养老保障“多支柱”战略的重大制度安排，企业年金与公共养老金或国家养老金、个人储蓄性养老金一起构成多支柱养老保障体系。企业年金的责任主体是企业，是企业依据自身经济状况建立的企业保障制度，企业或职工承担因实施企业年金计划产生的所有风险；国家或政府作为政策制定者和监管者不直接干预企业年金计划的管理和基金运营，其主要职责是制定规则、依规监管。

6. 企业年金基本类型：根据法律规范的程度来划分，企业年金可分为自愿性和强制性两类；根据资金筹集和运作模式来划分，企业年金可分为缴费确定和待遇确定两种类型。

本章复习思考题及案例分析题

1. 名词解释

团体人身保险　团体人寿保险　团体意外人寿保险　企业年金

2. 简述题

(1) 团体人身保险与个人保险相比有哪些特点?

(2) 团体人身保险的类型有哪些?

(3) 企业年金有哪些特征?

3. 论述题

试论述国外的企业年金制度。

4. 案例分析题

2001 年 3 月 19 日，某县个体石矿老板于某向一家人寿保险公司为其所雇佣的全部职工投保了团体人身意外伤害保险及附加意外伤害医疗保险，于某与所有职工达成同意将受益人指定为于某。同年 10 月 19 日，被保险人高某在石矿作业时，左手被炸伤，住院 8 天进行了截肢，医疗费 2 101.8 元。出院后于某向保险公司提出索赔申请，保险公司赔付其残疾保险金 50 000 元，医疗费 2 092.21 元，由受益人于某领取。受益人收取保险金后，未补偿给被保险人，高某向当地法院起诉保险公司，请求判令保险公司给付残疾保险金及医疗费用保险金。

试问此案应如何处理?

参考文献

[1] 付菊，李玉非．财产保险．北京：中国人民大学出版社，2011
[2] 魏华林，林宝清．保险学．北京：高等教育出版社，2011
[3] 刘金章．财产与人身保险实务．北京：中国财政经济出版社，2005
[4] 杜鹃，郑祎华．人身保险．北京：中国人民大学出版社，2009
[5] 郑功成，许飞琼．财产保险．北京：中国金融出版社，2012
[6] 分红保险管理办法．见中国保监会网
[7] 许永名．保险学．台北：三民书局，2006
[8] 林宝清．保险法原理与案例．北京：清华大学出版社，2006
[9] 兰红．保险学基础．成都：西南财经大学出版社，2005
[10] 郝演苏．保险学教程．北京：清华大学出版社，2004
[11] 团体人身保险．见百度百科
[12] 年金保险．见搜狗百科
[13] 投资连结保险．见搜狗百科
[14] 杜鹃．保险学基础．上海：上海财经大学出版社，2007
[15] 郑祎华．保险学基础．上海：上海财经大学出版社，2008
[16] 王绪瑾．保险学．北京：经济管理出版社，2008
[17] 孙阿凡，帐建深，王臣．保险学案例分析．北京：中国社会科学出版社，2013
[18] 徐瑾良．财产保险原理和实务．上海：上海财经大学出版社，2012
[19] 陈朝先，陶存文．人身保险．北京：中国金融出版社，2009
[20] 乔林，王绪瑾．财产保险．北京：中国人民大学出版社，2008
[21] 许飞琼．责任保险．北京：中国金融出版社，2007
[22] 王绪瑾．财产保险．北京：北京大学出版社，2008
[23] 保险法．见中国保监会网，2014
[24] 中国保险行业协会．《保险诉法典型案例年度报告》第三辑．2011

教师信息反馈表

为了更好地为您服务，提高教学质量，中国人民大学出版社愿意为您提供全面的教学支持，期望与您建立更广泛的合作关系。请您填好下表后以电子邮件或信件的形式反馈给我们。

您使用过或正在使用的我社教材名称		版次	
您希望获得哪些相关教学资料			
您对本书的建议（可附页）			
您的姓名			
您所在的学校、院系			
您所讲授的课程名称			
学生人数			
您的联系地址			
邮政编码		联系电话	
电子邮件（必填）			
您是否为人大社教研网会员	□ 是，会员卡号：____________ □ 不是，现在申请		
您在相关专业是否有主编或参编教材意向	□ 是　　□ 否 □ 不一定		
您所希望参编或主编的教材的基本情况（包括内容、框架结构、特色等，可附页）			

我们的联系方式：北京市西城区马连道南街 12 号
中国人民大学出版社应用技术分社
邮政编码：100055
电话：010-63311862
网址：http://www.crup.com.cn
E-mail：rendayingyong@163.com